By any means necessary?! Analogien und Differenzen im Denken von Frantz Fanon und Malcolm X

Gabriele Aïsha Bichler

By any means necessary?! Analogien und Differenzen im Denken von Frantz Fanon und Malcolm X

Ein ethnopsychoanalytisch-biografischer Zugang

 Springer VS

Gabriele Aïsha Bichler
Institut für Islamisch-Theologische
Studien
Universität Wien
Wien, Österreich

ISBN 978-3-658-41186-2   ISBN 978-3-658-41187-9 (eBook)
https://doi.org/10.1007/978-3-658-41187-9

Die Deutsche Nationalbibliothek verzeichnet diese Publikation in der Deutschen Nationalbiblio-
grafie; detaillierte bibliografische Daten sind im Internet über https://dnb.d-nb.de abrufbar.

Planung/Lektorat: Cori Antonia Mackrodt
Springer VS ist ein Imprint der eingetragenen Gesellschaft Springer Fachmedien Wiesbaden GmbH
und ist ein Teil von Springer Nature.
Die Anschrift der Gesellschaft ist: Abraham-Lincoln-Str. 46, 65189 Wiesbaden, Germany

Violence in everyday behavior, violence against the past that is emptied of all substance, violence against the future, for the colonial regime presents itself as necessarily eternal. We see, therefore, that the colonized people, caught in a web of a three-dimensional violence, a meeting point of multiple, diverse, repeated, cumulative violences, are soon logically confronted by the problem of ending the colonial regime by any means necessary.[1]

Frantz Fanon

---

[1] Rede „*Why we use violence*" aus dem Werk „Alienation and Freedom" in: Khalfa Jean, Young Robert J. C. (Hrsg., 2018): Alienation and freedom/ Écrits sur l'aliénation et la liberté. London: Bloomsbury Academic. Vorgetragen auf der Africa Positive Action Conference in Accra, Ghana, 04.–07. April 1960.

We declare our right on this earth to be a man, to be a human being, to be respected as a human being, to be given the rights of a human being in this society, on this earth, in this day, which we intend to bring into existence by any means necessary.[2]

Malcolm X

---

[2] Rede am 28. Juni 1964 vor der OAAU (Organization of Afro-American Unity) in New York, USA.

Gewidmet meinen Kindern Jamil Demba und Amina, voll Liebe, Respekt und Dankbarkeit.

Vorwort

"Please I Can't Breathe"

"My Stomach Hurts"

"My Neck Hurts"

"Everything Hurts"

"They're Going to Kill Me"

"I Can't Breathe!"

Dies waren die letzten Worte des am 25. Mai 2020 in Minneapolis, Minnesota, bei einem Polizeieinsatz getöteten Afroamerikaners George Floyd. Durch die Videoaufnahmen des tragisch fehlgeschlagenen Einsatzes überschlugen sich die Ereignisse, es kam zu Protestkundgebungen gegen Polizeigewalt und strukturellen Rassismus in den USA, weltweit schlossen sich zivilgesellschaftliche Gruppen den Protesten an, um auf Missstände in den eigenen Ländern aufmerksam zu machen.

Die durch das Verhalten der Polizisten erzeugte Empörung speist sich auch daraus, als es sich um keine isolierte, sondern vielmehr um eine systemische Vorgehensweise handelt. Zudem ist festzustellen, dass auch nach der Abschaffung des Transatlantischen Sklavenhandels 1848 sowie nach dem Ende der Kolonialherrschaft Menschen Schwarzer Hautfarbe weltweit, aber besonders in den USA, immer noch diskriminiert, systematisch rassistisch behandelt und attackiert werden.

Die Schriftweise des Narrativs ‚Schwarz' mit großem S gilt als Ausdruck einer kritischen Einstellung gegenüber historischer Dominanz und Beherrschung. (Vgl. Zips 2014, S. 10.) *„Allein durch die Verwendung des Wortes ‚Schwarz' (…) wird der klassische Dualismus von Schwarz/ Weiß suggeriert oder sogar reproduziert. Da es nach unseren deklarierten emanzipatorischen Intentionen aber gerade darum geht, die als systematische Unterdrückungsstruktur erkannte Distinktion zu überwinden, verwenden wir diesen und andere Begriffe (…) nicht mit einem existentialistischen Sinngehalt, sondern reflexiv zur Hinterfragung eines Herrschafts- und Machtverhältnisses."* (Zips 2001, S. 32).

In sozialen Medien geht ein Zitat aus dem Werk *„Die Verdammten der Erde"* von Frantz Fanon viral, es wird auf unzähligen Seiten und Kanälen geteilt: *„We revolt simply because, for many reasons, we can no longer breathe."* Nach so vielen Jahren rückte Fanon wieder in den Fokus der afroamerikanischen Bürgerrechtsbewegungen.

Plakat mit einem Frantz Fanon-Zitat bei einer Black Lives Matter Demonstration. Fotocredit: fuseboxradio from USA, CC BY-SA 2.0 via Wikimedia Commons.

Ebenso kursierten zahlreiche Fotos und Reden von Malcolm X in den sozialen Medien; es scheint, als wäre die Welt seit den 1950er Jahren und dem Busboykott von Montgomery stehen geblieben. In einem solchen Kontext ist anzumerken, dass der systematische und institutionelle Rassismus bis zum heutigen Tage fester Bestandteil der US-amerikanischen Gesellschaft geblieben ist. Besonders seit der Amtszeit von Präsident Donald Trump verzeichnet die Bewegung *Black Lives Matter* einen deutlichen Anstieg von Übergriffen auf PoC.

„Als Begriff bezieht sich ‚Person of Color‘ auf alle rassifizierten Menschen, die in unterschiedlichen Anteilen über afrikanische, asiatische, lateinamerikanische, arabische, jüdische, indigene oder pazifische Herkünfte oder Hintergründe verfügen. Er verbindet diejenigen, die durch die weiße Dominanzkultur marginalisiert sowie durch die Gewalt kolonialer Tradierungen und Präsenzen kollektiv abgewertet werden." (Ha 2013, S. 4. Anmerkung der Autorin: als Abkürzung wird nachfolgend PoC verwendet.)

Als Afrikanistin begeistere ich mich seit vielen Jahren für die Geschichte Afrikas in all ihren Facetten – die schmerzvollen Themen Kolonialismus, Sklaverei und afroamerikanische Bürgerrechtsbewegungen sind wichtige Interessensgebiete für mich, ganz besonders faszinieren mich Hintergründe und historische Zusammenhänge.

Im Laufe meiner Studien begegneten mir immer wieder Verbindungen zwischen verschiedensten Bereichen wie *Négritude* und Rastafarismus, Frantz Fanon und Marcus Garvey sowie Léopold Sédar Senghor (einer der Mitbegründer der *Négritude* und späterer Präsident Senegals) und Malcolm X, der Garvey klar zu seinen Vorbildern zählte. Ich fand fast laufend Assoziationen und Gemeinsamkeiten, der Eindruck wurde stärker, dass es zu diesem Themen noch sehr viel mehr an Verknüpfungen geben könnte. In dieser Arbeit konnten die identifizierten Verbindungen konsolidiert werden.

Zwischenzeitlich sind von den ersten Themenüberlegungen bis zum Abschluss etliche Monate vergangen, ausgehend von *Black Lives Matter* ist das Thema in den Fokus der Öffentlichkeit gerückt und erhält endlich die gebührende Aufmerksamkeit. Meine Hoffnung ist, dass das öffentliche Interesse auch weiterhin nicht nachlässt und damit jegliche Diskriminierung *„by any means necessary"* endlich beendet wird.

Gabriele Aïsha Bichler

Inhaltsverzeichnis

Abbildungsverzeichnis

Einleitung

1.1 Zugang zum Thema

„Die erste Versuchung (…) besteht darin, eine Arbeit zu schreiben, in der von zu vielem gehandelt wird."[1]

Umberto Eco

Frantz Fanon und Malcolm X gelten als zwei inspirierende Vordenker: während sich Fanon mit Dekolonisation sowie psychoanalytischen Ansätzen zu Rassismus und Sklaverei befasste, setzte sich Malcolm X als Bürgerrechtskämpfer für die Gleichstellung Schwarzer Bürger:innen ein. Etliche *Civil Rights Movements* wurden durch ihren Einfluss begründet, beispielsweise die *Black Panthers Party* oder *Black Lives Matter.*

Die vorliegende Publikation beschäftigt sich ausführlich mit den bereits bekannten Similaritäten wie die jeweilige Auseinandersetzung beider mit dem Thema Gewalt und zeigt auch weitere, bisher nicht bekannte Gemeinsamkeiten auf. Diese unter anderem auf historischen Verknüpfungen beruhenden Berührungspunkte konnten nun im vorliegenden Werk konsolidiert werden.

Durch einen methodischen Background im Rahmen der Ethnopsychoanalyse sind für diese Arbeit die psychologischen Hintergründe besonders interessant, daraus ergeben sich die folgenden Fragen, die dieses Werk zu beantworten versucht: Welche Gemeinsamkeiten verbinden Frantz Fanon und Malcolm X? Warum beschäftigten sich Fanon und Malcolm X mit Bürgerrechten, Menschenrechten und Repression bzw. in welcher Art? Wurden sie voneinander inspiriert bzw. gab es persönliche Verbindungen zwischen den beiden? Entspricht ihr

---

[1] Eco Umberto 1977, 2017, S. 16: Wie man eine wissenschaftliche Abschlussarbeit schreibt. Wien: facultas.

G. A. Bichler, *By any means necessary?! Analogien und Differenzen im Denken von Frantz Fanon und Malcolm X*, https://doi.org/10.1007/978-3-658-41187-9_1

Begriff der Gewalt der klassischen Definition und Vorstellung davon, verwenden beide den gleichen Gewaltbegriff? Wurde explizit zu Gewalt aufgerufen oder handelte es sich um Appelle zur Selbstverteidigung bzw. zum Widerstand? Frantz Fanons Gewaltbegriff ist stark mit den Erfahrungen durch den Kolonialismus verknüpft, bei Malcolm X verbinden sich Sklaverei und die Afroamerikanische Bürgerrechtsbewegungen – doch wie sind diese drei verbunden? Welchen Bezug hatten beide zum Islam? Welche herausragenden Charakterzüge trugen beide in sich? Welche persönlichen Entwicklungen prägten ihren Werdegang?

Frantz Fanon ließ in alle seine Werke persönliche Erfahrungen einfließen bzw. verwertete seine Wahrnehmungen aus Kindheit und Jugend in Martinique sowie Beobachtungen aus seiner Soldatenzeit in seinen Büchern. Lebensabschnitte in Frankreich und ganz speziell in Algerien prägten den Menschen Fanon intensiv, dennoch ist kaum Persönliches über ihn bekannt. Eine seiner Biografien wurde von einer Wegbegleiterin, Alice Cherki, verfasst. Dieser Augenzeugenbericht wurde zwar nicht mehr von ihm autorisiert, da er zum Erscheinungszeitpunkt bereits verstorben war, es gilt als umfangreichstes und detailgetreustes Werk über Fanon. Auch Cherki musste viele Fragen zum Leben Fanons vor Algerien offen lassen, da er dieses Thema vermied.[2]

Malcolm X, der seine von Alex Haley verfasste Biografie kurz vor seiner Ermordung noch autorisierte, formulierte die Motivation zu diesem Werk folgendermaßen: „(…) *warum ich so bin, wie ich bin. Um das bei einer Person begreifen zu können, muss man ihr ganzes Leben von Geburt an untersuchen. Alle unsere Erfahrungen fließen in unsere Persönlichkeit ein. Alles, was uns je zugestoßen ist, wird zu einem Bestandteil unserer Persönlichkeit.* "[3]

1.2   Forschungsfrage

„Forschungsfragen führen zu bestimmten Antworten. Die Parameter vieler westlicher Diskurse, Feminismus eingeschlossen, sind vorgegeben. Diese Tatsache begrenzt die Fragen, die gestellt werden können. "[4]

Oyèrónké Oyèwùmí

Eine wissenschaftliche Arbeit soll grundsätzlich eine Erklärung auf eine vorab definierte Fragestellung liefern, die Antwort auf diese Forschungsfrage bietet

---

[2] Vgl. Kap. 2.
[3] Haley 1964, 1992, S. 164 f.
[4] Oyèwùmí 1997, S. 335.

daher einen ganz persönlichen wissenschaftlichen Erkenntnisgewinn. *„Forschung im fremdkulturellen Kontext beginnt häufig mit der Faszination an einem Phänomen (...)"*[5]

Eine Forschungsfrage zu formulieren ist ein zirkulärer Prozess – da sie einem Phänomen nachgeht, muss diese im Laufe des Verfassens einer Arbeit je nach Wissensstand immer wieder adaptiert und teils sogar neu formuliert werden. Schultz weist daraufhin, dass sich die Forschungsfrage einem laufenden Wandel unterziehen kann, beispielsweise durch einen jeweiligen Kodierprozess oder das theoretische Sampling.[6]

Durch die Auswahl der Forschungsfrage kann eine selbst gewählte Thematik erörtert, argumentiert und neu diskutiert werden, sie bringt im besten Fall wissenschaftlich relevante Ergebnisse. Wichtig ist die mögliche Beantwortung der Forschungsfrage mit zur Verfügung stehenden Mitteln in einem überschaubaren Zeitrahmen.[7]

Im Mittelpunkt des vorliegenden Werks stehen folgende Forschungsfrage und Unterfragen:

Welche Gemeinsamkeiten verbinden Frantz Fanon und Malcolm X?

- Welche Ansichten teilten sie zum Thema Gewalt? Förderten sie durch ihre Appelle Gewalt oder war Gewalt nur Mittel zum Zweck der Befreiung? Gab es Gewaltaufrufe oder handelte es sich um Aufforderungen zur Selbstverteidigung?
- Welche Bedeutung haben ihre Lehren heute?
- Welche Verbindungen gibt es zwischen Sklaverei, Kolonialismus und afroamerikanischen Bürgerrechtsbewegungen?

Diese Forschungsarbeit versteht sich als kritische, emanzipatorische Annäherung an Leben und Werke von Frantz Fanon und Malcolm X sowie einen progressiven Beitrag zu jahrhundertelanger Unterdrückung Schwarzer Menschen und ihren Folgen. Durch die Abbildung der Gemeinsamkeiten soll auch das hehre Ziel, die bisher wenig beachteten historischen und soziokulturellen Verbindungen zwischen afrikanischen, karibischen und nordamerikanischen PoC darzulegen und so zu einem besseren gegenseitigen Verständnis beizutragen, erreicht werden.

---

[5] Schultz 2014, S. 76.

[6] Vgl. Schultz 2014, S. 76.

[7] Vgl. Wimmer und Zauchner (2008) sowie Turecek und Peterson (2010).

1.2.1   Thematische Fokussierung

*„Man kann über Freiheit viel Neues sagen, indem man sich mit dem beschäftigt, was
ein anderer über die Freiheit gesagt hat."*[8]

Umberto Eco

Zur Kontextualisierung der Gemeinsamkeiten von Frantz Fanon und Malcolm
X wurde ein äußerst umfangreicher Themenpool bearbeitet, um eine umfassende Analyse zu ermöglichen. Die höchstpersönlichen Lebensbereiche mussten
betrachtet und in Kontext gestellt werden, ebenso wie historische Ereignisse, beispielsweise Kolonialisierung und Sklavenhandel oder die Entwicklung der afroamerikanischen Bürgerrechtsbewegungen. Ziel dieser ausführlichen Darstellung
war es auch, einen gebührenden Rahmen für ethnopsychoanalytische Betrachtungen zu schaffen. Diese Methode verknüpft durch ihren breiten Ansatz (auto-)
biografische mit historischen Inhalten und zeigt so die Verbindungen zwischen
dem Leben der beiden und geschichtlichen Gegebenheiten auf.

   Sowohl Fanon als auch Malcolm X waren bedeutende politische Wegbereiter.
Diese Komponente ihres Lebens und ihrer Werke wurde aber bereits ausführlich
analysiert. Politische Rahmenbedingungen wurden nur in dem für das Verständ-
nis notwendige Maß einbezogen. Auch wenn es nicht ganz möglich war, diesen
Part komplett auszuklammern, so war er dennoch nicht Hauptbestandteil meiner
Untersuchung – mein Schwerpunkt lag in der ethnopsychoanalytischen Analyse.

   Durch die ethnopsychoanalytische Methodik ist diese Forschungsarbeit von
subjektiven Erkenntnissen und Sichtweisen getragen, die keine Normativität
haben (können). Bei manchen Kapiteln oder Teilabschnitten war aufgrund der
Datenlage lediglich eine deskriptive Erörterung möglich.

1.3   Methodik

*„Die Anwendung der Psychoanalyse macht es möglich, das Wechselspiel zwischen
dem Individuum mit seinem bewußten und unbewußten Seelenleben und seiner Kultur
und den Einrichtungen seines Gesellschaftsgefüges zu beschreiben"*[9]

Johannes Reichmayr

---

[8] Eco Umberto (1977, 2017): Wie man eine wissenschaftliche Abschlussarbeit schreibt.
Wien: facultas.
[9] Reichmayr 1995, S. 10.

Die Methode liegt vorwiegend im Bereich ethnopsychoanalytischer Untersuchungen, geprägt von Arbeiten von Johannes Reichmayr[10] und Paul Parin
(1916–2009).

Der Mediziner und Psychoanalytiker Parin begründete gemeinsam mit Fritz
Morgenthaler Mitte der 1960er Jahre die Ethnopsychoanalyse, eine Verknüpfung
von Psychoanalyse mit Ethnologie. Das Hauptwerk von Parin, Morgenthaler und
Goldy Parin-Matthèy, „*Die Weißen denken zuviel*", beschreibt ethnopsychoanalytische Forschungen bei den Dogon in Mali (1954–1971) und zeigt erstmals
die Psychoanalyse als Methodik in der ethnologischen Feldforschung. Eine Relation zwischen Psyche und Kultur konnte hergestellt werden, dabei wurde als
Verfahren die Psychoanalyse zu einer differenzierten Bewertung und Analyse
gesellschaftlicher Strukturen eingesetzt.“[11]

> „*Die Ethnopsychoanalyse will mit den Methoden der Psychoanalyse einen Überblick
> bekommen, was in den Menschen vor sich geht, wie sie fühlen, (...), um über diesen
> Weg etwas zu erfahren über die psychische Struktur, die diese Menschen auszeichnet,
> auch mit dem Interesse, etwas formulieren zu können, wodurch sich diese Kulturen
> von den unseren unterscheiden. Die am einzelnen gewonnenen Beobachtungen tragen
> dann zum Verständnis der Gesellschaft bei.*“[12]

Die Ethnopsychoanalytiker:innen Mario Erdheim und Maya Nadig verwenden
den Begriff „*Pendeln zwischen den Kulturen*": Damit soll die Frage geklärt werden, inwieweit sich die Forschenden zum Verständnis der zu untersuchenden
Kultur daran anpassen oder davon distanzieren sollten.[13] Echtes Verstehen wird
laut Erdheim und Nadig nur dann als möglich angenommen, wenn man sich als
Feldforscher:in darauf einlässt. Der Begriff *Feldforscherin* wird in diesem Kontext
bewusst verwendet: vergleichbar mit ethnologischen oder ethnopsychoanalytischen Feldforschungen habe ich mich vollkommen auf das Thema eingelassen,
als Forschende persönlich involviert und ließ auch den sogenannten „*Erfahrungsrucksack*" in die Auswertungen miteinfließen. Im Laufe des Forschungs- und
Schreibprozesses entstand immer stärker das Gefühl, mit Frantz Fanon und Malcolm X, aber auch beispielsweise Marcus M. Garvey oder den *Black Panthers*,
in der Gesamtheit ihrer Persönlichkeiten immer vertrauter zu werden. Daraus

---

[10] Ethnopsychoanalyse war mein Zusatzschwerpunkt im Rahmen meines Doktoratsstudi-
ums, ich war in ethnopsychoanalytischen Forschungsprojekten tätig und schrieb auch meine
Dissertation mit diesen Methoden unter der Betreuung von Prof. Reichmayr.

[11] Vgl. Reichmayr 2002, S. 549–554.

[12] Parin 1984. Zitiert in: Heinemann 1990, S. 16.

[13] Vgl. Erdheim und Nadig 1991. S. 187–201.

entstand eine spezielle Herausforderung und ein laufendes Pendeln zwischen persönlicher „Vertrautheit" (die ja nur fiktiv ist und auf dem Lesen von Werken bzw. Hören von Reden basiert), die resultierend nur „*vergleichend-spekulativ*"[14] sein kann, sowie einem professionellen wissenschaftlichen Abstand und Objektivität. Durch den ethnopsychoanalytischen Ansatz ergeben sich vollkommen neue Möglichkeiten einer Sichtweise auf die beiden zentralen Akteure, aber auch auf deren gesamtes soziales Umfeld.[15] Bei ethnopsychoanalytischen Auswertungen kann die *Ich*-Form verwendet werden.

Erdheim und Nadig entwickelten diesen Begriff als geeignetste Forschungsstrategie zur Wahrnehmung des Fremden und zur Handhabung der Abwehrprozesse:

> „*Das Aufeinanderstoßen zweier kultureller Kommunikationsprozesse löst bei der Ethnologin subjektive Irritationen aus, die sie unweigerlich in den oszillierenden Prozess der empathisch-identifikatorischen Annäherung und es reflexiv abgrenzenden Rückzuges hineinführen. Ohne diesen Oszillationsprozess könnte sie die kulturspezifische Umgangsweise des Gegenübers gar nicht wahrnehmen, sie müsste sie – aus Selbstschutz – als neurotische und individuelle Abwehrform deuten.*"[16]

Forscher:innen bzw. Beobachter:innen des „Fremden" sind auch Fremde in einer fremden Kultur. Das ist also eine Frage der Perspektive. Der zu untersuchende Fremde stellt ebenfalls aus seinem Blickwinkel die Fremdheit der Forscher:innen.

Das Annehmen der Verhaltensmuster und Urteilsmaßstäbe sowie die Identifikation mit dem Forschungssubjekt bezeichnen Ethnolog:innen als *going native;* echtes Verstehen wird nur dann als möglich angenommen, wenn sich die Feldforscher:innen darauf einlassen (können).[17]

Eine Aufgabe der Feldforschung ist „*die Fremdheit des Untersuchungsfeldes zu überwinden und die Handlungsweisen der Akteure verstehen zu lernen.*"[18] Die Beobachtung wird als Form der Datenerhebung über zeitgleiche soziale Handlungen angewandt.[19]

Im Rahmen dieser Arbeit bedeutete das Pendeln zwischen den Kulturen bzw. *Going native* einerseits ein komplettes sich einlassen auf eine neue und offene

---

[14] Reichmayr 1995, S. 12.
[15] Reichmayr 1995, S. 14–15.
[16] Erdheim und Nadig 1991, S. 192.
[17] Vgl. Awart 2000, S. 26 f.
[18] Atteslander 1993, S. 97.
[19] Atteslander 1993, S. 97.

Leseart der verschiedenen Werke bzw. der jeweiligen Ansätze sowie ein Eintauchen in die Welten von Frantz Fanon und Malcolm X und andererseits die Abgrenzung durch *field breaks* – beispielsweise durch absolutes Wegschließen aller Bücher zum Thema.

Heinemann sieht den Forschungsbereich als grundsätzlich ‚fremd' an und dadurch sowohl als Chance auf Neues als auch als Bedrohung. *„Die Ethnopsychoanalyse verstrickt sich mit dem anderen, Fremden, im Alltag und bewahrt Respekt, in der eigenen wie fremden Kultur.*"[20]

Dannecker und Englert plädieren für die Auseinandersetzung mit der Identität als Forschende: *„[…] für wen, mit wem, über wen und wozu überhaupt geforscht und was für Wissen aus welcher Perspektive produziert wird".*[21] Dabei sind Machtfragen und die Reflexion über Privilegien zentral. Zu reflektierende Kategorien sind: Hautfarbe, Nationalität, Herkunftskultur, Geschlechtszugehörigkeit sowie Bildungsstatus und Klasse. Hier sollen die Relevanz und Intersektionalität der Kategorien reflektiert werden. Als Forschende:r ist man Fremdzuschreibungen ausgesetzt, welche sich auf die Interaktionen auswirken. Die Forschungspartner:innen haben die Macht zu entscheiden, zu welchen Themen sie der/den/ dem Forschenden Zugang gewähren und zu welchen nicht.[22] Ähnlich behandeln Zips und Kämpfer dieses Thema: *„Damit wollen wir auch eine Positionierung zu ‚unserer' Thematik andeuten, deren ‚objektive Distanziertheit' – wir teilen nun einmal nicht die historischen Erfahrungen in der Folge der Versklavung – durch eine ‚subjektive Betroffenheit' definiert wird."*[23]

Das vorliegende Werk erhält durch den Ansporn, andere Lebensrealitäten zu erforschen und versuchen, diese zu verstehen, auch einen transdisziplinären Charakter.[24] In dem gewählten Bereich braucht es zum Erreichen einer egalitären und fairen Gesellschaft einen gewissen sozialen Handlungsbedarf und Veränderungen, ein weiteres Merkmal transdisziplinärer Forschung.[25] Manche Probleme lassen sich nicht innerhalb einzelner Disziplinen ausmachen, schon gar nicht lösen, weshalb es hier einen Zugang braucht, der über die jeweiligen Disziplinen hinausgeht und sie im weiteren Sinne auch unabhängig von diesen Disziplinen zu lösen versucht.[26]

---

[20] Heinemann 1990, S. 229.

[21] Dannecker und Englert 2014, S. 242.

[22] Vgl. Dannecker und Englert 2014, S. 242.

[23] Zips und Kämpfer 2001, S. 17 f.

[24] Vgl. Faschingeder 2012, S. 47.

[25] Vgl. Dubielzig und Schaltegger 2004, S. 9.

[26] Vgl. Jahn 2008 S. 22.

Der transdisziplinäre Charakter dieser Forschung erschließt sich außerdem durch die gesetzte Notwendigkeit, emanzipatorisch und befreiungsorientiert zu arbeiten. *„Es brauche ein anderes Wissen, ein über die Disziplinen hinausgehendes Wissen, um die Fragen der Menschheit wirksam zu bearbeiten.".*[27] Durch diese Arbeit soll ein persönlicher Beitrag zur aktuellen Debatte über Solidarität, soziale Gerechtigkeit und gewaltfreie Koexistenz zwischen Menschen bzw. Gesellschaften erbracht werden.

Faschingeder weist auf die Notwendigkeit hin, disziplinäre Grenzen zu überwinden: *„[...] der Umstand, dass die Komplexität der Welt auch komplexe Herangehensweisen braucht [...]".*[28] Um gesellschaftliche Phänomene zu erforschen, benötigt es eine gewisse Sensibilität, was Perspektiven betrifft. Wir müssen uns bewusst sein, dass sich die Welt ändert, sobald sich die Perspektive darauf ändert. *„Transdisziplinarität muss als eine Strategie des Querdenkens verstanden werden."*[29]

Gerade im *fremden Blick* ist aber auch eine Chance zu sehen, kulturelle Phänomene zu erforschen. Fritz Morgenthaler schilderte zum Beispiel wie der Satz *„Look, I am a foreigner"* für ihn in anderen Kulturen wie ein Zaubermittel wirkte, sowohl zur emotionalen Öffnung der Fremden wie auch zur eigenen Bewältigung des Kulturkontaktes.[30] Als eine Methode wurde dieser Satz angewandt, um die Eindrücke beim Lesen und die daraus gewonnenen Erfahrungen ständig zu hinterfragen, also einen (gedachten) Schritt zurückzutreten, und den Blickwinkel laufend zu ändern, ohne darauf zu vergessen, dass man eben nicht Teil der *Kultur* der Afroamerikaner:innen bzw. von Fanons oder Malcolm X Umfeld ist, sondern *„weiß/weiblich/privilegiert/fremd"*.

Als eine essenzielle Methode wurde die teilnehmende Beobachtung, in diesem das aktive Lesen und Bearbeiten von Texten sowie das Ziehen von Schlüssen und Verknüpfungen von Themenbereichen, angewandt. Slezak führt aus, dass aktuell die Bedeutung der teilnehmenden Beobachtung in den Hintergrund tritt, da sie eher in den Bereich der ethnographischen Arbeit fällt.[31] Weiters merkt sie aber an, dass die Methode angesichts *„ihrer offenen, ganzheitlichen Annäherung an ein Untersuchungsfeld eine grundlagenschaffende Rolle in qualitativen Forschungsprozessen"*[32] zukommt. Durch diese Herangehensweise kann wie Slezak

---

[27] Faschingeder 2012, S. 49.
[28] Faschingeder 2012, 50.
[29] Faschingeder 2012, 53.
[30] Siehe Reichmayr 1995, S. 213 ff.
[31] vgl. Slezak 2014, S. 176.
[32] Slezak 2014, S. 176.

darstellt, „*offen, explorativ und kreativ*"[33] geforscht werden – ein anderer Zugang zu Autor:innen und Werken ist dadurch möglich.

> „*Im Alltag und in der Wissenschaft wird unter Beobachtung die gezielte visuelle Wahrnehmung sozialer Situationen und/oder Vorgänge verstanden. (…) Beobachtung ist kein passiver-rezeptiver, sondern ein aktiver Prozess konzentrierter Aufmerksamkeit (…) Für alltägliche und für wissenschaftliche Beobachtungen ist die Perspektive des Beobachters entscheidend. Diese (…) setzt ein Alltagswissen voraus (…), innerhalb dessen der Beobachter Orientierungen gewinnt, welche Beobachtungsdaten für ihn innerhalb seiner Handlungszusammenhänge bedeutsam sind.*"[34]

Nach Lüders hat die Methode der teilnehmenden Beobachtung, auch bekannt unter dem Begriff der Feldforschung (*field work*), ihre historischen Wurzeln zum einen den Bereichen Anthropologie und Ethnologie, zum anderen in den Sozialreformbewegungen Ende des 19. und Anfang des 20. Jahrhunderts in den USA und Großbritannien.[35] Hingegen sieht Spittler diese Methode als „*in der Ethnologie übliche Forschungsverfahren, bei dem der Forscher für eine längere Zeit in der Gruppe, die er untersucht, lebt, ihre Sprache spricht und an ihren Aktivitäten mehr oder wenig intensiv teilnimmt*".[36] In ethnopsychoanalytischen Studien ist es konventionell, die teilnehmende Beobachtung auch beim Auswerten von Texten einzusetzen, diese also mit der lesenden Person und deren Erfahrungsrucksack zu verknüpfen.

Die grundsätzliche Herangehensweise war eine Art Forschungstagebuch, das heißt, die Arbeit wurde grob vorskizziert, mit Gedanken gefüllt und mit Literatur dazu verstärkt. Dazu gehörte auch, an dieser Arbeit über viele Monate hinweg regelmäßig zu schreiben, Gedanken aufzuzeichnen, diese laufend zu adaptieren oder auch wieder ganz zu streichen. Durch diese Technik wird das eigene *Ich* nicht ausgrenzt, sondern persönlichen Gedanken, Gefühle, Wissen und Wahrnehmungen – also der vorhandene „*Erfahrungsrucksack*" – können, dürfen und sollen miteinfließen.

Ein wichtiger Teil ethnopsychoanalytischer Untersuchungen sind Selbstbeobachtungen, eine Art Eigensupervision bzw. Dauerbeobachtung des *Ich*. Unterstützt von Expert:innen der Ethnopsychoanalyse sowie Wissenschafter:innen anderer Disziplinen wurden regelmäßige Supervisionsgespräche geführt. Die hieraus gewonnen Erkenntnisse sind nicht als Interviews markiert, sondern flossen in

---

[33] Slezak 2014, S. 176.
[34] Atteslander 1993, S. 93.
[35] Vgl. Lüders 2004, S. 385.
[36] Spittler 2001, S. 2.

meine Auswertungen ein. *„Aus der eigenen Kultur die fremde erfahren und von der fremden Kultur Zugänge zu noch nicht gesehenen oder abgespaltenen Anteilen der eigenen finden. In der Tätigkeit des Entdeckens und Erfahrens, der Konstruktion und Systematisierung, der Modellentwürfe und der Verwerfungen leben.“*[37] Eine weitere angewandte Methode war das sogenannte *„Gegen den Strich lesen“:* Dies bedeutet ein Lesen mit einem komplett neuen Blick auf den Inhalt. Es beinhaltete auch das laufende kritische Hinterfragen und das mögliche Ziehen ungewöhnlicher Schlussfolgerungen, also kein „klassisches Lesen“ von vorne nach hinten. Hauptwerke und biografische Schriften wurden mehrmals gelesen, auch um die jeweils veränderten Eindrücke klarer erkennen und begreifen zu können.

Für einzelne, nicht mittels Literatur zu klärenden Fragen, wurden in Form von offenen Interviews bei Bedarf Expert:innen konsultiert. Wichtig bei offenen Interviews ist es, auf Ja-, Nein- oder Suggestivfragen zu verzichten. Der Ablauf eines solchen Gesprächs sollte mit einer erzählgenerierenden Eingangsfrage starten, dann hin zu Stehgreiferzählungen und Haupterzählung führen. Strategisches Nachfragen und erzählauffordernde Kommentare sind essenziell, um komplexe und ambivalente Zusammenhänge besser offenlegen zu können. So kommt man seinem Gegenüber sehr nahe und kann Zusammenhänge verstehen, welche auf Wahrnehmungen und Gedanken der interviewten Person basieren.[38] Hier handelte es sich um psychoanalytische Beurteilungen und ethnopsychoanalytische Fragestellungen sowie um theologische und kulturwissenschaftliche Informationen, die Erkenntnisse daraus flossen direkt in diese Arbeit ein.

Sowohl über Frantz Fanon als auch über Malcolm X wurden bereits zahlreiche Werke verfasst – diese wurden hier einerseits kaum verwendet, um selbst einen kritischen Blick zu entwickeln und nicht Meinungen anderer zusammengefasst wiederzugeben, andererseits musste aufgrund der großen Anzahl an Arbeiten zu Frantz Fanon und Malcolm X eine spezifische Auswahl getroffen werden. Die Fokussierung liegt auf den jeweiligen Biografien[39], welche mit Sekundärliteratur ergänzt wurden in Übereinstimmung mit dem methodischen Ansatz und in Hinblick auf die Forschungsfragen, um so die Reflexionsarbeit zu vertiefen bzw. den Reflexionsrahmen zu erweitern.

---

[37] Leiris 1978, S. 10.

[38] Vgl. Fontana und Frey 1994, S. 361–376.

[39] Alice Cherki (2001) sowie Alex Haley (1964, 1992).

Frantz Fanon

2

2.1 Leben

„Die Neger[1] leben aus dem Vergleich. (…) sie beschäftigen sich (…) mit der Selbstaufwertung und dem Ichideal. (…) Die Antillaner haben keinen Selbstwert, stets sind sie auf das Erscheinen des anderen angewiesen.“[2]

Frantz Fanon

Frantz Fanon (Abb. 2.1) wurde am 20. Juli 1925 in Fort-de-France, **Martinique,** als fünftes von acht Kindern einer gebildeten Schwarzen mittelständischen Familie geboren. Seine Vorfahren mütterlicherseits stammten ursprünglich aus Österreich.[3] Er war engagierter und leidenschaftlicher **Psychiater,** Politiker, Schriftsteller und gilt als der bedeutendste Vordenker der Dekolonisation.

Die algerische Psychiaterin und Psychoanalytikerin Alice Cherki hat die wohl bekannteste und sicher auch treffendste Biografie über Frantz Fanon geschrieben.[4] Selbst sie, langjährige Wegbegleiterin, konnte die Person Frantz Fanon schwer fassen, zu wenig gab er über sich persönlich preis. *„Eigentlich ist dieses*

---

[1] Die Verwendung des sogenannten *„N-Wortes"* erfolgt nur in Originalzitaten, vgl. Bühl (2016). Es ist für mich ein Ausdruck von Abwertung und Geringschätzung Schwarzer Menschen.

[2] Fanon 1952, 2016, S. 177.

[3] Vgl. Fanon (2004). Fanons Vorfahren, die Familie Ensfelder, stammten aus Österreich und migrierten im 17. Jahrhundert nach Frankreich, Elsass. Die Mutter von Frantz Fanon, Eléonore Félicia Medelice, war eine Weiße, ihre Großeltern kamen von Frankreich nach Martinique.

[4] Vgl. Cherki (2001).

© Der/die Autor(en), exklusiv lizenziert an Springer Fachmedien Wiesbaden GmbH, ein Teil von Springer Nature 2023
G. A. Bichler, *By any means necessary?! Analogien und Differenzen im Denken von Frantz Fanon und Malcolm X*, https://doi.org/10.1007/978-3-658-41187-9_2

Abb. 2.1 Frantz Fanon.
(Mit freundlicher
Genehmigung von Black
Past)

*Buch ein Portrait, das nicht den Anspruch erhebt, das Werk eines Historikers oder
Biographen zu sein (…). Nennen wir es einen distanzierten Augenzeugenbericht.* "[5]
Ausführlich hingegen wurde sein psychoanalytisches und sein politisches
Werk behandelt. *„Fanon pflegte Sartre, wenn dieser von ihm bestimmte Details
wissen wollte, zu antworten, daß er das für oberflächlich hielt. (…) von sich zu spre-
chen hieß für ihn nicht, über sein Leben zu sprechen, sondern über seine Aktivitäten,
seine Leidenschaften, seine Kämpfe.* "[6]
Wie bereits eingangs erwähnt stammte Frantz Fanon aus Martinique, daher
ein kurzer Abriss zur Historie: Die lokale Bevölkerung Martiniques waren die
Arawaks, die aristokratisch organisiert waren. Am 15. Juni 1502 „entdeckte"
Christoph Columbus die Insel, als er die Antillen umsegelte. Rund 150 Jahre
später (1635) begannen Franzosen die Insel zu kolonisieren und mit Kartof-
feln zu bepflanzen. Nach Lehensherrschaften ging Martinique in den Besitz der
Compagnie des Indes Occidentales über und ab 1674 an den König von Frankreich Ludwig XIV. Da nun auch Zuckerrohr produziert wurde, galt die Insel als
besonders wichtig für die Franzosen.

---

[5] Cherki 2001, S. 25. Cherki legte mit diesem Werk ihre Faszination für Fanon dar, stellte
aber auch fest, dass es keine umfassende Biografie sein könnte, da Fanon ungern und vor
allem so gut wie nie über Privates sprach. Nicht alle Wegbegleiter:innen wurden einbezogen,
auch seine Familie auf Martinique nicht befragt. Sie selbst sah es eher als Porträt, weniger
als detaillierte und komplette Lebensbeschreibung. Vgl. Cherki 2001, S. 24–25.
[6] Cherki 2001, S. 21.

Vor der Einsetzung von *Enslaved Persons*[7] versuchten die Franzosen die autochthone Bevölkerung zu versklaven, dies gelang aber nicht. Der nächste Versuch war der Einsatz von weißen Gastarbeitern, meist verschuldete Franzosen, die sich den großen Reichtum auf Martinique erhofften.[8] Diese Arbeiter erhielten im Gegensatz zu den später eingesetzten *Enslaved Persons* Verträge und eine Entlohnung.[9] Möglicherweise war dies auch der Weg der Vorfahren Fanons, die sich im 17. Jahrhundert im Elsass angesiedelt hatten und dann nach Martinique emigrierten.[10]

1794 wurde Martinique von den Engländern unterworfen, diese bestanden auf eine Weiterführung der Sklaverei. Mit dem Vertrag von Amiens holte sich Frankreich Martinique 1802 zurück. Der französische Nationalkonvent schaffte 1794 den Sklavenhandel ab; Napoleon führte ihn jedoch 1802 wieder ein. In Großbritannien wurde 1807 die Sklaverei verboten. Nach einer Revolte von *Enslaved Persons* wurde der Sklavenhandel am 27. Mai 1848 offiziell abgeschafft. Diese Abolition wurde auch in der französischen Verfassung verankert.[11]

Nachdem über 20.000 Männer von den Antillen im Interesse Frankreichs in den Ersten Weltkrieg nach Europa geschickt wurden, forderte Martinique die Aufnahme als französisches Departement.[12] Martinique blieb bis zum 9. März 1946 eine französische Kolonie, danach wechselte der Status auf *Département d'outre-mer*[13]. Damit zählte die Insel zum französischen Staatsgebiet.

Bereits als Schulkind stellte Fanon die ersten Überlegungen über den Kolonialismus und dessen Auswirkungen an, so wurde der Grundstein für sein späteres

---

[7] Im englischsprachigen Bereich verwendet man bevorzugt *„Enslaved Person"* gegenüber von *„Sklave"*, da die Bezeichnung *„Sklave"* das Verbrechen der Sklaverei auf sprachlichem Wege fortsetzen würde, indem es die Opfer zu einem inhumanen Sachwort reduzieren würde, statt sie als Menschen in Erinnerung zu behalten. Vgl. Waldman Katy (2015): Slave or Enslaved Person? It's not just an academic debate for historians of American slavery. In: Bouie Jamelle und Onion Rebecca (2015): The History of American Slavery. Ep.1. Podcast.

[8] Vgl. Schrammel 2009, S. 6–7.

[9] Vgl. Sarr 2010, S. 23.

[10] Vgl. Fußnote 48.

[11] Vgl. Kempf 2017, S. 304 f.

[12] Vgl. Asche et al. 2008, S. 49–50.

[13] Übersee-Departement, siehe auch https://www.insee.fr/fr/metadonnees/definition/c2031 [Zugriff am 05.11.2019]. Césaire spielte eine zentrale Rolle als Befürworter der *Départementalisation,* die Einwohner:innen Martiniques hofften auf eine soziale und ökonomische Besserstellung. Vgl. Maier (2017).

antikoloniales Engagement gelegt. Besonders geprägt hatten ihn Besuche mit seiner Schulklasse vor dem Denkmal von Victor Schœlcher[14] – Fanon konnte nicht
verstehen, warum dieser ein Held sein sollte, aber Schwarze Menschen in den
Erzählungen über die Aufstände gegen die Sklaverei gar nicht vorkamen. *„An
diesem Tag (…) habe ich zum ersten Mal begriffen, daß mir eine Geschichte erzählt
wurde, die aufgrund einer Verleugnung geschrieben worden ist, daß man mir einen
verfälschten Lauf der Dinge erzählt hat.“*[15] Diese Erinnerung prägte ihn ganz
offensichtlich für sein späteres Leben.[16]

1944 schloss Fanon sich den französischen Truppen an und erlebte im Ausbil-
dungslager in Französisch-Marokko die ständige Diskriminierung in den *Forces
Françaises Libres*[17]: Nur die weißen Franzosen wurden geschätzt, die Schwarzen
aus den westindischen Kolonien, die als Franzosen zählten und Christen waren,
galten als Menschen zweiter Klasse. Die nordafrikanischen Soldaten wurden als
Menschen dritter Klasse eingestuft und die sogenannten *Tirailleurs Sénégalais*[18]
wurden als Menschen vierter Klasse behandelt[19].

Diese kollektiven Rassismuserfahrungen unter den Streitkräften der *Forces
Françaises Libres* legte die Basis für Fanons Engagement und spätere Werke.

---

[14] Einer der Initiatoren des *Décret d'abolition de l'esclavage du 27 avril 1848* und Deputierter
von Martinique.

[15] Cherki 2001, S. 30.

[16] Vgl. Cherki 2001, S. 30.

[17] Vgl. Cherki 2001, S. 28.

[18] Unter den *Tirailleurs Sénégalais* versteht man westafrikanische Truppen, die Frankreich
während der Kolonialzeit und in beiden Weltkriegen unterstützten. Diese Truppen wurden
erstmals 1857 von Napoleon III ins Leben gerufen und durch Louis Faidherbe eingesetzt.
Nach dem Einsatz im zweiten Weltkrieg wurden rund 1300 *Tirailleurs Sénégalais* in das
Camp de Thiaroye nahe Dakar, Senegal, verbracht. Da ihnen die zugesagten Soldzahlungen
und auch die versprochene Gleichstellung mit den französischen Soldaten durch die Kolo-
nialbeamten verweigert wurden, protestierten sie. Daraufhin wurde der Großteil von ihnen
getötet. Der senegalesische Schriftsteller und Filmemacher Ousmane Sembène, ebenfalls ein
Tirailleur Sénégalais, trug durch seinen Film *Camp de Thiaroye* dazu bei, diese Gräueltat
publik zu machen. (Ousmane Sembène (1988): *Camp de Thiaroye.* Sonderpreis der Jury bei
den Filmfestspielen in Venedig 1988). Nähere Infos unter Echenberg 1991, S. 53–147 und
Hug 1994.

[19] Vgl. Cherki 2001, S. 11 und 34.

Fanon kehrte nach Kriegsende vorerst nach Martinique zurück; hier machte er seinen Schulabschluss mit Matura, wahrscheinlich bei Aimé Césaire[20], zumindest bereitete dieser ihn darauf vor.[21]

Danach studierte er ab 1947 Medizin und Philosophie in Lyon, Frankreich.[22] Während seiner Studienzeit kam seine Tochter Mireille[23] zu Welt, sie entstammte einer kurzen Beziehung. Bald darauf verliebte er sich in die Französin Marie-Josèphe Dublé, genannt Josie, sie studierte ebenfalls und war als linke Aktivistin aktiv. 1952 heirateten sie, ihr Sohn Olivier kam drei Jahre später zur Welt.[24]

Als Dissertation reichte Fanon „Un essai pour la désaliénation des noirs"[25] ein, diese wurde aber als unwissenschaftlich abgelehnt und erschien 1952 unter dem Titel „Peau noire, masques blancs" beim Pariser Verlag Éditions du Seuil.

Daraufhin verfasste Fanon eine neue Doktorarbeit unter dem Titel „Altérations mentales, modifications caractérielles, troubles psychiques et déficit intellectuel dans l'hérédo-dégénération spino-cérébelleuse. À propos d'un cas de maladie de Friedreich avec délire de possession" über die Degeneration von Kleinhirn und Rückenmark, die sogenannte Friedreich-Krankheit oder Friedreich-Ataxie.[26]

Während seines Assistenzjahres an der französischen Klinik in Saint-Alban-sur-Limagnole, Département Lozère, kam Fanon erstmals mit damals revolutionären psychiatrischen Behandlungsmethoden in Kontakt; dies war prägend für

---

[20] Der Schriftsteller und Politiker Aimé Fernand David Césaire wurde 1913 in Basse-Pointe, Martinique geboren. Gemeinsam mit Léopold Sédar Senghor (Senegal) und Léon-Gontran Damas (Französisch-Guyana) begründeten sie das Konzept der Négritude. 1945 wurde er zum Bürgermeister von Fort-de-France gewählt, dieses Amt hatte er 56 Jahre lang, also bis 2001, inne – damit zählt er zu den wichtigsten Politikern Martiniques im 20. Jahrhundert.

[21] Cherki 2001, S. 38.

[22] Vgl. Hupe (2007, S. 8) sowie Cherki 2001, S. 38 ff.

[23] Mireille Fanon-Mendès-France wurde (je nach Quelle) 1947, 1948 oder 1953 geboren, sie ist Leiterin der Frantz Fanon Foundation; Fanons Biografin Cherki benennt das Geburtsjahr mit 1948. Siehe auch Cherki 2001, S. 27 und 43.

[24] Vgl. Cherki 2001, S. 44.

[25] Auf Deutsch erscheint es unter ‚Schwarze Haut, weiße Masken'. „Ecrits sur l'aliénation et la liberté" ist eine Art Sammelband mit 832 Seiten, in dem Jean Khalfa et Robert JC Young eine Zusammenstellung von Fanons Aufsätzen, Dissertation und nicht-veröffentlichen Texten etc. (2015, 2018) publiziert haben.

[26] Vgl. Cherki 2001, S. 42 und 50 f. Auch bekannt unter „La maladie de Friedreich" oder „Ataxie de Friedreich". Diese fortschreitende neurologische Erkrankung tritt meist schon im Kindesalter auf. Eine Ataxie ist eine Koordinationsstörung ausgelöst durch eine Schädigung des Kleinhirns oder der Nervenfasern. Folgende Symptome können auftreten: Gleichgewichtsstörungen, Sprechschwierigkeiten, Koordinations- und Feinmotorikstörungen. Häufig kommen Diabetes und Herzprobleme dazu. Vgl. auch Khalfa 2015.

seine weitere medizinische Karriere. Die Reformen bestanden darin, dass die Patient:innen vor allem wertschätzend und auf gleicher Ebene behandelt wurden – eine Innovation gegenüber anderen Kliniken zu dieser Zeit[27]. Auch Uniformen wie Schwesternkittel oder weiße Arztmäntel gab es nicht, ebenso keine Nachthemden für die zu Behandelnden – alle trugen Straßenkleidung. Die Klinik war offen, das heißt, alle konnten jederzeit auch hinausgehen. Die Patient:innen fühlten sich dadurch nicht eingesperrt und waren deswegen auch offener für die psychiatrischen Behandlungen, da sie ja selbst entscheiden konnten, ob sie daran teilnehmen wollten oder nicht.[28]

Nach seiner Assistenzzeit hoffte Fanon auf eine Position an einer karibischen Klinik, ihm wurde aber 1953 eine Stelle an einer psychiatrischen Klinik in Blida-Joinville[29], nahe Algier[30], zugeteilt. Dort gab es zu wenig Angestellte und zu viele Erkrankte. Die Ärzte, die in dieser Psychiatrie tätig waren, wandten die sogenannte *koloniale Psychiatrie* an, diese war Fanon ein besonderer Gräuel: *„Hier dominierte die (…) Schule von Algier*[31]*, die gleichermassen rassistisch war, wie sie zum wissenschaftlichen Mainstream gehörte. Für ihre VertreterInnen waren muslimische Maghrebiner von Natur aus ‚kriminell impulsiv‘."*[32]

Ausgehend von dieser Psychiatriereform startete Fanon gemeinsam mit Jacques Azoulay Studien gegen kulturellen und biologischen Rassismus.[33] Das Augenmerk lag auf den Folgen des Umganges mit kolonialen Strukturen, Unterdrückung, Diskriminierung und Ausbeutung durch Kolonialmächte. *„Kolonialherren übten Gewalt, um das Land zu besetzen, die wirtschaftlichen Ressourcen auszubeuten, die Traditionen der Menschen zu ruinieren und (…) die Zivilisation des Mutterlandes in die Kolonie zu exportieren."*[34]

---

[27] Vgl. Suter 2017, o.Sz., siehe auch Abschn. 4.2.3.

[28] Dies steht in Zusammenhang mit der Antipsychiatriebewegung bzw. in Anlehnung an Foucault, der die Theorie aufstellt, *„dass der Wahnsinn, wie wir ihn heute sehen, eine gesellschaftliche und soziale Konstruktion ist, die von den jeweiligen Machthabern im Laufe der Zeit (re-)produziert wurde. (…) Das Konzept des Wahnsinns wird jedoch mittlerweile in der Gesellschaft als Wahrheit aufgefasst und ist institutionalisiert."* Foucault 1993, S. 539–551.

[29] Die Klinik Blida-Joinville wurde 1938 eröffnet, nach der Unabhängigkeit Algeriens wurde sie umbenannt in *L'hôpital psychiatrique Frantz-Fanon de Blida*.

[30] Knapp 50 km entfernt.

[31] Anm.: Unter der *‚Schule von Algier'* verstand man eine rassistische, antimuslimische Ausrichtung der Psychiatrie, zu dieser Zeit die unreflektierte Mehrheitsmeinung. Vgl. Cherki 2001, S. 102 f., Suter 2017, o.Sz.

[32] Suter 2017, o.Sz.

[33] Vgl. Cherki 2001, S. 104 ff.

[34] Erkiner 2011, S. 3, siehe auch Abschn. 4.2.3.

Fanon wurde leitender Arzt zweier Abteilungen in Blida-Joinville, in einer
wurden nur europäische Frauen betreut, die zweite war für muslimische Männer.
Beeindruckt von der Sozialtherapie, die er in Saint-Alban-sur-Limagnole, Département Lozère, kennengelernt hatte, wollte er diese auch in Algerien einführen.
Zusätzlich wurden zur Beschäftigung der Patient:innen ein Nähatelier, Kinovor-
führungen, Chorkonzerte und eine Hauszeitung initiiert. Damit konnte er zwar
die Europäerinnen begeistern, nicht aber die Muslimen, da nur wenige von ihnen
in französischer Sprache alphabetisiert waren und auch sonst keinerlei Interesse
an Singen oder Nähen zeigten. Die Filmvorführungen beinhalteten ausschließlich französische Filme, die weder sprachlich noch inhaltlich verstanden werden
konnten. Fanon richtete daraufhin ein maurisches Café nach traditionellem alge-
rischem Vorbild ein, auch Geschichtenerzähler kamen regelmäßig zu Besuch, da
diese eine bedeutende Rolle in der lokalen Tradition spielten. Nun wurde auch
dieses Konzept gut angenommen und beeinflusste die Behandlungen positiv. Eine
häufige Reaktion auf das Eingesperrtsein in der Psychiatrie waren Tobsuchts-
anfälle, binnen kürzester Zeit gab es keine mehr. Durch diese neuen Ansätze
sollten psychisch Kranke nicht ausgegrenzt, sondern wieder in die Gesellschaft
eingegliedert werden.[35]
Der Algerienkrieg brach im November 1954, also ein Jahr nach Fanons
Ankunft, aus. Anfang 1955 wurden Fanons Aktivitäten in der psychiatrischen
Abteilung auch außerhalb der Klinik Blida-Joinville bekannt, seine Kolleg:innen
der Psychiatrie Algier reagierten mit offenem Rassismus, da ein Schwarzer für
sie keine Innovationen einführen konnte. Auch eine Krankenpflegeschule initiierte
Fanon, bis zu diesem Zeitpunkt gab es keinerlei Ausbildungen für Pflegekräfte in
der Psychiatrie.[36]
Der Artikel „*Antillais et Africains*" wurde 1955 in der Zeitschrift *Esprit* veröffentlicht, Fanon schloss damit mit seiner antillanischen Geschichte ab.[37] In
etwa zur gleichen Zeit begann sein Interesse an der FLN (*Front de Libération
Nationale*, Nationale Befreiungsfront), diese wurde gegründet, um die Unabhängigkeit Algeriens von Frankreich zu erreichen. Immer öfter wurde er von der
FLN zur Hilfe gerufen, um medizinische und psychiatrische Betreuung bei den
Kämpfern zu leisten. „*Diese zweifache Bewegung aus psychiatrischen und politischen Aktivitäten, die nicht voneinander zu trennen sind, geht bis Ende 1956*

---

[35] Vgl. Cherki 2001, S. 44 ff. und 107 ff. sowie Suter 2017, o.Sz. und Wolter 2002.

[36] Vgl. Cherki 2001, S. 114 f.

[37] Vgl. Cherki 2001, S. 118 f. Fanon (1955): Antillais et Africains. Esprit, No. 223. S. 261–
269.

weiter. Sie sind Teil des Alltags geworden."[38] Fanon unterstützte die FLN durch die Bereitstellung von Chirurgen, Morphiumausgaben in Apotheken und Folterbescheinigungen. Sein Weggefährte Marcel Manville, französischer Jurist, reiste regelmäßig nach Algerien, um einheimische Angeklagte zu verteidigen.

In diesen Zeitraum fielen auch seine ersten antikolonialen Reden auf Kongressen und Tagungen, wie beispielsweise am *Ersten Kongress Schwarzer Schriftsteller und Künstler* an der Sorbonne am 9. September 1956. Fanon bezog deutlich Stellung zur Unabhängigkeit afrikanischer und karibischer Staaten.[39]

Im Dezember 1956 erklärte Fanon seinen Rücktritt als Chefarzt der Psychiatrie Blida-Joinville:

„Obwohl die objektiven Bedingungen einer psychiatrischen Praxis in Algerien bereits jedem gesunden Menschenverstand Hohn sprachen, schien es mir notwendig, alle Anstrengungen zu unternehmen, ein System zu verbessern dessen doktrinäre Basis vollständig gegen eine wahrhaft menschliche Perspektive gerichtet war. Während dreier Jahre habe ich mich vollständig dem Dienst an diesem Land und seinen Bewohnern zur Verfügung gestellt. Ich habe weder meinen Einsatz noch meinen Enthusiasmus gezügelt. Aber was können Enthusiasmus und Sorge um den Nächsten, wenn der Alltag aus Lügen, Nachlässigkeit, Menschenverachtung besteht? Was sollen gute Absichten, wenn ihre Verwirklichung durch Armut des Herzens, Gedankenarmut, Hass gegen die Einheimischen verhindert wird? Geisteskrankheit ist einer der Wege, auf denen der Mensch seine Freiheit verliert. Und ich muss sagen, dass ich von meiner Position aus mit Schrecken das Ausmass der geistigen Störungen der Bewohner dieses Landes erkannt habe. Wenn die Psychiatrie jene Form der Medizin ist, die es ermöglicht den Menschen wieder in seine Umwelt einzugliedern, dann bin ich es mir schuldig festzustellen, dass der Araber, in seinem eigenen Land total rechtlos, in einem Zustand der totalen Depersonalisierung lebt. Der Rechtszustand in Algerien? Eine systematische Entmenschlichung. Herr Minister, die aktuellen Geschehnisse, die Algerien mit Blut besudeln, bilden in den Augen der Beobachter keinen Skandal. Es ist kein Unglücksfall und kein Zusammenbruch des Systems. Die Geschehnisse in Algerien sind die logische Folge eines missglückten Versuchs einem Volk das Gehirn zu entfernen. Meine Entscheidung ist es, nicht mehr um jeden Preis Verantwortung zu tragen, unter dem verlogenen Vorwand, es gebe keinen anderen Weg."[40]

Aufgrund seines Demissionsbriefs Ende 1956 an den *Ministre Résident* in Algerien Robert Lacoste wurde er im Jänner 1957 aus Algerien ausgewiesen.

Fanon reiste daraufhin nach Frankreich und kam bei Jean Ayme, einem Anstaltspsychiater, den er bei einem Kongress kennenlernte, unter. Da Psychiater nur vom jeweiligen Krankenhaus, an dem sie angestellt wurden, Gehalt

---

[38] Cherki 2001, S. 125.

[39] Vgl. Cherki 2001, S. 130–133.

[40] Schicho (o.J: o.Sz.), zitiert aus *„Pour la révolution africaine"*, S. 50–53.

beziehen durften, Fanon aber zurückgetreten war, war er nun mittellos. Sein Freund François Tosquelles[41] unterstützte ihn daraufhin finanziell und übernahm beispielsweise den Unterhalt für Fanons Tochter Mireille.[42]

Nach seinem Aufenthalt in Frankreich reiste Fanon im Frühjahr 1957 nach Tunis. Hier begann er das psychiatrische Tageszentrum La Manouba, das an eine öffentliche Klinik angeschlossen war, aufzubauen. Bei dieser Einrichtung wurden die Patient:innen nicht aus ihrem familiären Umfeld herausgerissen – dies stimmte mit Fanons Vorstellungen einer modernen psychiatrischen Therapieform komplett überein.[43]

In Tunis traf er auch mit den FLN-Spitzen zusammen, von hier aus sollte nun für die Unabhängigkeit Algeriens gekämpft werden. Das nun offizielle Mitglied der FLN schrieb zu dieser Zeit mehrere Artikel für die *„algerische Revolution"*. Im Juni 1957 wurde er sogar zum Sprecher der Organisation ernannt.[44] Wie bereits in Algerien stellte Fanon seine psychiatrische Tätigkeit kostenlos der FLN zur Verfügung und behandelte zahlreiche Traumapatient:innen. Nach einer Verleumdungsaktion wurden Fanon und seine Vertrauten an die psychiatrische Abteilung des Hôpital Charles-Nicolle versetzt. Da hier ein besseres und offeneres Klima als in La Manouba herrschte, konnte Fanon ein ambulantes Zentrum[45] eröffnen.

Fanon verstand sein politisches Engagement im Bereich eines afrikanischen Sozialismus[46] und in kritischem Dialog mit den französischen Linken. Aufgrund

---

[41] François Tosquelles war ein spanischer Psychoanalytiker, der aus politischen Gründen nach Frankreich geflüchtet war. Er gilt als Begründer der institutionellen Psychotherapie (gemeinsam mit Jean Oury), also einer offenen Therapieform, bei der die Patient:innen nicht eingesperrt werden, sondern sich frei bewegen können. Er kannte Fanon aus der Klinik Saint-Alban-sur-Limagnole, Département Lozère. Vgl. Von Samsonow (2011). Berühmteste Werke sind: *„L'enseignement de la folie"* (1992. Toulouse: Éditeur Privat) und *„Le travail thérapeutique en psychiatrie"* (1997, 2013. Toulouse: Éditions Érès).

[42] Vgl. Cherki 2001, S. 138 f.

[43] Vgl. Suter 2017, o. Sz.

[44] Vgl. Cherki 2001, S. 147 ff.

[45] CNPJ *Centre Neuropsychiatrique de Jour.*

[46] Unter Afrikanischem Sozialismus versteht man eine politische Strömung, die ab den 1950er Jahren vor allem von Politikern wie Julius Nyerere geprägt wurde. Weitere berühmte Unterstützer:innen waren Modibo Keita, Léopold Sédar Senghor und Kwame Nkrumah. Nyerere definiert die Basis folgendermaßen: *„Socialism – like democracy – is an attitude of mind. In a socialist society it is the socialist attitude of mind, and not the right adherence to a standard political pattern, which is needed to ensure the people care for each other's welfare."* Nyerere 1968, S. 1.

seiner mitreißenden Reden wurde er mehrmals als Sprecher zu Konferenzen gela-
den, seine Beiträge wurden zu geschätzten Printwerken. *„Sicher ist (...), daß (...)
Auszüge aus Redebeiträgen Fanons erschienen, sowohl von der Konferenz der afrikanischen Völker vom Dezember 1958 in Accra, (...), als auch vom Zweiten Kongreß
der Schwarzen Schriftsteller (...) in Rom im April 1959.*"[47] Weitere, eher unbe-
kannte gebliebene Werke erschienen, wie beispielsweise *„L 'An V de la révolution
algérienne*"[48] oder der Sammelband *„Pour la révolution africaine*".[49]

Fanon galt als Anhänger von Sékou Touré[50], der den de Gaulle-Plan[51] mit
einem klaren Nein quittierte.[52] Er traf Vertreter:innen verschiedener Gruppierungen, die für die Unabhängigkeit afrikanischer Staaten kämpften und unterstützte
deren politische Aktivitäten.[53] *„Fanon macht es sich (...) zur Aufgabe, eine Beziehung zwischen der algerischen Revolution und den Befreiungsbewegungen oder
den Staaten Schwarzafrikas herzustellen, die dabei sind, ihre Unabhängigkeit zu
erkämpfen.*"[54]

Im Rahmen dieser Unterstützung kam es 1959 zu einem Anschlag auf
Frantz Fanon, sein Auto landete in einem Graben – wahrscheinlich ein politisch motiviertes Attentat.[55] Er wurde schwer an der Wirbelsäule verletzt und
war vorübergehend gelähmt. Die Ärzte entschieden, ihn in eine Spezialklinik
nach Rom zu verlegen. Ein algerischer Delegierter sollte Fanon am Flughafen

---

[47] Cherki 2001, S. 157.

[48] Fanon 1959, Paris: Éditions François Maspero.

[49] Fanon 1959, S. 156 f. Fanon (1964): Pour la révolution africaine. Écrits politiques. Cahiers
libres, Nr. 53–54, Paris: Éditions François Maspero. Dt.: Für eine afrikanische Revolution.
Politische Schriften. (1972): Frankfurt a. M.: März Verlag.

[50] *„Ahmed Sékou Touré war der starke Mann in der französischen Kolonie Guinea. Er sprach
sich offen gegen die von Präsident Charles de Gaulle angebotene Teilautonomie im Rahmen
der französischen Communauté Française aus. Ein Standpunkt, dem die Bevölkerung Gui-
neas in einem Referendum zu dieser Frage Ende September 1958 folgte. De Gaulle war in
seinem Stolz verletzt und Frankreich zog sich sofort aus Guinea zurück, woraufhin dort am
2. Oktober 1958 die Unabhängigkeit proklamiert wurde.*" Spielbüchler 2011, S. 84. Sekou
Touré (1958–1984) war erster Staatspräsident von Guinea und gab den Ausschlag zum Start
der Dekolonisation.

[51] Im August 1958 (21. bis 26.) begibt sich Charles de Gaulle auf Afrika-Rundreise, um
für einen Verbleib der Kolonien in der Französischen Gemeinschaft zu werben. Durch das
„Nein" Sékou Tourés wird der Prozess für die Entkolonisierung angestoßen. Vgl. Bichler
1996, S. 62–83 sowie insbesondere Kaba 1990.

[52] Vgl. Bichler 1996, S. 62–83, Cherki 2001, S. 199 sowie ausführlich bei Adotevi 1990.

[53] Vgl. Cherki 2001, S. 178.

[54] Cherki 2001, S. 176.

[55] Vgl. Nosbers 2021, S. 153.

abholen; in dessen Auto war aber eine Bombe versteckt, mehrere Menschen starben. Eine Zeitung publizierte, dass ein algerischer Führer in einer römischen Klinik behandelt werden würde; der Artikel war so formuliert, dass man sofort an Fanon denken musste. Der Journalist nannte sogar Etage und Zimmernummer, aus Sicherheitsgründen bat Fanon um Verlegung in ein anderes Stockwerk. Und tatsächlich: In der Nacht drangen zwei bewaffnete Männer in das Zimmer ein, sie ergriffen die Flucht, als sie es leer vorfanden.[56]

Ende Dezember 1960 kehrte Fanon nach Tunis zurück und ließ eine Blutuntersuchung durchführen, da er sich ungewohnt müde fühlte. Dabei wurde eine unheilbare Form der Leukämie diagnostiziert, die bereits so weit fortgeschritten war, dass lebensverlängernde Behandlungen selbst bei den größten Spezialisten, die er weltweit konsultierte, nicht mehr möglich waren.

Am 6. Dezember 1961 verstarb Frantz Fanon 36-jährig in der Klinik *U. 5. National Institute of Health* in Bethesda, einem Vorort von Washington, Maryland, an myeloischer **Leukämie**.[57] Seinem Wunsch getreu wurde er in einem Ehrengrab in Ain El-Kerma, Provinz El Taref, im östlichen Algerien am 12. Dezember 1961 bestattet (Abb. 2.2).

Erst drei Tage vor seinem Tod wurde sein Hauptwerk „*Die Verdammten dieser Erde*" veröffentlicht, das noch heute als Manifest des Antikolonialismus gilt.

Nach seinem frühen Ableben blieben nicht nur seine Werke, sondern auch außergewöhnliche Charakteristika, die nachfolgend kurz dargestellt werden, in Erinnerung.

Eine Besonderheit war seine Art, einige seiner Werke zu erstellen: er diktierte sie (meist seiner Frau Josie oder seiner Assistentin Marie-Jeanne Manuellan[58]), dann wurden diese scheinbar unkorrigiert an den Verlag weitergeleitet.[59] Dies erklärt, warum manche Passagen (zum Beispiel in „*Die Verdammten der Erde*") fast gehetzt und sprunghaft eingesetzt wirken, ebenso scheinen sie wenig reflektiert und nicht ausformuliert zu sein.

Diese Besonderheit hatte allerdings den großen Vorteil, dass die Worte direkt „aus dem Herzen kamen" und von einer intensiven innerlichen Auseinandersetzung zeugen – schonungslos wurden die kolonialen Realitäten und unglaublich brutalen Gräueltaten dargestellt. Eine Emotion muss impulsiv dargestellt werden, sonst verblasst sie.

---

[56] Vgl. Cherki 2001, S. 185.
[57] Vgl. Wolter 2002, S. o.Sz.
[58] Vgl. auch Manuellan 2017.
[59] Vgl. Cherki 2001, S. 168 und 224.

Abb. 2.2 Grabstein von Frantz Fanon. Inschrift: „Dr. Ibrahim Frantz Fanon, geboren am 20.07.1925 in Fort France, gestorben in Amerika am 06.12.1961, begraben entsprechend seines letzten Willens in den Gräbern der Märtyrer am 20.07.1965." (Übersetzung R. Ebrahim). (Fotocredit: **anonymous, CC BY-SA 3.0 via Wikimedia Commons**)

Eine andere mögliche Erklärung dafür, dass Fanon selten seine Werke selbst auf der Schreibmaschine getippt hat, sondern sie seiner Frau Josie im Auf-und-Ab-Gehen diktiert hat, könnte auch sein früher Tod sein, den er möglicherweise vorahnte. Diese Todesahnungen hatte er gemeinsam u. a. mit Sigmund Freud. Freud war einer der Vorreiter in der Auseinandersetzung mit Todesahnungen in der Psychoanalyse, da er selbst sein gesamtes Leben unter Todesangst und zwanghaften Todesahnungen gelitten hatte.[60]

Ähnlich dürfte es Fanon ergangen sein; als Arzt musste ihm bewusst gewesen sein, dass seine Form der Leukämie unheilbar war und rasch zum Tode führen konnte. Als sich die Drucklegung seines letzten Werks *„Die Verdammten dieser Erde"* etwas verschob, setzte Fanon alles daran, um seinen Verleger François Maspero davon zu überzeugen, sein Buch schon im Sommer zu publizieren.

---

[60] Vgl. Scheerer 2006.

Schlussendlich starb er nur drei Tage nach der Veröffentlichung im Dezember 1961.[61]

Ungewöhnlich war auch sein Namenswechsel: Es gab Quellen, in denen er Ibrahim genannt wurde, teils in Kombination, also Frantz Ibrahim Fanon, teils nur Ibrahim Fanon. Andere Überlieferungen sprachen von Omar als neuem Vor- oder Zweitnamen, auf seinem Grabstein steht schließlich Ibrahim Frantz Fanon.[62]

Sein Bruder Joby bezeichnete ‚Ibrahim' als dessen *Nom de Guerre*[63] und erzählte, dass Fanon zu Kongressen unter diesem Namen reiste. Im Oktober 1961 checkte er als ‚Ibrahim' auch in die Klinik in Maryland, wo er schlussendlich auch starb, ein.[64]

Zu Beginn dieser Arbeit wurde davon ausgegangen, dass Fanon zum Islam konvertiert war, im Laufe der Recherchen ergaben sich dahingehend keine verifizierbaren Informationen. Da er in einer mehrheitlich muslimen Gesellschaft lebte, war Fanon vermutlich davon geprägt, ohne selbst konvertiert zu sein oder zeigte sich zumindest solidarisch mit der lokalen Bevölkerung. Am wahrscheinlichsten ist die Vornamensänderung als *Nom de Guerre* und damit als Schutz vor Attentaten sowie um sich weitgehend unerkannt innerhalb der Kolonialgesellschaft bewegen zu können, dadurch wurde die Gefahr der Enttarnung durch Polizei und Armee minimiert.[65]

---

[61] Vgl. Cherki 2001, S. 227 ff.

[62] Vgl. Abschn. 4.6.

[63] Ein *Nom de Guerre* bezeichnet einen Deck- oder Kriegsnamen und wurde von vielen bedeutenden Persönlichkeiten verwendet, um problemlos reisen zu können oder Aktivitäten vorzubereiten. Beispielsweise hatten Stalin (Jossif Wissarionowitsch Dschugaschwili, genannt Stalin, der Stählerne), Tito (Josip Broz, genannt Tito, wahrscheinlich nach dem sowjetischen Pistolentyp TT-30), Trotzki (Lew Dawidowitsch Bronstein, genannt Trotzki nach dem Oberaufseher eines Gefängnisses in Odessa) und Lenin (Wladimir Iljitsch Uljanow, genannt Lenin, Der von der Lena [Strom in Sibirien]) eigene *Noms de Guerre*. Vgl. z. B. Hildermeier (2017). Da Fanon immer wieder ob seines antikolonialen Widerstandes mit Gewalt und sogar dem Tod bedroht wurde, könnte diese Namensverwendung eine reine Sicherheitsmaßnahme gewesen sein.

[64] Vgl. Fanon 2004.

[65] Ausführliche Reflexionen dazu im Abschn. 4.6.

2.2   Werke

2.2.1   Schwarze Haut, weiße Masken[66]

„De la partie la plus noire de mon âme, à travers la zone hachurée me monte ce désir d'être tout à coup blanc. Je ne veux pas être reconnu comme Noir, mais comme Blanc."[67]

Frantz Fanon

Grundsätzlich beabsichtigte Fanon, eine Dissertation über die Problematik der Entfremdung der „Schwarzen" *(Essai pour la désaliénation du noir)* an der Lyoner Universität vorzulegen. Nachdem aber die Arbeit aus formalen und inhaltlichen Gründen abgelehnt wurde, beschloss er, über ein anderes Thema (die Friedreich-Krankheit[68]) zu schreiben. In der Folge entschied er, das ursprüngliche Dissertationsprojekt als Buch bei *Editions du Seuil* zu publizieren. Auf Anraten seines Verlagslektors Francis Jeanson, der im Übrigen das Vorwort verfassen sollte, wählte Fanon einen neuen und prägnanteren Titel aus: *„Peau noire, masques blancs"*.

Das Buch entstand in Lyon in den Jahren 1951/52 an den *„Schnittstellen von drei Begegnungen: (...) der Psychiatrie, (...) der Phänomenologie, dem Existenzialismus und der Psychoanalyse (...) [sowie durch das] Zusammentreffen mit der mehrheitlich weißen französischen Gesellschaft und (...) seiner Erfahrung als minoritärer Schwarzer (...)."*[69]

Es ist davon auszugehen, dass Erfahrungen aus dem Kriegsdienst und auch Erlebnisse als PoC in Frankreich ihn unter anderem zu diesem Werk animierten. In dieser klinischen Studie zeigte er einen Weg auf, um die Sackgasse des

---

[66] Im Original 1952 unter dem Titel *„Peau noire, masques blancs"* bei *Éditions du Seuil*, Paris erschienen.

[67] Fanon 1952, 2011, S. 76. Da die Zitate in der deutschen Übersetzung nicht immer mit dem französischen Original korrelieren, wurde in diesem Kapitel meist das Ursprungswerk verwendet.

„Aus dem schwärzesten Teil meiner Seele, durch die schraffierte Zone hindurch steigt der Wunsch in mir hoch, auf einmal weiß zu sein. Ich will nicht als Schwarzer, sondern als Weißer anerkannt werden." Fanon 1952, 2016, S. 55.

[68] Vgl. Abschn. 2.1.

[69] Cherki 2001, S. 51.

„Rassendenkens" zu überwinden. Die Schwarzen müssen ihren Wunsch aufgeben, weiß zu werden und die Weißen ihre absurde Vorstellung, etwas Besseres zu sein.[70]

Laut Fanon musste die „*Schwarze Person*" eine „*weiße Maske*" tragen, um in einer kolonialisierten Welt der Weißen respektiert zu werden. Sein politisches Denken war vor diesem Werk von der *Négritude*-Bewegung mitbestimmt, nun wandte er sich davon ab. Unter *Négritude* versteht man eine Rückbesinnung auf traditionelle afrikanische Kulturen zur Stärkung bzw. Entwicklung eines schwarzen Selbstbewusstseins. Fanon zeigt auf, dass hier die Kolonialzeit als Vorlage dienen dürfe. „*Der schwarze Mensch erscheint aus der Perspektive des Weißen als minderwertig, aber umgekehrt ist der Weiße mit seinen ,Errungenschaften' Zivilisation, Kultur, kurz Intellekt, nachahmenswert.*"[71]

Das Werk ist vor dem Hintergrund seiner Arbeit in einer psychiatrischen Abteilung, damals noch in Lyon, zu sehen. Frantz Fanon stellte die psychische Verfassung der Kolonisierten sowie deren bisheriges Wissen und Dehumanisierung ins Zentrum seines Buches. Explizit setzte er sich mit den komplementären Machtpositionen zwischen Schwarzen und Weißen, also Kolonisierten und Kolonialmacht, auseinander. Als alleiniger Maßstab galt die Welt der Kolonialherren, diese zu erreichen war das einzige Ziel der Schwarzen. „*Der Schwarze will ein Weißer sein. Der Weiße bemüht sich verbissen, eine menschliche Lage zu schaffen.*"[72]

Hauptthema sind Hautfarben und deren klare Einteilung in zwischen Schwarz und Weiß: „*(...) es gibt zwei Lager: das weiße und das schwarze.*"[73] Dazu Lehmann: „ *'Schwarz' und ,weiß' bezeichnen in diesem Zusammenhang evidente gesellschaftliche Konstrukte, die hier auch als solche benannt werden sollen.*"[74] Fanon weist auf „*den psychopathologisch folgenreichen Bruch zwischen der Eigen- und Fremdwahrnehmung auf, den schwarze Menschen allzu oft erfahren würden, wenn sie auf weiße EuropäerInnen träfen (...)*"[75] hin und bringt sich hier in Form von *,going native'* oder dem „*fremden Blick*"[76] persönlich ein. Über seine persönlichen Erfahrungen, beispielsweise mit weißen Frauen, schließt er auf alle

---

[70] Vgl. Fanon 1952, 2016, S. 10.

[71] Fanon 1952, 2013, S. 42.

[72] Fanon 1952, 2013, S. 9.

[73] Fanon 1952, 2013, S. 8.

[74] Lehmann 2011, o. Sz.

[75] Lehmann 2011, o. Sz.

[76] Siehe Fritz Morgenthaler in Abschn. 1.3.

und generalisiert durchgehend, wobei anekdotisches Wissen nur begrenzt verall-
gemeinert werden kann. Fanon *„geht von einzelnen Beobachtungen aus, um daraus
(...) einen allgemeinen Standpunkt zu entwickeln."*[77] Ethnopyschoanalytisch gesehen ist dies eine legitime und gängige Methode: *„Die am einzelnen gewonnenen
Beobachtungen tragen dann zum Verständnis der Gesellschaft bei."*[78]

Fanons Herkunft und Kindheit spielt eine große Rolle, eigene Erfahrungen
stehen im Mittelpunkt dieses Werkes. Erlebter Rassismus und Diskriminierungserfahrungen wurden nicht nur thematisiert, sondern auch analysiert; psychoanalytische Aufarbeitung diente hier als Mittel zum Zweck, sozusagen als eine Form
der Eigentherapie. *„Der Schwarze, der durch seine Hautfarbe stets überdetermi-
niert ist, und der Weiße, der seiner strukturellen Überlegenheit nicht entfliehen kann,
bilden die Determinanten einer Matrix, die stets neue gesellschaftliche Neurosen
hervorbringt."*[79]

Fanon zeigt Rassismus als simple Struktur: *„Der Franzose mag den Juden nicht,
der den Araber nicht mag, der den Neger nicht mag."*[80] Zum einen spricht man
hier von einer Form der systematischen Abwertung, zum anderen handelt es sich
direkt um den sogenannten ‚Kolonialrassismus'. Darunter versteht man eine Legitimierung von Kolonialismus und Sklaverei durch Rassentheorien. Herrschafts-
und Machtverhältnisse werden durch gegenseitiges Ausspielen fixiert, um so klare
hierarchische Strukturen herzustellen und auch zu vertiefen.[81]

Für den Kolonialisten geht es eigentlich nicht nur um die Legitimierung des
Kolonialismus bzw. der Sklaverei, sondern vor allem darum, sich von jeglicher
Verantwortung zu befreien. Durch Kolonialismus und Sklaverei (so Fanon) haben
die Europäer:innen so viel Schuld und Verantwortung auf sich genommen, dass
sie das Bedürfnis entwickeln mussten, sich davon befreien zu wollen. Deswegen
spricht Fanon von einem Prozess oder einer Strategie der *„répartition raciale de
la culpabilité"* [Fanon, 1952, p. 83]. Sinngemäß bedeutet dies: „Aufteilung der
Schuld nach dem Prinzip der Rassenzugehörigkeit". Das anvisierte Ziel: Am Ende
trägt nicht allein der Kolonialist die Schuld an der Kolonialsituation, sondern auch
die Kolonisierten.[82]

---

[77] Cherki 2001, S. 240.

[78] Parin 1984, zitiert in: Heinemann 1990, S. 16.

[79] Groiss 2016, S. 43.

[80] Fanon 1952, 2013, S. 89.

[81] Vgl. Bühl 2016, S. 68 f.

[82] Fanon 1952, 2011, S. 112. Da die Zitate in der deutschen Übersetzung nicht immer mit
dem französischen Original korrelieren, wurde, wie schon angesprochen, in diesem Kapitel
meist das Ursprungswerk verwendet.

Viele Passagen erscheinen autobiografisch und/oder sind eng verknüpft mit seinen Patient:innen bzw. deren Krankengeschichten. Selbst wenn das Werk von seinem politisch-antikolonialistischen Engagement zu trennen ist, war es natürlich auch mit seiner damals aktuellen privaten Situation untrennbar verbunden, da Fanon im gleichen Jahr die Französin Josie Dublé ehelichte. *„Historiquement, nous savons que le nègre coupable d'avoir couché avec une Blanche est castré. Le nègre qui a possédé une Blanche est fait tabou par ses congénères. "*[83] Fanon übte hier eine doppelte Kritik, zum einen an weißen Rassisten, die eine Kastration verlangen und zum anderen an Schwarzen, die sich gegen Beziehungen zwischen Weißen und Schwarzen stellen.

Freud beschreibt ein Tabu als *„einerseits: heilig, geweiht, andererseits: unheimlich, gefährlich, verboten, unrein. "*[84] Die Beziehung zu Josie wäre also demnach ein Tabu der zweiten Art, welches *„von vornherein auf Bedingungen eingeschränkt* [ist], *die für den Tabuierten eine ungewöhnliche Lebenslage herbeiführen. "*[85] So ist diese Relation mit Blick auf Fanons Texte eigentlich im Bereich eines Paradoxons zu sehen, es ist aber davon auszugehen, dass Fanon einerseits seinen Kampf gegen die Kolonialisierung von einer privaten Angelegenheit zu trennen vermag und andererseits die als politisch aktiv bekannte Französin durchaus als Kampfgefährtin angesehen hat. In seinem Antikolonialismus zeigte sich Fanons Position äußerst klar. Seine Ansicht zum Humanismus formulierte er in der Conclusio[86]: *„C'est par un effort de reprise sur soi et de dépouillement, c'est par une tension permanente de leur liberté que les hommes peuvent créer les conditions d'existence idéales d'un monde humain. Supériorité? Infériorité? Pourquoi tout simplement ne pas essayer de toucher l'autre, de sentir l'autre, de me révéler l'autre?"*[87]

Fanons Ururgroßeltern mütterlicherseits sind sogar gebürtige Österreicher:innen, die im 17. Jahrhundert ins französische Elsass siedelten, wie sein Bruder Joby in seinem Werk *„Frantz Fanon, My Brother: Doctor, Playwright, Revolutionary"* anführte. Fanon war also selbst von hellerer Hautfarbe, da seine

---

[83] Fanon 1952, 2011, S. 84. *„Historisch wissen wir, dass der Neger, der das Verbrechen begangen hat, mit einer weißen Frau zu schlafen, kastriert wird. Der Neger, der eine Weiße besessen hat, wird von seinem Artgenossen tabuisiert."* Fanon 1952, 2016, S. 62.

[84] Freud 1913, S. 33.

[85] Freud 1913, S. 40.

[86] Kapitel *„En guise de conclusion"*. Fanon 1952, 2011, S. 221–229.

[87] Fanon 1952, 2011, S. 228 f. *„Nur durch eine Anstrengung des Neubeginns und der Selbstprüfung, durch eine ständige Anspannung ihrer Freiheit kann es den Menschen gelingen, die idealen Lebensbedingungen für eine menschliche Welt zu erschaffen. Überlegenheit? Unterlegenheit? Warum nicht einfach versuchen, den anderen zu berühren, den anderen zu spüren, mit den anderen zu offenbaren."* Fanon 1952, 2016, S. 197.

Mutter Eléonore Félicia Medelice eine Weiße war, die 1920 den Schwarzen Félix Casimir Fanon heiratete. Interessanterweise gibt es online einige Familienstammbäume der Familie Medelice zu finden, aber keiner davon geht weiter als bis zur Elterngeneration von Frantz Fanon, er selbst scheint darin nicht auf. Die Übersiedlung von Frankreich nach Martinique muss rund um 1800 stattgefunden haben, einer der Vorfahren Louis Ensfelder wurde 1796 in Straßburg geboren und heiratete 1825 in Martinique.[88]

Fanon setzte sich intensiv mit ‚Identität' auseinander: *„Rien à faire: je suis un Blanc. Or, inconsciemment, je me méfie de ce qui est noir en moi, c'est-à-dire de la totalité de mon être.*

Je suis un nègre – mais naturellement je ne le sais pas, puisque je le suis. "[89] Häufig verwendete er die „Ich-" oder „Wir-Form" und meinte damit, dass jede:r Schwarze stellvertretend für die gesamte Schwarze Diaspora sei und die:der Weiße in jeder:m Schwarzen eine:n andere:n Schwarze:n sieht – für ihn sind sie alle gleich. Dies stand im Gegensatz zur *Négritude* und Césaires[90] Ansichten, die darauf basierten die Werte der eigenen Zivilisation mittels der Vergangenheit zu beweisen.

Dieses sogenannte ‚*Othering*' beschreibt das Verfahren der Einteilung von Menschen in ‚andere' und ‚Wir', damit wird eine Fremdbeschreibung und absolute Trennung von außen konstruiert. ‚*Othering*' ist eine postkoloniale Theorie, die auf eine Weiterführung verankerter Macht- und Herrschaftsverhältnisse abzielt.[91] Nach Fanon bedeutete dies, dass jede:r ist, was sie:er ist und es ist daher nicht notwendig sei, dies beweisen zu wollen oder zu müssen.

Von rassistischen Aussagen wie *„Ce processus est bien connu des étudiants de couleur en France. On refuse de les considérer comme d'authentiques nègres. Le nègre c'est le sauvage, tandis que l'étudiant est un évolué. Tu es 'nous', (…), et si on te croit nègre c'est par erreur, tu n'en as que l'apparence.* "[92] versuchte er sich abzugrenzen und diese Äußerungen nicht auf sich selbst zu beziehen.

---

[88] Stammbäume sind nach Registrierung einsehbar unter https://gw.geneanet.org/nat oubu?lang=en&n=medelice&oc=0&p=eleonore+felicia&type=tree [Zugriff zuletzt am 14.02.2021].

[89] Fanon (1952, 2011: 191). *„Nichts zu machen: ich bin ein Weißer. Und unbewusst misstraue ich allem, was schwarz in mir ist, also der Totalität meines Seins."* Fanon 1952, 2016, S. 160.

[90] Vgl. Césaire 1950, 2017.

[91] Vgl. Spivak 1985, S. 247–272, vgl. Said 1978, 2003.

[92] Fanon 1952, 2011, S. 82. *„Dieser Vorgang ist den farbigen Studenten in Frankreich wohlbekannt. Man weigert sich, sie als echte Neger zu sehen. Der Neger ist der Wilde, während der Student ein gebildeter Mensch ist. Du bist ‚wir', (…), und wenn man dich für einen Neger hält, so ist das ein Irrtum, du siehst nur so aus."* Fanon 1952, 2016, S. 60.

Hierbei verwendete er Begrifflichkeiten wie *„der farbige Student in Frankreich"*, *„der Antillaner"* etc. Damit klammerte er sich selbst aus, obwohl das gesamte Werk eindeutig spürbar aus und in persönlicher Betroffenheit geschrieben wurde. Er versetzte sich also in die Rolle einer außenstehenden Person, so analysierte er sich und andere aus dieser Außensicht. Die sogenannte Introspektion dient vor allem einer Distanz zum Geschehen und wertungsfreien Beschreibungen. Diese Form der Verhaltensanalyse gilt in der klassischen Psychologie als zu subjektiv und nicht messbar, in der Psychoanalyse ist sie aber gang und gäbe.[93]

Der Freudianer Fanon, der anfangs verneinte, dass es einen ödipalen Komplex geben würde, legte ihn in diesem Werk um als abwesenden Vater, dessen Platz *„im Imaginären der Mutter schon vom ‚weißen Herrn' besetzt [ist]."*[94] „Dagegen [Anmerkung: im Gegensatz zu „Die Verdammten dieser Erde"] *wird in Schwarze Haut, weiße Masken eine Epistemologie der schmerzerfüllten Subjektivität dargelegt, die ‚zwischen dem Nichts und der Unendlichkeit' situiert und mit Gewalt aufgeladen ist."*[95]

Fanon zitierte verschiedene Psychoanalytiker wie Sigmund und Anna Freud, Ethnologen wie Michel Leiris und immer wieder Sartre, von dem er augenscheinlich tief beeindruckt war.[96]

Das Werk war klar psychoanalytisch ausgelegt und behandelte durchwegs die psychischen und psychoanalytischen Folgen von Kolonisation und Rassismus.[97] Beziehungskonstellationen zwischen Schwarzen und weißen Menschen wurden detailliert abgehandelt. Die Thematik hatte ihn zu tiefen Reflexionen angeregt. Den meisten Raum nimmt aber, wie bereits erwähnt, der Themenbereich Kolonialismus und Rassismus ein: *„Der Ton ändert sich. Die Dekolonisation hat stattgefunden und der Rassismus ist geblieben (…). Das Werk des jungen Fanon wird nun als ein prophetischer Essay über den Rassismus präsentiert."*[98]

Das gefühlte Überfüllen mit scheinbar allen verfügbaren Informationen sowie mit Auszügen aus Filmen, Theaterstücken und auch Krankenakten, ähnlich wie bei *„Die Verdammten dieser Erde"*, ist meiner Meinung nach nicht notwendig – es scheint, als hätte Fanon alle ihm in den Kopf kommenden Gedanken zu Papier bringen lassen. Fanon erklärte es in seiner Einleitung folgendermaßen: *„Il est de*

---

[93] Vgl. Gerrig 2015, S. 202.
[94] Cherki 2001, S. 305.
[95] Dorlin o. J., o.Sz.
[96] Vgl. Abschn. 4.7.
[97] Vgl. Schicho o. J., S. 3.
[98] Cherki 2001, S. 55.

*bon ton de faire précéder un ouvrage de psychologie d'un point de vue méthodo-
logique. Nous faillirons à l'usage. Nous laissons les méthodes aux botanistes et
aux mathématiciens. Il y a un point où les méthodes se résorbent.* "[99] Eingedenk
dieser Sichtweise erscheint ist es verständlicher, dass Fanon die üblichen Pfade
verlässt und viele seiner Ideen in diese *„étude clinique"* [100] einbringt.
Es ist ihm zuzugestehen, dass er viel zu sagen hatte.
Als Rezipientin wäre eine Vertiefung in die jeweilige Thematik bzw. ein
Ausformulieren von Fanons Positionen für mich noch interessanter gewesen als
lediglich ein „Anreißen" verschiedener Themenbereiche, zumal er beim Verfassen dieses Werkes auch noch keinen zeitlichen Druck verspürte wie bei den
„Verdammten dieser Erde".

Persönlich entsetzt hat mich an diesem Werk, dass in der deutschen Ausgabe das N-Wort trotz überarbeiteter Übersetzung aus dem Jahre 1985 und einer
Neuauflage aus 2013 mit einem Update 2016 durchgehend sehr präsent ist. Ein
erklärendes Vorwort oder eine kommentierte Ausgabe wären wünschenswert.[101]

Fanon und Césaire versuchten dem N-Wort, das meiner Meinung nach eine
Abbildung ungleicher Machtstrukturen darstellt, einen positiven Inhalt zu verlei-
hen. Es ist davon auszugehen, dass Fanon selbst bis heute auf die Verwendung
dieses Begriffs in seinen Werken bestehen würde, um die Gesellschaft in Hinblick
auf Diskriminierung und Rassismus wachzurütteln. Im Rahmen der *Négritude*
wurde Wert gelegt auf die Darstellung des Reichtums afrikanischer Wurzeln
und die Findung einer eigenen Identität, um so den ungleichen Machtstrukturen und Rassismus etwas Positives entgegenzusetzen und Bewertungsänderung
zu erwirken.

*„In den 1930er Jahren prägten Aimé Césaire und Léopold Sédar Senghor als Studenten
in Paris die ‚Négritude', die die pejorative Bezeichnung ‚nègre' in ein positives Iden-
titätskonzept umwandelte. AfrikanerInnen und Menschen afrikanischer Abstammung
sollten ihre Herkunft bejahen, sich der traumatisierenden gemeinsamen Erfahrungen*

---

[99] Fanon 1952, 2011, S. 33. *„Es gehört zum guten Ton, ein psychologisches Werk mit einem
methodologischen Standpunkt einzuleiten. Wir werden gegen diesen Brauch verstoßen. Wir
überlassen die Methoden den Botanikern und Mathematikern. Es gibt einen Punkt, an dem
die Methoden verschwinden."* Fanon 1952, 2016, S. 12.

[100] Fanon 1952, 2016, S. 34.

[101] Erst im August 2020 wurde auf der Website des Verlages Turia + Kant folgende Anmerkung hinzugefügt: *„Der Text wurde in der Übersetzung von Eva Moldenhauer belassen, um
die schon damals differenziert wiedergegebene Brutalität der Sprache („Neger" – „Schwarze") nicht durch heutige Regulierungen zu verschleifen."* https://www.turia.at/titel/fanon_
s.php [Zugriff zuletzt am 30.08.2020].

von Sklaverei und Kolonialismus bewusst sein und afrikanische Kultur und Geschichte zu schätzen wissen."[102]

2.2.2 Die Verdammten dieser Erde

„Die Kolonialmacht sagt ganz klar: Da ihr die Unabhängigkeit wollt, nehmt sie und krepiert."[103]

Frantz Fanon

Im Pariser Verlag Fran ç ois Maspéro erschien Anfang Dezember 1961 *„Les damnés de la terre"* – die *„halb sozialpsychologische Analyse des Kolonialismus, halb politische Kampfschrift"*[104] und *„avancierte zu einem zentralen Erweckungstext der antikolonialen Linken und Bürgerrechtsbewegungen in vielen Teilen der Welt."*[105] Anfangs war das Werk kein großer Verkaufserfolg – erst das Vorwort von Jean-Paul Sartre machte es zu einem der bekanntesten Werke der Dekolonialisierungsbewegung.

Dieses Buch wird als Fanons Hauptwerk angesehen. Der Prozess der Dekolonisation und die Herausforderungen der „neuen" Länder des globalen Südens waren nie zuvor so eindrücklich beschrieben worden. Richteten sich seine vorherigen Werke noch an Intellektuelle, im Speziellen an die französischen Linken, so wandte sich dieses direkt an die Kolonisierten: Enge Kolonialstrukturen konnten nur durch Gewalt bekämpft werden, Freiheit wäre sonst für die Kolonisierten nicht möglich.[106]

Eigentlich könnte man Fanon sogar einen Globalisierungskritiker nennen, auch wenn es zu seiner Zeit diesen Begriff noch gar nicht gab, denn seine Beschreibungen zeigen auf, dass bis heute der Unabhängigkeitsprozess in den einstigen Kolonien noch nicht abgeschlossen ist[107], was speziell mit machtpolitischen

---

[102] Genschel und Schumann 2012, S. 19.

[103] Fanon 1961, 2008, S. 76.

[104] Eckert 2014, o.Sz.

[105] Eckert 2014, o.Sz.

[106] Vgl. Cherki 2001, S. 239.

[107] Die ehemaligen Kolonien sind bis heute eng mit den „Mutterländern" (u. a. wirtschaftlich) verbunden. Vgl. Sy 2016.

Strukturen der Globalisierung zu tun hat. Die Kolonisierten müssen eigene Perspektiven schaffen. Trotz der semantischen Änderung auf *eine* Welt[108] sind bis heute die Unterschiede zwischen dem globalen Süden und globalen Norden nicht verschwunden, die Machtungleichheit ist unverändert.

Der Buchtitel war speziell gewählt: Fanon entlieh den Titel der *Internationalen*, dem Kampflied der sozialistischen Arbeiterbewegung: *„Wacht auf, Verdammte dieser Erde, …"*. Die *Verdammten* waren nun jedoch die unterdrückten Kolonisierten, nicht mehr die Arbeiter:innen Europas. Fanon wollte sie mit seinem Werk direkt ansprechen, um sie so zu mobilisieren und eine Warnung vor möglichen Fehlentwicklungen wie Neokolonialismus und neuen Diktaturen[109] auszusprechen.[110]

Das Buch verschwand nach und nach aus der öffentlichen Wahrnehmung, bis es in den 1980er Jahren nur mehr Expert:innen ein Begriff war. *„Die einen stempelten ihn als Gewaltverherrlicher oder gar Rassisten ab, die anderen erklärten ihn zum Klassiker, den man wie alle Klassiker nicht zu lesen brauche."*[111] Erst durch das Erstarken der Post-Colonial Studies und der Afroamerikanischen Bürgerrechtsbewegungen[112], die Fanon für sich entdeckten, wurde das Werk erneut bekannter und relevanter.[113] Eckert kommentiert dieses Phänomen folgendermaßen: *„(…) bis heute wird sein Werk (…) aus dem historischen Kontext gerissen und zugespitzt entweder auf eine Rechtfertigung der Gewalt oder als Vorläufer postkolonialer Theorien gedeutet."*[114]

Alice Cherki fasst Fanons Position zusammen: *„Er war kein Verherrlicher, sondern ein Denker der Gewalt. Und diese hat sich, als sie die Kolonien verlassen hat, in unsere Gesellschaft verlagert, weil man nicht über sie nachgedacht und weil man die Bedeutung dieser fanonischen Jahre vergessen hat."*[115]

Fanon setzte sich in fünf Kapiteln intensiv mit dem Prozess der Kolonialisierung, aber auch der Entkolonialisierung und ihren Folgen auseinander. Das wohl wichtigste Kapitel *„Von der Gewalt"* ist auch umfangmäßig das deutlich längste,

---

[108] Anstatt dem Begriff „Dritte Welt".

[109] Unter den neuen Diktaturen verstand Fanon nationale Bourgeoisie. Diese neokolonialistischen Diktatoren sind oft korrupt und rassistisch wie zuvor die weißen Kolonialherren. Armee und Polizei sind willige Unterstützer des Regimes und die ehemaligen Kolonisatoren üben auf diesem Weg weiterhin Macht aus. Vgl. Fanon 1961, 2008, S. 115–157.

[110] Vgl. Ecker 2014, o. Sz.

[111] Eckert 2006, o.Sz.

[112] Vgl. Abschn. 4.1.3.

[113] Vgl. Eckert 2006, o. Sz.

[114] Eckert 2006, o. Sz.

[115] Cherki 2001, S. 22.

hier wurden die Hauptthesen des Buches vorgestellt. Fanon schrieb eindeutig aus der Sicht des Psychoanalytikers, bedingt durch seine berufliche Tätigkeit. Auch Fallbeispiele aus seiner Praxis unterstrichen dies.

Das erste Kapitel „*Von der Gewalt*" beschäftigte sich mit der Frage, welche Bedingungen zur Beendigung der Kolonialisierung notwendig sind und welche Anforderungen an die sozialen Kräfte innerhalb der Länder gestellt werden würden. Ausgehend davon setzte sich Fanon, wie der Titel schon verrät, mit der Thematik Gewalt auseinander und wurde dadurch sowie durch Sartres Vorwort als Apologet der Gewalt dargestellt. Weggefährten wie der Psychiater Jacques Azoulay waren davon irritiert[116], sie kannten Frantz Fanon als liebevollen gütigen Humanisten, dieser Text entsetzte sie.[117]

In Fanons Nachruf schrieb Césaire: „*Man sagt ihm eine Neigung zur Gewalt nach. Tatsächlich machte FF [Frantz Fanon] sich einen Namen als Theoretiker der Gewalt, der einzigen Waffe des Kolonisierten gegen die kolonialistische Barbarei. Aber seine Gewalt war, (…), die des Gewaltlosen, die Gewalt des Rechts, der Lauterkeit, der Aufrichtigkeit.*"[118]

Frantz Fanon sah Gewalt als unabdingbare Phase der Dekolonialisierung und als Motor zur Befreiung.[119] „*(…) die Dekolonisation ist immer ein Phänomen der Gewalt.*"[120] Laut Fanon mussten sich die Kolonisierten durch einen aktiven Kampfprozess aus der Kolonialisierung befreien. Seine These untermauerte er durch persönliche Erfahrungen und psychologische Erkenntnisse. Aussagen wie „*Die Sprache, die der Einheimische (…) versteht, ist die Gewalt (…)*"[121] sollen seine Theorie bestätigen. Er verstand Gewalt als einzig wirksames „*antikoloniales Gegenmittel*"[122] in diesem Werk. „*Gewalt ist für Fanon ein Agieren, das man als hereinbrechend, erfinderisch und auf grundlegende Weise sinnlich beschreiben kann.*"[123]

Durch seine Kontakte mit afrikanischen Führern[124] beobachtete er den Ablauf und die neuen Strukturen sowie die Kämpfe der Kolonialisten in afrikanischen

---

[116] Nur Aimé Césaire nicht: für ihn war Fanon ein „*paraclet laïque*" (laizistischer oder weltlicher Paraklet). Vgl. Cherki 2001, S. 242.

[117] Vgl. Cherki 2001, S. 242 f.

[118] Césaire 1962, S. 119 ff., Présence Africaine 40. Zitiert in: Schicho o. J., o.Sz.

[119] Vgl. Cherki 2001, S. 258.

[120] Fanon 1961, 2008, S. 27.

[121] Cherki 2001, S. 243.

[122] Eckert 2014, o.Sz.

[123] Dorlin o. J., o.Sz.

[124] Zum Beispiel mit Patrice Lumumba.

Ländern. *„Es betrübt ihn, wie die Unabhängigkeit (…) bereits im Anfangsstadium manipuliert wird: Nationale Bourgeoisien knüpfen an die Kolonialmacht an, ohne wirklich mit ihr zu brechen, indem sie entfremdete Wirtschaftsstrukturen und kulturelle Unterdrückung unangetastet lassen."*[125] Afrikanische Staaten entstanden unter schwierigen Bedingungen; eine instabile politische Situation sowie mangelnde Infrastrukturen und kaum wirtschaftliche Beziehungen trugen zu erneuten Abhängigkeitsgefügen bei. Der sogenannte Weltsystemansatz unterscheidet wirtschaftliche Zonen wie Zentrum, Peripherie und Semiperipherie. Resultierend aus der historisch-entwickelten Ungleichheit zwischen diesen Zonen bildeten sich ungleiche Machtverhältnisse im Weltsystem – das System kann nur als Ganzes aufrechterhalten werden.[126] Die Begrifflichkeiten Peripherie/Zentrum gelten als Metapher für globale Verhältnisse, für Wohlstands- und Machtasymmetrien sowie für die hierarchisch untergeordnete Eingliederung „der" Peripherie in ein von wenigen Ländern dominiertes Weltsystem. Dieses zeigt an, in welcher Form periphere Staaten mit Einschränkungen konfrontiert sind und weniger fähig sind, Bedingungen zu verändern.[127] Bis heute wirken koloniale Strukturen weiter und wirken ähnlich diesem Zentrum- und Peripherie-Ansatz zwischen Kolonialmacht und Kolonialstaat.

Fanon untersuchte in diesem Zusammenhang die Bedeutung von Gewerkschaften und nationalen Parteien, beide sah er kritisch:[128] *„Die nationalistischen Parteien hegen in ihrer überwiegenden Mehrheit großes Mißtrauen gegenüber den ländlichen Massen. Diese Massen machen nämlich auf sie den Eindruck, in Trägheit und Unfruchtbarkeit dahinzudämmern."*[129] Die Kritik von Fanon ist eigentlich eine Kritik der nationalen Bourgeoisien, die sich für die Gründung einer Einheitspartei entscheiden, welche nicht in der Lage ist, ein echtes nationales Bewusstsein zu entwickeln. Er betrachtet die Gewerkschaften als Instrumente der nationalen Bourgeoisien. In der Folge kann es zu einer Zentralisierung der Administration bzw. zur Errichtung einer bourgeoisen Diktatur kommen. Diese Diktatur fühlt sich dazu berufen, die Geschicke des „unabhängig" gewordenen Staates allein lenken zu müssen. Da sie laut Fanon den ländlichen Massen misstrauen, weil diese aus ihrer Sicht keine Ahnung von wirtschaftlicher Entwicklung haben und noch dazu im Hinterland leben, glaubt die bourgeoise Diktatur, sie muss alle Entscheidungen

---

[125] Cherki 2001, S. 202.

[126] Vgl. Wallerstein 2004, vgl. Amin 1997, vgl. Arrighi 2010, vgl. Frank 1969.

[127] Vgl. Atac und Schippers 2011, S. 115–128 sowie S. 8–23.

[128] Vgl. Schicho o. J., o.Sz.

[129] Fanon 1961, 2008, S. 85.

selbst treffen zugunsten des nationalen Staates. Fanon fügt hinzu, dass die Feudalherren und die ländlichen Massen ihrerseits kein Vertrauen in die nationalen Bourgeoisien haben.

Die von Fanon beschriebenen Fallgeschichten veranschaulichten eine ganz andere Seite des Gewaltbegriffs.[130] Auch hier lag der Fokus auf Gewalt, aber nicht im Sinne eines Aufrufs zum Widerstand oder zur physischen Gegenwehr, sondern als reine Aufzeichnung von Folgen der Gewalt. Fanon verwendete bei der Beschreibung der Fälle die Methode der Teilnehmenden Beobachtung[131] und brachte so eigene Erfahrungen aus seiner psychoanalytischen Praxis ein. Am Beispiel seiner Wirkungsstätten in Blida-Joinville und in geringerem Ausmaß auch in Tunis konnte er direkt die traumatischen Folgen des französischen Kolonialismus auf den kolonisierten Menschen darstellen. Die teils sehr detaillierten Schilderungen über Foltermethoden sind beim Lesen schwer erträglich, man spürt förmlich die Gräueltaten und die Realitäten des Kolonialsystems.[132]

Beispielsweise wurde der Fall eines Algeriers dargestellt, der an den Folgen eines Traumas ausgelöst durch die Vergewaltigung seiner Frau litt, da diese Vergewaltigung rein dazu dienen sollte, Informationen über ihn zu erpressen. Seine Frau gab diese aber trotzdem nicht preis, daher kam es zu einer Übertragung der Schuldgefühle, die eine Impotenz, extreme Migräneattacken, Depressionen und latente Aggressionen auslösten. Aus diesen Gründen wurde er zur Behandlung in die psychiatrische Klinik verwiesen und konnte erst im Rahmen einer länger dauernden Gesprächstherapie die Auslöser und Zusammenhänge seiner Beschwerden und Gefühlszustände verstehen und daraufhin agieren.[133]

Ein weiterer Fall zeigte einen anderen Aspekt der Kolonialisierung auf: ein junger Europäer europäischer Polizist (Europäer streichen) wurde wegen Verhaltensauffälligkeiten von seinen Vorgesetzten in die Klinik geschickt. Anfangs gab er lediglich an, dass er und seine Gattin Schwierigkeiten hatten, Kinder zu zeugen. Im Laufe der Behandlung stellte sich heraus, dass er unter massiven Schlafstörungen litt. Da er die ganze Nacht die Schreie der Menschen, die er folterte, zu hören glaubte, verschloss er auch in der größten Hitze die Fensterläden und verstopfte sogar die Ritzen. Zudem verschloss er seine Ohren mit Watte

---

[130] Fanon 1961, 2008, S. 190–225.

[131] Die teilnehmende Beobachtung ist eine Methode zur Untersuchung von Verhalten und Handeln sowie und dessen Auswirkungen auf das Verhalten und Handeln eines Untersuchungsobjekts. Siehe auch Abschn. 1.2.

[132] Vgl. Erkiner 2011, S. 1.

[133] Vgl. Fanon 1961, 2008, S. 194–198.

und drehte in seiner Verzweiflung Musik auf höchste Lautstärke, um nur irgendwie gegen diese imaginären Schreie anzukommen. Seiner Meinung nach seien
die Gefolterten selbst an den Misshandlungen schuld, da sie ja auch freiwillig
Informationen preisgeben könnten. Bei einem Spaziergang am Klinikgelände traf
er mit einem algerischen Patienten zusammen, den er gefoltert hatte. Da dieser
dachte, der Polizist sei nun wiedergekommen, um ihn zu holen, versuchte er sich
in einem Versteck das Leben zu nehmen – es dauerte lange Zeit, ihn vom Gegenteil (und einer optischen Täuschung)[134] zu überzeugen. Der Polizist ließ sich nach
der psychiatrischen Behandlung nach Frankreich versetzen.[135]

Analytisch gesehen ist es beeindruckend, dass Fanon diese Fallstudien, die ja
eine klare Darstellung des Kolonialregimes sind, medizinisch professionell vollkommen unkommentiert ließ. Auch hier ging er wieder in eine Introspektion, er
erzählte die Fälle wertfrei und aus einer komplett distanzierten Außenperspektive. Es ist davon auszugehen, dass er als Psychiater diese Position auch als
Schutzfunktion für sich selbst einsetzte, es scheint ohne Supervision und eigene
Psychotherapie kaum möglich dies sonst zu verarbeiten.[136]

Fanon zeigte durch diese Fallbeispiele auch auf, in welch enger Relation
Kolonialisierung, Rassismus, ungleiche Machtstrukturen, Unterdrückung, etc.
und dadurch ausgelöste Traumata stehen. Die klinisch-pathologischen Manifestationen halfen den Menschen, wieder zu sich selbst zu finden – nur durch
die Abschaffung des Kolonialsystems ist auch die Erlangung innerer Freiheit
möglich.

Fanon definierte sich als Anhänger Sigmund Freuds, von ihm hatte er auch die
Theorie des Traumas übernommen. Er entnahm Freuds Schriften nur jene Annah-
men, die er für sich passend und anwendbar sah, andere, wie die Theorie der
Fantasie, wurden beiseitegelassen. Hierbei hatte er den kausalen Zusammenhang
zwischen Trauma, das durch ein reales Ereignis ausgelöst wird, und der Fantasie,
die indirekt als psychische Realität auftritt, nicht beachtet. Um ein Beispiel zu
nennen, sah er den Ödipuskomplex nur bei europäischen Familien, er erklärte

---

[134] Die Pfleger erklärten dem verängstigten Mann, dass er sich geirrt hatte und es sich um
eine optische Täuschung auf Grund seiner Erschöpfung gehandelt hatte. Vgl. Fanon 1961,
2008, S. 204.

[135] Vgl. Fanon 1961, 2008, S. 202–204.

[136] Fanon führte Cherki gegenüber aus, dass er selbst nicht in Therapie bzw. Analyse
und auch nicht unter Supervision war, da es diese Möglichkeit weder in Blida-Joinville
noch in Tunis gab. Es ist aber davon auszugehen, dass er in engem Austausch über seine
Patient:innen mit Kolleg:innen wie beispielsweise François Tosquelles stand. Infos zum
Konzept der Supervision und Psychoanalyse für Psychiater:innen/Psychoanalytiker:innen/
Psycholog:innen in: Gerrig 2015, S. 606–610.

Freuds Darstellung für unzureichend und stellte so die Universalisierbarkeit von Freuds Untersuchungen infrage. Fanon wendete hier den Begriff der „Soziogenese"[137] an, um aufzuzeigen, dass die Alienation der Schwarzen nicht automatisch auf das individuelle Familienumfeld zurückzuführen sei, sondern vielmehr auf strukturellen Rassismus, mit dem sie durch Kolonialismus ständig konfrontiert waren/sind sowie mit den Veränderungen der Sozialstrukturen zusammenhängen. Diese Argumentation Fanons könnte auch als Kritik an Freuds Eurozentrismus gedeutet werden: „les découvertes de Freud ne nous sont d'aucune utilité".[138]

Cherki sah dies darin begründet, dass Fanon kein Psychoanalytiker gewesen sei, sondern Psychiater.[139] Auch das Phänomen der Gefühlserbschaft[140] fällt in diesen Bereich.[141]

Fanon beschäftigte sich ausführlich mit verschiedensten Formen von Traumata, die durch Kriegsverbrechen wie Vergewaltigungen, Kindesmissbrauch und gewaltsame Übergriffe ausgelöst wurden.[142]

„Gewalt war ein prägender, ja geradezu elementarer Bestandteil des europäischen Kolonialismus. Vertreter der kolonialen Idee verschleierten diese Tatsache immer wieder gezielt mit der Betonung der westlichen Zivilisierungsmission zum vermeintlichen Wohl der Bevölkerung (…) und versuchten damit, die paternalistische Fremdherrschaft zu legitimieren. Sowohl Aimé Césaire (…) als (…) Frantz Fanon beschrieben in ihren einflussreichen Schriften den Kolonialismus als eine fundamentale Dichotomie zwischen Kolonisator und Kolonisierten, als eine zweigeteilte Welt, die auf dem massiven Gewalteinsatz der europäischen Kolonialherren beruhte. Das Verhältnis zwischen

---

[137] *„Bezeichnung für eine mögliche Krankheitsverursachung durch soziale Faktoren (der Gesellschaft), vor allem als Auslöser für psychische Erkrankungen."* https://www.spektrum. de/lexikon/neurowissenschaft/soziogenese/11997 [Zugriff am 21.07.2021].

[138] Fanon 1952, 2011, S. 113.

[139] Vgl. Fanon 1952, 2011, S. 302–305.

[140] In seinem Werk „Totem und Tabu" befasste sich Freud mit transgenerational weitergegebenen, emotionalen Prozessen. Er geht davon aus, dass wir *„[…] annehmen [dürfen], daß keine Generation imstande ist, bedeutsamere seelische Vorgänge vor der nächsten zu verbergen. Die Psychoanalyse hat uns nämlich gelehrt, daß jeder Mensch in seiner unbewußten Geistestätigkeit einen Apparat besitzt, der ihm gestattet, die Reaktionen anderer Menschen zu deuten, das heißt, die Entstellungen wieder rückgängig zu machen, welche der andere an dem Ausdruck seiner Gefühlsregungen vorgenommen hat. Auf diesem Wege des unbewußten Verständnisses all der Sitten, Zeremonien und Satzungen, welche das ursprüngliche Verhältnis zum Urvater Abstand zurückgelassen hatte, mag auch den späteren Generationen die Übernahme jener Gefühlserbschaft gelungen sein"* Freud 1913, S. 190. Zitiert in: Prosquill 2018, o.Sz.

[141] Vgl. Abschn. 4.1.4.

[142] Vgl. Cherki 2001, S. 305 f.

Kolonisator und Kolonisierten war nach Césaire gekennzeichnet von einer brutalen Beziehung der Herrschaft und Unterwerfung."[143]

Frantz Fanon war sowohl als Mensch als auch als Psychiater betroffen von den Auswirkungen angewandter Gewalt und befasste sich zudem mit einem außerordentlich brutalen Herrschaftssystem: Die koloniale Realität basiert auf Macht und Machtausübung und daher auch auf Gewalt.

In dieser Hinsicht sieht Hannah Arendt einen klaren Zusammenhang zwischen Macht und Gewalt, sie weist darauf hin, dass *„Gewalt (...) als eklatanteste Manifestation von Macht betrachtet wird.*"[144]

Da Fanon den Begriff sehr häufig verwendete, lässt sich daraus die relevante Bedeutung schlussfolgern. Hier ist wieder ein Blick in die französische Originalversion[145] unumgänglich, da es im Deutschen weitaus problematischer ist, den Begriff Gewalt zu definieren. *„Macht"* und *„Gewalt"* werden aus dem Deutschen ins Französische zwar mit *„pouvoir", „puissance", „autorité"* oder *„force"* übersetzt, der französische Begriff *„violence"* lässt sich aber ins Deutsche nicht mit *„Macht"* übertragen, sondern eher mit *„Gewalt"* oder *„Gewalttätigkeit"* (im Sinne von Brutalität). Im Deutschen bedeutet der Begriff *„Macht"* die Befugnis, über etwas oder jemanden zu bestimmen/zu beherrschen, dafür bedarf es Stärke, Einfluss und Kraft. Im Englischen gibt es den Unterschied zwischen *„violence"* und *„power"*. *„Macht"* kann in Gewalttätigkeit und Brutalität ausarten, muss es aber nicht. Insofern ist *„violence"*, wie Fanon sie definiert, die Art und Weise, wie das koloniale Frankreich *„Macht"* ausgeübt hat.[146]

Die wohl bekannteste Passage, zugleich auch das Schlusswort des Werkes, lautet:

„Also, meine Kampfgefährten, zahlen wir Europa nicht Tribut, indem wir Staaten, Institutionen und Gesellschaften gründen, die von ihm inspiriert sind. Die Menschheit erwartet etwas anderes von uns als diese (...) Nachahmung (...) Für Europa, für uns selbst und für die Menschheit, Genossen, müssen wir (...), ein neues Denken entwickeln, einen neuen Menschen auf die Beine stellen."[147]

---

[143] Klose Fabian (2016) https://www.bpb.de/geschichte/zeitgeschichte/postkolonialismus-und-globalgeschichte/219134/koloniale-gewalt-und-kolonialkrieg [Zugriff am 29.08.2020].

[144] Arendt 1970, S. 36.

[145] Verwendete Version ist aus 2002, Paris: Éditions La Decouverte et Syros (mit einem Vorwort von Alice Cherki).

[146] Näheres dazu im Abschn. 4.2.3.

[147] Fanon 1961, 2008, S. 242.

Für Fanon konnte die Gewalt des Kolonialismus nur durch Gewalt des Antikolonialismus bezwungen werden. Der Wohlstand der Kolonisatoren beruhte auf der Ausbeutung der Kolonisierten, aber im Grunde geht es um größere Dimensionen: um den Kampf gegen die Vormachtstellung der Kolonisatoren, gegen Unterdrückung und Ausbeutung und für die eigene Befreiung – es ist ein emanzipatorischer Kampf. *„Der Kolonialherr gewinnt seine Wahrheit, das heißt seine Güter, aus dem Kolonialsystem."*[148] Der Befreiungskampf ist nur durch Gewalt möglich, eine andere Sprache verstünden die Unterdrücker nicht. *„Die Intuition der kolonialisierten Massen begreift also (...), daß ihre Befreiung durch Gewalt geschehen muss und nur durch sie geschehen kann."*[149]

In etlichen ehemaligen Kolonien wurde zudem eine vom vormaligen Mutterland ausgewählte Elite an zentrale Positionen gesetzt und führ(t)e damit die Machtsysteme weiter: *„Gabun ist unabhängig, aber zwischen Gabun und Frankreich hat sich nichts geändert. Alles bleibt wie es war."*[150]

Eine Besonderheit ist, dass das Buch exakt drei Tage vor Fanons Tod am 06. Dezember 1961 erschienen ist. Auch sein spezieller Schreibstil, eigentlich ein schnelles ungefiltertes Diktieren, trat in diesem Werk wieder zutage; diesmal sogar in noch getriebenerer Form, denn er wusste vom nahenden Tod und drängte auf rasche Fertigstellung seines Buches. Beim Lesen merkt man das durchgehende Diktieren, Fanon nahm kaum Ausformulierungen der geschriebenen Sätze vor oder reflektiert diese, sondern hatte sein Werk in deutlich spürbarer Emotion seiner Frau Josie diktiert.[151] Auch dadurch wirkt das Buch verdichtet und mitreißend. Das Werk wäre wohl nicht von der gleichen Intensität, hätte Fanon seine Sätze wohl formuliert und emotionslos aufgezeichnet bzw. das Werk in Ruhe korrekturgelesen.

Ein weiteres Zeichen der fehlenden Bearbeitung sind auch Wiederholungen und die vermeintliche Unstrukturiertheit der Texte, es scheint, als wolle Fanon alle ihm noch wichtigen Themen einbringen und damit auch abschließen. *„Bei der Abfassung dieses letzten Buches weiß Fanon, dass seine Tage gezählt sind. Er hat keine Gelegenheit, näher auf die Dinge einzugehen, Beweise vorzubringen,*

---

[148] Fanon 1961, 2008, S. 28.

[149] Fanon 1961, 2008, S. 56.

[150] Zitat von Léon M'ba, Präsident von Gabun, in Fanon 1961, 2008, S. 51. Interessanterweise wurde diese Verbundenheit mit Frankreich sogar durch die Flagge gezeigt: 1959–1960 trug Gabun im linken oberen Viertel die Tricolore.

[151] Vgl. Cherki 2001, S. 240, 14, 54 sowie Abschn. 2.1.

(…) Bezugsquellen anzugeben und (…) zu diskutieren. (…) Er diktiert heftig und schnell.[152]
Auch Briefe an seinen Verleger François Maspero, die von Mai und Juli 1961 datieren, weisen darauf hin, dass er auf einen Erscheinungstermin im September d.J. drängte, da er selbst davon ausging, nicht sehr viel länger zu leben.[153] Auch politisch schien ihm die Zeit davon zu laufen: *„(…) ist das Werk insgesamt darauf angelegt, ein kämpferisches kollektives Bewusstsein zu erzeugen, das mit dem algerischen Aufstand in Einklang steht."*[154]
Das Vorwort, geschrieben von Jean-Paul Sartre, ist aufwühlend und eindrücklich zu lesen und in vielen Passagen deutlich radikaler als das gesamte Buch. Dieser Prolog machte das Werk auch zu einem Manifest des Antikolonialismus und rückte es in den Mittelpunkt des Diskurses, der mit den Unabhängigkeitsbewegungen der *Dritten Welt* sympathisierenden europäischen Linken, die ihn zu einer regelrecht mythischen Figur erhob. Sartre bediente sich eindrücklicher Bilder über koloniale Gewalt, um die Gräueltaten der Kolonialisierung zu untermauern, obwohl er selbst dies zu Beginn des Algerienkrieges abgelehnt hatte.[155]
„(…) Einen Europäer zu erschlagen heißt zwei Fliegen auf einmal treffen, nämlich gleichzeitig einen Unterdrücker und einen Unterdrückten aus der Welt zu schaffen. Was übrig bleibt, ist ein toter Mensch und ein freier Mensch."[156] Es sind Passagen wie diese, die die Leser:innen in den Bann ziehen, wobei meist vergessen wird, dass diese Worte nicht von Fanon stammen, sondern eben aus Sartres Vorwort. Vincent von Wroblewsky äußert folgende Ansicht zum Vorwort: *„Das*[157] *spiegelt sich auch in der Form und der Sprache Sartres wider, die sich der beschriebenen Gewalt anpassen. Sprache des Zorns gegen die Kolonialherren und ihre folternden Handlanger, aber auch gegen den verlogenen Humanismus der (west)europäischen Linken (Sartre spricht sogar von einem "rassistischen Humanismus")."*[158]

---

[152] Cherki 2001, S. 226.
[153] Vgl. Cherki 2001, S. 227 ff.
[154] Dorlin o. J., o.Sz.
[155] Vgl. Cherki 2001, 255.
[156] Sartre in: Fanon 1961, 2008, S. 18.
[157] Anmerkung: In das Vorwort fließen Themen wie der Existentialismus sowie Erfahrungen aus Sartres Kubareise und dem algerischen Befreiungskampf ein. Vgl. Von Wroblewsky 2013, S. 121.
[158] Von Wroblewsky 2013, S. 121.

Für Leser:innen stellt dieses Buch eine große Herausforderung dar. Es ist nicht einfach Fanons Gedanken zu folgen: zu sprunghaft, zu radikal formuliert, zu undurchsichtig gewählte Satzkonstellationen, manche Passagen fast körperlich schmerzend beim Lesen – das ist aber die Realität der Kolonisierung!

Da ich das Buch mehrere Male gelesen habe, konnte ich an mir selbst das Phänomen der persönlichen Betroffenheit[159] feststellen: Beim ersten Mal wirken viele Passagen verstörend, sie klingen unglaublich hart und fast wie Gewehrsalven. Je öfter man sie liest, umso verbundener fühlt man sich mit den Aussagen Fanons. Je höher die emotionale Einbindung steigt, umso verständlicher wurde seine Sichtweise und die Wahrscheinlichkeit sich in die Gräuel der kolonialen Situation hineinzuversetzen. Und je vertiefter die persönliche Betroffenheit wurde, umso stärker wird die emotionale Reaktion sowie die Identifikation.

Die durchgehende Einteilung in Narrative bzw. antonyme Begriffe wie schwarz/weiß/gut/böse/arm/reich, die sich durch das Buch ziehen, sind nicht immer nachvollziehbar, dieses Schema erscheint zu einfach gedacht. Erkiner sieht den Zugang Fanons zur Normierung folgendermaßen: *„Er betrachtet die Weißen [grundsätzlich] als Rassisten.“*[160] Anders versteht dies Lobach: *„Statt zwischen Weißen und Schwarzen zu unterscheiden, fordert Fanon dazu auf einzelne Individuen schlichtweg als Mensch anzusehen.“*[161] Meiner Ansicht nach ist eine ständige Unterteilung schwierig bis nicht möglich, da dies wieder eine rassistische Position vertreten würde, zudem verschwimmen in der Realität oft die Grenzen, was auch Fanon bewusst war. Andererseits ist das Werk auch als eine persönliche Aufzeichnung zu sehen, Fanon beschrieb damit auch eigene Rassismus- und Diskriminierungserfahrungen als PoC. Er sieht die kolonisierte Welt grundsätzlich als eine dichotome Welt mit einer Trennungslinie aus Kasernen und Polizeirevieren.[162] Diese Zonenteilung ist zum einen *„licht, sauber und reich“* (die Seite der Kolonialherren) und zum anderen düster, hier *„tummeln sich die Indigenen wie Ratten“* (die Seite der Kolonisierten).[163]

Wie bereits im Abschn. 2.2.1. ausführlich dargelegt, wirken auch in diesem Werk Begriffe wie das N-Wort[164], „Eingeborene“, usw. deutlich antiquiert. Die Ausgabe des verwendeten Buches ist von 2008, also zu einer Zeit erschienen, in der man bereits um rassistische Termini wusste und sich deren Wirkung

---

[159] Vgl. Gerrig 2015, S. 458–471.
[160] Erkiner 2011, S. 9.
[161] Lobach 2018, S. 2.
[162] Vgl. Fanon 1961, 2008, S. 29.
[163] Vgl. Dorlin 2020, S. 38.
[164] Siehe Fußnote 42.

auch bewusst war. Hier fehlt ein erklärendes Vorwort oder, noch besser, eine kommentierte Ausgabe.

Wahrscheinlich würde Fanon aber auch heute noch darauf bestehen, dass diese Begrifflichkeiten im Text erhalten bleiben, um durch diese Bezeichnungen auf die ungleichen Machtstrukturen zwischen Kolonialmacht und Kolonisierten aufmerksam zu machen und so die Gesellschaft wachzurütteln.

In der Verwendung des N-Wortes schwingen immer noch die Gräueltaten der Kolonialisierung und Sklaverei mit, dem wollte beispielsweise die *Négritude* etwas entgegensetzen. Eines der Anliegen der *Négritude* war die Vermittlung der Bewusstmachung des Reichtums afrikanischer Wurzeln und die Findung einer eigenen Identität. Damit sollte etwas Positives dem Kolonialismus und Rassismus entgegengesetzt werden und damit eine Bewertungsänderung eintreten.

> *„Die Revolte* [der Négritude] *bestand darin, den rassistisch konnotierten Begriff der Weißen aufzunehmen und für sich selbst als identitätsstiftend umzudefinieren. Der Philosoph Jean-Paul Sartre nannte das anti-rassistischen Rassismus. (…) Wichtig ist der Gedanke der eigenmächtigen Wiederaneignung von historisch belasteten Begriffen. So gelangt man aus der passiven Objektsituation in die Rolle des handelnden Subjekts."*[165]

Der Schreibstil der *Verdammten* wirkt dem Anliegen entsprechend aktivistisch und notwendigerweise vor stark politischem Hintergrund. Man bemerkt die marxistische Beeinflussung und das sozialistische Gedankengut; kapitalistischer Imperialismus als bedeutender Aspekt des Antikolonialismus wurde als einzige Wurzel allen Übels gesehen. Das Buch endete abrupt, was man schon fast konsequent nennen könnte, da auch die Kapitel meist plötzlich und übergangslos aufhören, neue beginnen ohne Zusammenhang.

Bei den Fallgeschichten gehen die Beschreibungen vom Schmerz der Folter, Vergewaltigungen und erlittenen Gewalt durch Mark und Bein. Hier zeigte sich der professionelle Psychoanalytiker Fanon, der sich selbst bei den Beschreibungen introspektiv komplett ausblenden konnte und lediglich die Patientenberichte darlegte; dazu wandte er die Methode der Teilnehmenden Beobachtung an, diese aber aus einer absoluten Außenperspektive. Er konzentrierte sich auf Gewaltbiografien seiner Patient:innen ohne jegliche Interpretation seinerseits, mit medizinischer Distanz und wertfrei, eine reine Aufzeichnung der Geschehnisse, auch wenn offensichtlich ist, dass er damit die Gewaltsituation der Kolonisierten (sowohl aus der Perspektive der Algerier:innen und aus der Sichtweise der Europäer:innen) darstellen wollte.

---

[165] Stemmler 2013, o.Sz.

Nur drei Tage nach der Veröffentlichung starb er mit 36 Jahren, im Dezember 1961, an Leukämie. Es ist der große Verdienst von Alice Cherki, den historischen und politischen Hintergrund mit den Werken und Aussagen Fanons zu verknüpfen und dies verständlich dargelegt zu haben.[166]

Auch an dieser Stelle spannt sich hier ein Bogen zu afroamerikanischen Bürgerrechtsbewegungen: Während des Schreibprozesses an dieser Arbeit überschlugen sich die Ereignisse und es gab mehrere gewalttätige Übergriffe von weißen Polizisten auf Afroamerikaner:innen. Die Bewegung *Black Lives Matter*, auf die später noch eingegangen wird, brachte dies in klaren Zusammenhang mit Sklaverei, Kolonialisierung und Rassismus. Die letzten Worte des von einem weißen Polizisten am 25. Mai 2020 in Minneapolis, Minnesota aus rassistischen Gründen ermordeten Schwarzen George Floyd waren „*I can't breathe*"!". In den sozialen Medien wurde daraufhin in vielen Kanälen ein Zitat aus den ,*Verdammten dieser Erde*' verbreitet: „*We revolt simply because, for many reasons, we can no longer breathe.*"[167] So wurde Fanon ganz plötzlich und unerwartet in Europa wieder aktuell, in den *Schwarzen USA* war er dies aber immer.[168]

---

[166] Vgl. Cherki 2001.
[167] Fanon 1961, 2008.
[168] Vgl. Abschn. 4.1.3 und 4.1.4.

Malcolm X

3

3.1 Kindheit und Jugendjahre

„If you're not ready to die for it, put the Word 'Freedom' out of your vocabulary."[1]

Malcolm X

Malcolm X[2] (Abb. 3.1) war ein charismatischer afroamerikanischer Bürgerrechts-kämpfer und Sprecher der *Nation of Islam,* er gilt als Vorbild vieler Black Muslims. Während seiner Zeit bei der *Nation of Islam* zeigte er sich als erbitterter Kämpfer für die Gleichstellung Schwarzer Bürger:innen, auch mit gewaltvollen Mitteln. Nach seiner Pilgerfahrt nach Mekka setzte er sich für Gerechtigkeit und Gleichheit aller Menschen ein. Malcolm X wurde 1965 ermordet.

Malcolm Little wurde am 19. Mai 1925 in Omaha, Nebraska, geboren und war das vierte von acht Kindern von Earl und Louise Little. Er hatte außerdem

---

[1] Rede vom 28.11.1962 auf: http://quotationsbook.com/quote/15798/ [Zugriff am 15.01.2020].

[2] Das X verweist auf den *„geraubten afrikanischen Namen"* und *„ersetzt den angloamerika-nischen Sklavennamen".* Zips und Kämpfer 2001, S. 19. *„I got my X"* steht für den Eintritt in die NoI. (vgl. Zips und Kämpfer 2001, S. 392).

Sämtliche biografische Details der Abschn. 3.1.–3.4.: Vgl. Haley 1964, 1992, Zips und Kämpfer 2001, Waldschmidt-Nelson 2015a, Waldschmidt-Nelson 2015b, Waldschmidt-Nelson 2017, Klein 2017, Baldwin 1993, Archer 1993, Lynn 2020, https://www.marx21.de/malcolm-x-die-ikone-der-black-power-bewegung/ [Zugriff am 31.07.2020]. Einen interessanten Einblick in das Leben von Malcolm X gibt auch der gleichnamige Film von Spike Lee 1992.

© Der/die Autor(en), exklusiv lizenziert an Springer Fachmedien Wiesbaden GmbH, ein Teil von Springer Nature 2023
G. A. Bichler, *By any means necessary?! Analogien und Differenzen im Denken von Frantz Fanon und Malcolm X*, https://doi.org/10.1007/978-3-658-41187-9_3

Abb. 3.1 Malcolm X. (Mit
freundlicher Genehmigung
von Teaching American
History)

noch drei Halbgeschwister aus erster Ehe seines Vaters. Dieser war als begeistertes Mitglied der *UNIA*[3] unter Marcus Garvey sogar Prediger dieser Organisation.
Louise Little kam ursprünglich aus Grenada, sie entstammte laut Malcoms Erzählungen einer Vergewaltigung durch einen Weißen und war hellhäutig.[4] Malcolm
ähnelte ihr äußerlich am meisten von allen Kindern, er hatte die hellste Hautfarbe
und rötliche Haare.[5] Auch Luise war begeistertes UNIA-Mitglied, sie lernte Earl
sogar auf einer Versammlung der UNIA kennen und lieben, bald darauf heirateten
sie.

Immer wieder wurde die Familie vom *Ku-Klux-Klan*[6] bedroht, dass sie als
Schwarze und Nicht-Katholiken nicht in einer „guten weißen Gegend" zu leben
hätten. Aus diesem Grund zogen sie immer wieder um und landeten schließlich in Lansing, Michigan. Als Earl Little plante, nicht nur ein Haus mit Garten
zur Selbstversorgung zu erwerben, sondern auch einen kleinen Laden zu eröffnen, begannen die Drohungen des *Ku-Klux-Klans* erneut. 1929 wurde das Haus
in Brand gesetzt, die alarmierte Feuerwehr und die Polizei sahen tatenlos zu,
bis das Haus auf die Grundmauern abgebrannt war. Doch der Prediger ließ sich
nicht entmutigen und baute in der Nähe ein neues Heim mit eigenen Händen
auf. Immer wieder kam die Polizei vorbei und schikanierte sie. Ohnmächtig vor

---

[3] *Universal Negro Improvement Association,* siehe auch Abschn. 4.5.

[4] Im Gegensatz zu diesen Aussagen aus der autorisierten Biografie von Alex Haley geht
Britta Waldschmidt-Nelson 2015a, S. 43 davon aus, dass Louise einer Liebesbeziehung zwischen ihrer grenadischen Mutter und deren schottischem Ehemann entsprang, dies aber nicht
ins öffentliche Bild Malcolms bzw. der NoI passte und daher als Vergewaltigung dargestellt
wurde.

[5] Davon leitet sich sein späterer Spitzname *„Detroit Red"* ab, Detroit deswegen, weil er
wusste, dass kaum jemand Lansing kannte, dies aber in der Nähe von Detroit lag.

[6] Vgl. Abschn. 4.1.3.

Zorn gegenüber den Behörden und den Drohungen des *Ku-Klux-Klans* begann der Reverend im Gegenzug nun seine Familie körperlich und verbal zu attackieren, er verhielt sich immer aggressiver. Dieses Phänomen bezeichnet man Frustrations-Aggressions-Hypothese: ausgelöst von einer Frustration (beispielsweise durch Behinderung einer Zielerreichung, latenter Enttäuschung, Übernahme aggressiver Verhaltensmuster oder direkter Provokation) entwickelt sich eine Form der Aggression, die sich oft an Unbeteiligten und/oder Unterlegenen (z. B. Kindern) entladen kann.[7]

Malcolm erinnerte sich in seiner Biografie[8], dass er das einzige Kind seines Vaters war, der zu den Versammlungen der *UNIA* mitgehen durfte und so in direkten Austausch mit anderen Anhänger:innen der sogenannten *Back to Africa*-Bewegung[9] kam, was ihn augenscheinlich sehr beeindruckte und tief berührte. Es ist daher davon auszugehen, dass hier der Grundstein für sein politisches Interesse gelegt wurde.

Bereits vier von sechs Brüdern von Reverend Earl Little waren in den 1920er Jahren vom *Ku-Klux-Klan* ermordet worden, später wurde auch noch ein weiterer Bruder durch Weiße erschossen. 1931 verstarb Malcolms Vater: Er wurde brutal zusammengeschlagen und vor eine Straßenbahn geworfen. Obwohl sein Körper fast in zwei Teile geteilt und sein Schädel auf einer Seite eingeschlagen war, lebte er so noch zweieinhalb Stunden – ein absolut qualvoller Tod. Die Umstände wurden offiziell nie aufgeklärt, Ermittlungen verweigert und der offensichtliche Mord als Suizid zu den Akten gelegt. Seiner Frau wurde zum Leichnam geführt, ihr war sofort klar, dass es sich um einen Mord handeln musste: es ist unmöglich, sich selbst ein derartiges Schädel-Hirn-Trauma zuzufügen und sich danach auf die Schienen zu legen. Zudem gab es zuvor bereits mehrere Anschläge des *Ku-Klux-Klans* auf die Häuser der Familie Little sowie ernstzunehmende Drohungen gegenüber den Familienmitgliedern.

Nach dem Verbrechen schaltete sich die staatliche Fürsorge ein, schikanierte Luise Little regelmäßig und drängte die nun alleinerziehende Mutter dazu, ihre

---

[7] Vgl. Gerrig 2015, S. 686–689.

[8] Alex Haley 1964, 1992: Malcolm X. Diese Biografie ist die Einzige, die Malcolm X autorisiert hatte.

[9] Der Aufruf *Back to Africa* wurde zwar nicht von Marcus Garvey kreiert, kam aber erst durch sein Engagement zu größerer Bedeutung. „*Bereits im 19. Jahrhundert planten Afro-Amerikaner und Afro-Kariben die Repatriierung der schwarzen Bevölkerung (...) nach Afrika. Als wichtiger Vorläufer Garveys ist dabei Martin Delany anzusehen, der bereits in den 1850er Jahren für die Re-Migration der Afro-Amerikaner nach Afrika warb, um dort eine „modern nation" aufzubauen.*" Kerkmann 2019. S. 8 f.

Kinder abzugeben. Die Versicherungsgesellschaft weigerte sich, die Lebensversicherung auszuzahlen, da sie auf der offiziellen Version eines Selbstmordes beharrten. Der Druck der Fürsorge sowie die fehlenden finanziellen Mittel lösten enorme psychische Probleme, eine Psychose und religiösen Wahn[10] aus, schlussendlich wurde sie in eine psychiatrische Anstalt gebracht.[11] Was der *Ku-Klux-Klan* begonnen hatte, schloss also die staatliche Fürsorge ab – eine Familienzerstörung aus rassistischen Gründen. Die Kinder kamen ins Heim und später zu Pflegefamilien, sie hielten aber immer untereinander Kontakt und trafen sich so oft wie möglich.

Malcolm machte immer wieder die Erfahrung mit Weißen, dass Geschichten über Schwarze[12] erzählt wurden, er aber – wohl auf Grund seiner hellen Hautfarbe – nicht dazu gezählt wurde oder seine Anwesenheit den Weißen einfach egal war. Dieser alltägliche Rassismus war zu dieser Zeit offensichtlich verbreitet und wurde nicht einmal als diskriminierend gesehen, sondern als allgemein übliche Bezeichnung für Menschen dunkler Hautfarbe.

Malcolm verbrachte längere Zeit bei einer weißen Pflegefamilie, diese ermöglichte ihm den High-School-Besuch an der Mason Junior High School. Bald wurde er sogar Klassenbester und Klassensprecher, seine Beliebtheit brachte ihm auch die Mitgliedschaft in vielen inner- und außerschulischen Clubs, Vereinen und Mannschaften. Ein Schlüsselerlebnis war, als ihm sein Lieblingslehrer Ostrowski klar machte, dass es für ihn als Schwarzen nicht möglich sei, Jura zu studieren und Anwalt zu werden. *„A lawyer – that's not a realistic goal for a nigger. You need to think about something you can be. (…) Why don't you plan on carpentry?"*[13] Malcolm war weniger darüber entsetzt, dass ihm der Lehrer nichts zutraute, als darüber, dass er alle weißen Mitschüler:innen in deren Berufswahl unterstützte.[14]

Diese Demütigung in der Schule war einer der Gründe, warum er 1941 zu seiner Halbschwester Ella von Lansing nach Boston zog. Malcolm bezeichnete sie als *„die erste wirklich stolze schwarze Frau (…), die ich jemals in meinem Leben*

---

[10] Vgl. Haley 1964, 1992, S. 28–39.

[11] Louise Little blieb 26 Jahre bis 1963 in der psychiatrischen Klinik von Kalamazoo, Michigan.

[12] Malcolm X verwendete in seinen Erzählungen darüber das englische N-Wort. Haley 1964, 1992, S. 46.

[13] Malcolm X/Haley 1987, S. 118 zitiert in: Zips und Kämpfer 2001, S. 213.

[14] Vgl. Haley 1964, 1992, S. 53.

gesehen hatte "[15], da sie selbstbewusst als Schwarze Frau auftrat und erfolgreich war.

Das Leben in Boston beeindruckte ihn: Hier gab es nicht nur viele Schwarze, die problemlos in der Stadt und in Clubs verkehrten, sondern auch Schwarz-weiße Paare, die in der Öffentlichkeit Hand in Hand spazierten. Zu dieser Zeit zählte Boston zu einem der wichtigen Zentren der Anti-Sklaverei-Bewegung.[16]

Mit dem Umzug startete er einen komplett neuen Lebensabschnitt, um dies auch nach außen zu zeigen, begann er mit optischen Veränderungen wie gefärbten und geglätteten Haaren, was der damaligen Mode unter Schwarzen entsprach. Bei seinen Streifzügen durch die Bezirke Bostons lernte er einen Landsmann aus Lansing kennen, Malcolm 'Shorty' Jarvis, der rasch sein bester Freund wurde.[17] Dieser vermittelte ihm seinen ersten Job als Schuhputzer bei einem Tanzsaal, Malcolm war begeistert, denn das Nachtleben zog ihn magisch an.[18]

Ähnlich den kongolesischen *Sapeur*[19] begannen die beiden ihren Kleidungsstil zu transformieren und gingen nun nur mehr mit ausgefallenen Anzügen, Schuhen und Hüten gestylt außer Haus, ein extravaganter Tanzstil wurde zu ihrem Markenzeichen. Die *Sapeur* verkörperten eine Lebensweise, die darin bestand, durch perfektes Styling imponieren zu wollen, damit aber auch dem sonst ärmlichen Leben etwas Positives entgegenzusetzen.[20]

Gleichzeitig begann er mit Alkohol- und Drogenkonsum und bewegte sich im kriminellen Milieu. Als 16-Jähriger nahm er einen Job als Kellner bei der Eisenbahn an, dadurch schlitterte er aber nicht nur noch tiefer in Alkohol- und Drogenmissbrauch, auch Spielsucht sowie der Umgang mit Zuhältern und Prostituierten kamen hinzu. Durch seine zwielichtigen Kontakte begann mit Drogen zu handeln und weiße Freier an Bordelle zu vermitteln.

Kurze Zeit später erhielt er den Einberufungsbescheid zum Kriegsdienst, diesem entging er aber durch die Vortäuschung einer psychischen Untauglichkeit.[21]

Im Drogenrausch legte er sich immer wieder mit anderen Kriminellen an, einige Male wurde er mit Waffen bedroht und tat dies ebenso bei anderen, wenn

---

[15] Haley 1964, 1992, S. 49.

[16] Vgl. Waldschmidt-Nelson 2015, S. 65.

[17] Biografie von 'Shorty': Malcolm Jarvis (1998): The Other Malcolm, „Shorty" Jarvis: His Memoir. North Carolina, USA: McFarland & Company.

[18] Vgl. Haley 1964, 1992, S. 56–67.

[19] Dieser spezielle Kleidungsstil entwickelte sich in Kinshasa (Demokratische Republik Kongo) und Brazzaville (Republik Kongo), Vorreiter war der Sänger Papa Wemba. Siehe u. a. Zaidi 2020.

[20] Vgl. Zaidi 2020.

[21] Vgl. Haley 1964, 1992, S. 121 ff.

er high war – es glich fast einem Wunder, dass er diese Zeit überlebte und auch selbst niemanden tötete.[22] Zur Finanzierung seiner Drogensucht und seines extravaganten Lebensstils startete Malcolm gemeinsam mit Shorty Einbrüche; seine Freundin Sophia und deren Schwester unterstützten sie dabei, da es weißen Frauen problemlos und unverdächtig möglich war, Häuser in teuren Wohngegenden zu betreten.

Zum Verhängnis wurde ihnen, als Malcolm im Jänner 1946 eine gestohlene Uhr, deren Glas zerbrochen war, nach der Reparatur beim Juwelier abholen wollte. Da die Uhr sehr kostbar war, hatte der Besitzer sie genau beschrieben, alle Juweliere Bostons waren durch die Polizei informiert.[23]

Im Nachhinein sah Malcolm seine Verhaftung als Zeichen Gottes, der ihm damit den rechten Weg weisen wollte und sein Leben vorher als Periode, die ihn darauf vorbereitete.[24]

3.2 Gefängniszeit

„Da stand ich nun, meine Kanone unter der Jacke, der Kripomann (…) drehte mir den Rücken zu. Heute bin ich fest davon überzeugt, daß Allah mir (…) in diesem Moment beistand. Ich versuchte nicht (…) zu schießen, und das hat mir mein Leben gerettet."[25]

Malcolm X

Vor der Verhandlung wurden die beiden Frauen gegen eine geringe Kaution freigelassen, als Vergehen wurde ihnen das Verhältnis mit einem Schwarzen stärker zur Last gelegt als die Einbrüche. Insgesamt erhielten sie für den identen Tatbestand ein bis fünf Jahre Haft, wurden aber nach wenigen Monaten schon entlassen.[26]

Da Malcolm und Shorty nicht in der Lage waren, die geforderten hohen Kautionen zu hinterlegen, wurden sie schließlich zu acht bis zehn Jahren Gefängnis und Zwangsarbeit verurteilt. Die Strafe trat Malcolm im Gefängnis von Charleston, South Carolina, an und blieb insgesamt sieben Jahre in Haft.[27]

---

[22] Vgl. Haley 1964, 1992, S. 111–165.
[23] Vgl. Haley 1964, 1992, S. 162.
[24] Vgl. Haley 1964, 1992, S. 164 f.
[25] Malcolm X in Haley 1964, 1992, S. 163.
[26] Vgl. Haley 1964, 1992, S. 166 f.
[27] Vgl. Haley 1964, 1992, S. 204.

Seine Schwester Ella unterstützte ihn auch im Gefängnis weiterhin, Malcolm verbrauchte ihre finanziellen Zuschüsse aber für Drogen. Aus purer Langeweile und animiert von den Klagen seiner Schwester Hilda, die seine Briefe nicht entziffern konnte, begann er die Bibliothek zu besuchen und startete einen Fernkurs in Englisch, bald darauf einen weiteren in Latein.[28]

Nach einer Verlegung in die Strafanstalt von Concord, Massachusetts, erhielt Malcolm 1948 einen Brief von seinem Bruder Philbert, der ihm schrieb, *„er habe nun die natürliche Religion der Schwarzen entdeckt (...) [die] Nation of Islam"*[29]. Bald darauf folgte ein Brief seines Bruders Reginald, der ihm empfahl auf Alkohol, Nikotin und Schweinefleisch zu verzichten, um bald entlassen zu werden. Malcolm verband dies eher mit einem psychologischen Trick als mit religiösen Geboten.

Ella setzte sich dafür ein, dass Malcolm 1948 in die liberale Strafanstalt von Norfolk, Massachusetts, verlegt werden konnte. Hier wurde eine intellektuelle Ausbildung für die Inhaftierten als wichtig empfunden, Lehrkräfte der Universitäten Boston und Harvard unterrichteten die Häftlinge und sie durften täglich die gut ausgestattete Bibliothek nutzen.

Reginald, der ihm ja in der vorherigen Haftanstalt empfohlen hatte, auf Schweinefleisch, Alkoholika und Zigaretten zu verzichten, kam nun zu Besuch – ein Wendepunkt in Malcolms Leben. Sein Bruder erzählte ihm von einem Gott, dessen Name Allah sei, dieser hätte sich in Amerika einem Schwarzen namens Elijah offenbart. Elijah hatte nun das Wort Gottes verkündet, unter anderem, dass Weiße Teufel seien *(„the blue-eyed devil").*[30]

Malcolm erzählt in seiner Biografie, welche Empfindungen in ihm abliefen, als er von den Lehren der *Nation of Islam* hörte: in seinem Kopf drehte sich alles, sein Leben und alle schlechten Erfahrungen mit Weißen liefen wie ein Film vor seinem inneren Auge ab: die Sozialarbeiter, die die Familie zerstörten, der *Ku-Klux-Klan*, Polizisten, der Juwelier, der ihn angezeigt hatte, bis hin zu weißen Mitgefangenen und sadistischen Gefängniswärtern. Die Worte Reginalds zeigten ihre Wirkung. Ein paar Tage später besuchte er Malcolm erneut und setzte seine Erzählungen fort, unter anderem, dass es die Schuld der Weißen sei, dass die Schwarzen in Amerika keine eigene Geschichte hätten oder diese nicht kennen würden, nicht einmal ihre eigenen Namen würden sie wissen.[31]

---

[28] Vgl Haley 1964, 1992, S. 169.
[29] Haley 1964, 1992, S. 169.
[30] Vgl. Haley 1964, 1992, S. 169 ff.
[31] Vgl. Haley 1964, 1992, S. 173–181. Siehe auch 4.1.1.

Nach und nach schrieben ihm alle Geschwister Briefe, dass sie nun Black Muslims geworden waren und damit Anhänger des Ehrwürdigen Elijah Muhammad, dem Führer der *Nation of Islam*.[32] Regelmäßig besuchten sie ihn nun auch und überbrachten ihm die Worte Elijah Muhammads, die ihn dazu bringen sollten, ebenfalls der NoI beizutreten – was er schlussendlich 1949 auch tat.

3.3   Die Nation of Islam (NoI)

> „*WE BELIEVE that Allah (God) appeared in the Person of Master W. Fard Muhammad, July, 1930; the long-awaited*
>
> *"Messiah" of the Christians and the "Mahdi" of the Muslims."*[33]
>
> Artikel 12 der NoI

Die Gründung der *Nation of Islam* fällt in die Jahre 1930 bis 1934. *„Als unmittelbare Vorläufer der Nation of Islam gelten die (…) UNIA, eine von Marcus Mosiah Garvey (…) ins Leben gerufene Religionsgruppe und der Moorish Science Temple of America, welcher durch Noble Drew Ali (1886–1929) begründet wurde."*[34]

Ein Handelsvertreter namens Wallace D. Fard Muhammad (Abb. 3.2), der sich als Jamaikaner, Syrer, palästinensischer Araber mit indischen Wurzeln, Spion von Adolf Hitler, Musikdirektor der *UNIA* und langjähriger Freund Marcus Garveys oder auch Indigener Nordamerikaner ausgab, gilt als Religionsbegründer.[35] Um die Person von Wallace D. Fard gibt es zahlreiche Spekulationen, nicht nur seine wahre Identität ist unbekannt[36], auch sein plötzliches Verschwinden 1934 konnte nie geklärt werden.

Eine Version lautete, dass Kaiser Haile Selassie I. ihm Land in Äthiopien schenkte und Fard im Rahmen von Garveys *Back to Africa*-Bewegung nach Addis Abeba zog und dort verstarb. Zips und Kämpfer sehen einen Zusammenhang zwischen dem *Moorish Science Temple*[37] von Noble Drew Ali und Wallace D.

---

[32] Abgekürzt: NoI.

[33] Artikel 12 des Muslim Programms der NoI. https://www.noi.org/muslim-program/ [Zugriff zuletzt am 15.08.2020].

[34] Schau 2007, S. 1.

[35] Vgl. Zips und Kämpfer 2001, S. 18.

[36] Sogar sein richtiger Name konnte nie geklärt werden.

[37] *„Established in 1925 by Timothy Drew, the Chicago-based Moorish Science Temple (MST) taught that African Americans were Moors from northwest Africa. (…) Noble Drew Ali, as the*

Abb. 3.2 Master Wallace
D. Fard Muhammad. (Mit
freundlicher Genehmigung
von Black Past)

Fard, möglicherweise ging die *Nation of Islam* aus einer Abspaltung der *Moorish Americans*[38] hervor.[39] *„Indem Fard die beiden Größen des Black Nationalism, Marcus Mosiah Garvey und Noble Drew Ali, besonders würdigte, vermochte er eine wichtige Verbindung zu den Anfängen des organisierten Schwarzen Nationalismus herzustellen."*[40]

In der Version der NoI sind alle diese Vermutungen unwahr; wahr ist nur, dass Wallace D. Fard Muhammad sich als auf die Erden gesandter Gott Allah um die Schwarzen kümmert, und ihnen den Weg aus der Dependenz der Weißen weist.[41]

Zu den Grundideen der NoI zählen vor allem, dass Weiße Teufel sind[42] und als Ergebnis einer genetischen Veränderung des Wissenschaftlers M. Yakub gelten. Mittels rezessiver Genstrukturen hatte er auf der Insel Patmos eine eigene ‚Menschenrasse' gezüchtet, die komplett ausgebleicht wirkte und die Persönlichkeitsstruktur von Teufeln aufwies. Yakub starb mit 152 Jahren auf der Insel und führte zuvor noch Elijah Muhammad in seine Theorien ein. Über mehrere Generationen hinweg veränderten sich die Hautfarben der Bewohner:innen und die

---

prophet became known, insisted that this knowledge of black people's true national, religious, and racial origins would set them along a path of economic and political self-determination as well as moral renewal. In 1927, the prophet recorded his views for posterity in the Holy Koran of the Moorish Science Temple, (…) his movement spread to other northern U.S. cities and beyond." Curtis 2009, S. 70–90.

[38] Eine Eigenbezeichnung von Noble Drew Ali: African Americans seien eigentlich Asiaten, im speziellen ‚Moors'. Vgl. Rabeder 2003. S. 14.

[39] Vgl. Zips und Kämpfer 2001, S. 182.

[40] Rabeder 2003, S. 18.

[41] Vgl. Haley 1964, 1992. S. 181.

[42] Slogan: *„The white man is the devil!"* aufgrund der Doktrin rund um den Mythos des Yakub. Vgl. Hödl 2016, S. 144–146.

Schwarzen Urmenschen trieben die weißen Teufel in Höhlen – so der Mythos rund um die Entstehung Schwarzen und Weißer.[43]

Hier bietet sich ein Vergleich mit dem Werk von Louis Sala-Molins (2003) „*Le Code Noir ou le Calvaire de Canaan*"[44] an. Dieses Buch ist eine kommentierte Fassung des Reglements der Bedingungen der Sklaverei in den frankophonen Kolonien und beinhaltet eine „Entstehungsgeschichte" Schwarzer Menschen sowie eine „Fluch-These" mit der Legitimität des Herrschaftsanspruchs der Weißen über die Schwarzen.

Der *Code Noir* wurde von Jean-Baptiste Colbert vorbereitet und sollte die „*Bedingungen, unter denen die Sklaverei aufrechterhalten und legitimiert werden konnte*"[45] reglementieren. Er diente als juristische Basis für die Sklaverei.

„*Der Weiße sagt: nach deiner Ergreifung beschlage ich dich mit Eisen, deportiere dich, verstümmle dich, nutze dich zu Tode aus, schneide und töte dich, weil du schwarz bist. Und ich werde es wieder tun, solange es mir gefällt und solange Schwarze in deinem Afrika geboren werden.*"[46]

Molins zeigt damit einerseits die klar menschenverachtende Komponente des Sklavenhandels auf, aber andererseits auch die „*biblische Argumentationslinie*"[47] der Verdammung aller Afrikaner:innen aus rein rassistischen Gründen zur Legitimierung der Sklaverei.

Als Urvolk gilt der ‚*Stamm von Shabazz*‘, Afroamerikaner:innen gelten als direkte Nachfahren. Erst durch die NoI und Master W. D. Fard Muhammad als „*größter und mächtigster Gott*"[48] sei es möglich, die Schwarzen aus ihrer Unterdrückung zu befreien, sie vertraten die Idee der Black Supremacy. Von Fard gibt es der Überlieferung nach nur zwei Texte, einer wurde nur mündlich tradiert (*Secret Ritual of the Nation of Islam*), den zweiten gibt es auch verschriftlicht (*Teachings for the Lost-Found Nation in a Mathematical Way*). Passagen daraus kommen in jeder Rede der NoI vor, vor allem Elijah Muhammad und Louis Farrakhan verwendeten sie:

---

[43] Vgl. Hödl 2016, S. 146.

[44] Sala-Molins Louis (2003): Le Code Noir ou le Calvaire de Canaan. Paris: Presses Universitaires de France.

[45] Sarr 2010, S. 29.

[46] Sarr 2010, S. 21.

[47] Sarr 2010, S. 22.

[48] Haley 1964,1992, S. 181.

„The black men in North America are not Negroes, but members of the lost tribe of Shebazz, stolen by traders from Holy City of Mecca 379 years ago. The prophet came to America to find and to bring back to life his long brethren, from whom the Caucasians had taken away their language, their nation and their religion. Here in America they were living other than themselves. They must learn that they are the original people, noblest of the nation of the earth. The Caucasians are the colored people, since they have lost their original color. The original people must regain their religion, which is Islam, their language, which is Arabic, and their culture, which is astronomy and higher mathematics, especially calculus. They must live according to the law of Allah, avoiding all meat of "poison animals", hogs, ducks, geese, "possum and catfish". They must give up completely the use of stimulants, especially liquor. They must clean themselves up – both their bodies and their houses. If in this way they obeyed Allah, he would take them back to the Paradise from which they had been stolen – the Holy City of Mecca."[49]

Die sogenannte *„Lost-Found Nation of Islam"*[50] steht für eine Rückkehr der verschleppten *Enslaved Persons* (verlorene Brüder) zum wahren Glauben und damit ins Paradies. Fard, aber auch seine Nachfolger, nahmen in ihren Reden Bezug auf die kulturelle Entfremdung der Schwarzen – Abhilfe konnte nur ein Beitritt in die *Nation of Islam* schaffen.[51]

Ein weiterer Schwerpunkt ist die Nationsidee für alle Schwarzen:

„Im Unterschied zu Marcus Garveys Postulat ‚Repatriation is a Must' bedeutete Muhammads ‚Separation is a Must' keine notwendige Heimkehr nach Afrika, sondern alternativ ein eigenes Staatsterritorium in Amerika. Sein Anspruch richtete sich auf die Gründung eines ‚Schwarzen Bundesstaates' auf amerikanischem Territorium (...)."[52]

Die Organisation sah im Gegensatz zur gewaltfreien Bewegung von Martin Luther King Jr.[53] als einzige Lösung eine komplette Trennung von *‚Schwarz und Weiß'*.[54]

Laut der NoI sind nur Schwarze das auserwählte Volk Gottes, Weiße hingegen minderwertig. Selbstverständlich ist dies mit den Lehren des Islams absolut nicht vereinbar. Auch sonst stimmten die Ideologie der NoI kaum mit den gängigen religiösen Ansichten des Islam überein, einzig die Speisegebote und Gebetsvorgaben decken sich zu einem Teil. Als eine Schöpfung des Teufels sieht die NoI

---

[49] Fard zitiert in: Zips und Kämpfer 2001, S. 188.

[50] Zips und Kämpfer 2001, S. 189.

[51] Vgl. Zips und Kämpfer 2001, S. 189.

[52] Zips und Kämpfer 2001, S. 206.

[53] Siehe Abschn. 3.4. und 4.1.3.

[54] Vgl. Zips und Kämpfer 2001, S. 181.

Abb. 3.3 Elijah
Muhammed. (Mit
freundlicher Genehmigung
von Black Past)

die weiße *Rasse,* dies drückt sich dermaßen aus, dass alle möglichen schlechten Eigenschaften hier vereint seien und diese zudem alle Schwarzen unterdrücken würden. Es ist davon auszugehen, dass Malcolm diesen Antagonismus zum sunnitischen Islam nicht sofort bemerkt hatte, zudem war seine Bewunderung für Elijah Muhammad zu groß.[55]

Elijah Muhammad (Abb. 3.3) übernahm die NoI von Master Wallace D. Fard Muhammad nach dessen mysteriösem Verschwinden. Geboren wurde er 1897 als Elijah Poole in Sandersville, Georgia; er war Aktivist bei der *UNIA* und es ist davon auszugehen, dass sich die beiden aus dieser Organisation kannten. Er gründete in Detroit den Temple No.1, den auch Malcolms Geschwister besuchten. Einer der Haupttempel und auch aktueller Hauptsitz der NoI unter Louis Farrakhan ist der Maryam Temple in Chicago.[56]

Noch im Gefängnis schrieb Malcolm Elijah Muhammed regelmäßig Briefe, die dieser mit kleinen Geldgeschenken und ideologischen Botschaften der NoI beantwortete. *„Der schwarze Strafgefangene (…) sei ein Symbol für die Verbrechen der weißen Gesellschaft an den Schwarzen. Die Schwarzen würden von dieser Gesellschaft unterdrückt, (…) bedürftig und unwissend gehalten und somit unfähig gemacht, anständige Arbeit zu erhalten. Das treibe sie in die Kriminalität. "*[57]

Hier wird meiner Meinung nach eine Position zu Schuld, Verantwortung und Opferrolle vertreten, die die Problematik zu simpel auf die Narrative „schwarz"

---

[55] Vgl. Zips und Kämpfer 2001, S. 194.

[56] Siehe auch die offizielle Website der *Nation of Islam:* https://www.noi.org/.

[57] Haley 1964, 1992, S. 182.

und „weiß" reduziert. Die in der Zeit der Sklaverei geschaffenen Machtverhältnisse sollen als Zeichen für eine behauptete Minderwertigkeit Schwarzer
Menschen auf Grund ihrer Herkunft stehen und eine Berechtigung zu Entrechtung
und Diskriminierung geben.[58]

Für Malcolm bedeutete dies aber eine Stärkung seiner eigenen Identität, das Ende einer Sinnsuche und eine religiöse Erklärung auf die ständige
Diskriminierung, den die Schwarzen in den USA ertragen mussten.

Er war sich bewusst, dass es eines intensiven Literaturstudiums bedurfte, um
den Schriftverkehr mit Elijah Muhammad aufrecht zu erhalten, aber auch, um
nach der Haft die angebotene Möglichkeit zu nutzen, bei der NoI mitzuarbei-
ten. Malcolm bildete sich autodidaktisch weiter und vertiefte sich in die Fächer
Geschichte und Philosophie. Es verstörte ihn, dass die Geschichte der Sklaverei kaum Eingang in die amerikanischen Geschichtsbücher gefunden hatte – die
Historiografie war durch und durch ‚weiß‘ geprägt. Ein Weg zur Verbesserung seiner Rhetorik waren gefängnisinterne Diskussionen. Ein großes Anliegen
war ihm auch die Verbesserung der Haftbedingungen muslimer Gefangener.
Ein Beispiel für seinen Lerneifer war, dass er als Training ganze Fremdwort-
Lexika handschriftlich kopierte, Nachschlagewerke und Wörterbücher las; auch
Schönschriftübungen gehörten zu seinem täglichen Programm.[59]

Ein wichtiger Teil seines Eintritts in die *Nation* war der Namenswechsel:
amerikanische Familiennamen wurden abgelehnt, da sie als die Namen der
Sklavenbesitzer:innen gesehen wurden und damit als Zeichen von anhaltender
Versklavung bzw. auf die Reduzierung darauf.

Es war nicht erlaubt, afrikanische Namen (weder Vor- noch Familiennamen)
zu verwenden, die Besitzer:innen wählten den neuen Vornamen aus, als Nach-
name galt grundsätzlich der des Eigentümers. Da auch das Sprechen afrikanischer
Sprachen und jegliche Kultur- oder nichtchristliche Religionsausübung verboten war, kam es zu kompletten Identitätsverlusten.[60] *„Der weiße Mann hat die
Vergangenheit der Sklaven gänzlich ausgelöscht, so daß kein Schwarzer in den Vereinigten Staaten jemals seinen wirklichen Familiennamen (…) herausfinden wird,
von welchem Stamm er ist, ob von den Mandingos, den Wolof, (…), den Ashanti
(…). "*[61] Elijah Muhammad entwickelte die Tradition, statt des „Sklavennamens" ein
X zu setzen, später wurden auch arabische Namen vergeben. Die Bezeichnung

---

[58] Vgl. Schneider 2015, S. 160 f.
[59] Vgl. Haley 1964, 1992, S. 184–194.
[60] Siehe auch Abschn. 4.1.1.
[61] Haley 1964, 1992, S. 195.

„*I got my X*" steht auch für den Eintritt in die *Nation*.[62] „*From Africa we came, they changed our name, not by freely but still a game. To tame beyond the sea, not free.*"[63] Malcolm legte seinen Nachnamen Little noch im Gefängnis ab und nannte sich Malcolm X.

Zwischenzeitlich erfuhr er, dass sein Bruder Reginald aus der NoI auf Grund unsittlicher Lebensführung ausgeschlossen wurde, was Malcolm persönlich sehr verletzte. Reginald erkrankte ob dieses Ausschlusses psychisch; Malcolm deutete dies als Strafe und Fluch Gottes und brach deswegen den Kontakt mit Reginald ab. Viele Jahre später wandte sich Malcolm selbst von seinem Meister ab, da er diesem ebenso „*unmoralische Handlungsweisen*"[64] vorwarf. Erst zu diesem Zeitpunkt verstand Malcolm, was seine Abwendung bei seinem Bruder ausgelöst hatte und wie sehr es diesen verletzt hatte – Malcolm bereute sein Verhalten zutiefst.[65]

Ende 1952 wurde Malcolm nach sieben Jahren Haft vorzeitig entlassen. Bald darauf geriet er aber wieder in die Gefahr, inhaftiert zu werden, da er aus Gewissensgründen den Militärdienst im Korea-Krieg verweigerte. Aufgrund seiner Religion wurde er aber schlussendlich offiziell als Kriegsdienstverweigerer anerkannt.[66]

Nach seiner Entlassung übersiedelte er nach Detroit, wo er endlich Elijah Muhammad persönlich kennenlernen durfte. Bald wurde dieser zu einem Ersatzvater für ihn. Malcolm war fasziniert von dem charismatischen Mann, er wurde rasch einer seiner wissbegierigsten Schüler und aufrichtiger Bewunderer. Auch Elijah Muhammad war beeindruckt und übergab ihm schrittweise immer wichtigere Positionen innerhalb der Organisation. Kurze Zeit darauf kündigte er seinen Arbeitsplatz im Lincoln-Werk der Ford Motor Company, um sich vollkommen der *Nation* zu widmen. In der Folge leitete Malcolm X das Zentrum in Harlem und stieg bald darauf zu einem der Sprecher der *Nation* auf.[67]

In der religiösen Praxis bereitete Malcolm das Gebet Probleme – er hatte Schwierigkeiten mit der Regelmäßigkeit und Häufigkeit, bereits das bloße Niederknien als Zeichen der Unterwerfung bereitete ihm Unbehagen; es dauerte Jahre,

---

[62] Vgl. Zips und Kämpfer 2001, S. 392.

[63] Poet und Musiker Mutabaruka während eines Reasonings in Accra, zitiert in: Zips 2014, S. 162.

[64] Haley 1964, 1992, S. 200.

[65] Vgl. Haley 1964, 1992, S. 199–202.

[66] Vgl Haley 1964, 1992, S. 215 f.

[67] Vgl. Zips und Kämpfer 2001, S. 222 f.

bis er sich daran gewöhnt hatte. Sein Aufenthalt in Mekka machte ihm dies später nochmals deutlich, dass er in der NoI nie wirklich gelernt hatte, ein islamisches Gebet *(Salāt)* korrekt auszuführen.[68]

Die *Nation of Islam* wurde indes ein immer stärker werdender Wirtschaftsfaktor, durch die Konzentration auf eine ökonomische Unabhängigkeit von weißen Händler:innen gab es zahlreiche Geschäfte, Schlachthöfe, Bauernhöfe und sogar Wäschereien, die ausschließlich von und für Mitglieder der NoI betrieben wurden. Die *Nation* wuchs zu enormer Stärke und Macht heran: *„Als eine Form des ‚reaktiven Nationalismus' reflektierte sie alle (…) Hoffnungen nach hundert Jahren gesetzlicher ‚Freiheit' (…) ohne reale Gleichstellung. Insofern bedeutete die wachsende Stärke der Nation of Islam (…) auch ein Symbol anhaltender Unterdrückung und (…) die Warnung, dass verweigerte gesellschaftliche Veränderungen zu einem Großbrand führen würden."*[69]

Die *Nation* stand für ein straffes Verwaltungssystem, jede Position hat eine spezielle Bezeichnung, beispielsweise werden die persönlichen Leibwächter Elijah Muhammads als *Fruit of Islam (FOI)* bezeichnet: *„Sie war eine paramilitärische Organisation, in der ausschließlich Männer in verschiedenen Selbstverteidigungs- und Kampftechniken sowie im Gebrauch von Schusswaffen unterrichtet wurden."*[70]

1958 wurde Betty Jean Sanders[71] (Abb. 3.4) Malcolm X Ehefrau. Sie war ebenso Mitglied der *Nation* und arbeitete als Pflegerin für die Organisation. Gemeinsam hatten sie sechs Töchter, die alle Männernamen trugen, da Malcolm offen aussprach, dass er sich eigentlich Jungen gewünscht hätte: Attilah (geb. 1958), Qubilah (geb. 1960), Ilyasah (geb. 1962), Gumilah (geb. 1964) und die Zwillinge Malaak und Malikah, die erst Monate nach dem Tod ihres Vaters am 30. September 1965 geboren wurden.

Binnen kurzer Zeit stieg Malcolm zum Hauptredner der *Nation of Islam* auf. Unglaublich charismatisch, rhetorisch beeindruckend, mitreißend und voll leicht verständlicher Parabeln zog er die Zuhörenden in den Bann. Er ließ niemanden unberührt.[72]

Auch Elijah Muhammad beherrschte das Spiel mit den Emotionen seiner Zuhörer:innen außerordentlich gut und faszinierte sie mit seinen Reden. Selbst

---

[68] Vgl. Haley 1964, 1992, S. 346 ff.

[69] Remnick 2000, S. 425 zitiert in: Zips und Kämpfer 2001, S. 29.

[70] Rabeder 2003, S. 46.

[71] Betty X, später Betty El-Shabazz (1936–1997).

[72] Es gibt immer noch viele Filmaufnahmen im Internet zu finden, die davon zeugen. Vgl. Abschn. 4.3.

Abb. 3.4 Betty El-Shabazz und ihre sechs Töchter. (Mit freundlicher Genehmigung von Malcolm's Disciples/Instagram)

Malcolm war auch nach dem späteren Bruch mit der NoI noch von seiner äußerst metaphorischen Sprache berührt und verwendete diese weiter:

> *„Ich erinnere mich noch gut daran, daß eines Tages ein Glas mit schmutzigem Wasser auf einer Ladentheke stand, und Mr. Muhammad stellte ein Glas mit klarem Wasser daneben. ,Du willst also wissen, wie man (…) meine Lehre verbreitet?' fragte er (…). ,Verurteile niemanden, der schmutziges Wasser in seinem Glas hat, sondern halte dein Glas mit dem klaren Wasser daneben. Wenn er es genau betrachtet, dann musst du es gar nicht mehr erwähnen. dass deins besser ist."*[73]

Dank Malcolms Wirkungsgrads konnte die Organisation schnell wachsen und die Zahl ihrer Mitglieder effektiv steigern. Damit erhöhte sich aber auch der Reichtum von Elijah Mohamed und dessen Familie. Lange Zeit haderte Malcolm

---

[73] Haley 1964, 1992, S. 218.

nicht damit, Geld für Elijah Muhammads 18-Zimmer-Villa zu sammeln, es dauerte Jahre, bis er sich dagegen erhob – zu tief war die Bewunderung. Jede Rede wurde mit den Worten „*The Honorable Elijah Muhammad teaches us*" eingeleitet, obwohl die Inhalte ausschließlich von Malcolm selbst stammten.[74]

Ende 1959 erschien der Dokumentarfilm „*The Hate That Hate Produced. A Study of the rise of black rascism*" über die NoI im Fernsehen, der enorme Reaktionen bei den Zuschauer:innen auslöste. Die Weißen hatten Angst vor einem Rückschlag durch die Schwarze Bevölkerung als Vergeltung für die Sklaverei und jahrhundertelange Diskriminierung. Die Presse berichtete, zahlreiche TV-Debatten folgten. Malcolm heizte die Stimmung an, mit Begriffen wie „*house and field negro*", „*good massa*" und natürlich dem allgegenwärtigen Begriff des „*white devils*". Er stellte klar, dass es keinerlei Möglichkeit einer Versöhnung oder gar respektvoller Freundschaft zwischen Schwarzen und Weißen geben könnte.[75]

Ein großer Streitpunkt in diesen öffentlichen Streitgesprächen war auch die Bezeichnung „Black Muslims". Malcolm bekräftigte: „*Wir sind zwar schwarze Menschen, die hier in Amerika leben, aber der Islam ist unsere Religion. Deshalb sind wir schlicht und einfach ‚Muslims' und wollen auch so genannt werden!*"[76]

Nun hörte man verstärkt Gerüchte, dass Elijah Muhammad korrupt sei und sich an der Organisation bzw. den Mitgliedsbeiträgen bereichern würde. Er tätigte auch Geschäfte mit radikalen weißen Gruppierungen und traf sogar hohe Würdenträger des *Ku-Klux-Klans*. Malcolm X wollte diesen Anschuldigungen keinen Glauben schenken und ignorierte sie.[77]

Nachdem Malcolm X die Ermordung John F. Kennedys trotz eines Kommentarverbotes durch Elijah Muhammad mit einer abfälligen Bemerkung bedachte[78], wurde er mit einem 90-tägigen Redeverbot belegt, welches auch Predigten in der Moschee beinhaltete. Innerhalb der NoI kam es nun zu Anfeindungen gegenüber Malcolm, er spürte, dass dies direkt von Elijah Muhammad ausging und dass einige Mitglieder der NoI ihm sogar nach dem Leben trachteten. Der Einzige, der ihm in dieser Zeit beistand, war der berühmte Boxer Muhammad Ali.[79]

---

[74] Vgl. Haley 1964, 1992, S. 224–238.

[75] Vgl. Haley 1964, 1992, S. 257–261.

[76] Haley 1964, 1992, S. 261.

[77] Vgl. Zips und Kämpfer 2001, S. 247–250.

[78] „*Without a second thought, I said what I honestly felt – that it was, as I saw it, a case of 'the chickens coming home to roost'.*" Zitat von Malcolm X am 25.11.1963, In: Haley 1964, 1992, S. 317.

[79] Als Cassius Clay (1942–2016) geboren, trat er 1964 in die NoI ein und konvertierte zum sunnitischen Islam.

Malcolm erfuhr, dass Elijah Muhammad außereheliche Beziehungen führte, sogar jahrelange Verhältnisse mit seinen Mitarbeiterinnen hatte, aus denen einige Kinder entsprangen. Gerüchteweise führte er sogar Beziehungen mit Minderjährigen und weißen Frauen. Da er es nicht glauben konnte, besuchte er diese Frauen persönlich, um sich selbst davon zu überzeugen. *„Das Fehlverhalten seines Lehrmeisters erschütterte seinen Glauben in den Grundfesten."*[80] Als Rechtfertigung legte sich Malcolm gemeinsam mit Wallace Mohammed Koran- und Bibelzitate zurecht, die außergewöhnliche Taten über menschliche Schwächen stellen und aufzeigen sollten, dass diese Mängel keinerlei Bedeutung hätten. Zudem wären diese Sünden eine notwendige Vollführung göttlicher Vorhersagen[81]. Da Malcolms Bruder Reginald vor Jahren wegen eines außerehelichen Verhältnisses aus der NoI ausgeschlossen wurde, und er seitdem kaum Kontakt mit ihm hatte, trafen ihn die Verfehlungen des tief verehrten Elijah Muhammads besonders. Nachdem Malcolm einige Mitglieder der *Nation* darüber informiert hatte, kam es zu Unruhen innerhalb der Organisation, da ein Machtkampf um den Führungsanspruch zwischen Elijah Muhammad und Malcolm X zu eskalieren drohte.

Am 12. März 1964 gab Malcolm eine Pressekonferenz unter dem Titel *„The Declaration of Independence",* bei der er sich öffentlich und offiziell von Elijah Muhammad distanzierte und seinen Austritt aus der NoI bekannt gab.

Master Elijah Muhammad verstarb am 25. Februar 1975, sein Sohn Warith Deen Muhammad (Wallace B. Muhammed) wurde zu seinem Nachfolger nominiert. Die Organisation wurde in *American Muslim Mission* umbenannt. Er stand dem traditionellen Islam weitaus näher als sein Vater, geriet jedoch ebenfalls wegen zahlreicher Affären in Verruf.[82]

1977 übernahm Louis Farrakhan[83] (Abb. 3.5) das Zepter in der NoI, nun wieder unter der Bezeichnung *Nation of Islam.* Zwischenzeitlich wurden Tempel in der Karibik, Europa und Afrika eröffnet, eigene Medien ins Leben gerufen und vor allem die wirtschaftliche Basis vergrößert – zahlreiche Betriebe sind im Besitz der NoI. Es gibt sogar ein spezielles Wirtschaftsprogramm der *Nation: Economic Blueprint.*[84] Unter dem Slogan *„Economics is the answer"* wollte Farrakhan

---

[80] Waldschmidt-Nelson 2015a, S. 201.

[81] Vgl. Waldschmidt-Nelson 2015a, S. 201.

[82] Vgl. Zips und Kämpfer 2001, S. 266–271.

[83] 1961 hatte der ehemalige Calypso-Sänger ein Loblied auf die *Nation* aufgenommen: „A White Man's Heaven is a Black Man's Hell" (nachzuhören auf: https://www.youtube.com/watch?v=bxUoRiW7lCI).

[84] https://www.economicblueprint.org/

Abb. 3.5 Louis Farrakhan.
(Mit freundlicher
Genehmigung von Black
Past)

die Kaufkraft des ‚Schwarzen Dollars' stärken und so eine Schwarze Nation ‚empowern'.[85]

Farrakhan reformierte die NoI von Grund auf und ließ beispielsweise die Unterstützung politischer Vertreter:innen zu; Reverend Jesse Jackson, christlicher Bewerber für die Präsidentschaftskandidatur 1984 und 1988, wurde gefördert. 2008 gab es Unterstützungstendenzen für Barack Obama, aber keine klare Positionierung[86]. Die frühere Position der NoI, dass *„Politik schmutzig und Rettung nur von Gott zu erwarten sei"*[87] galt ab sofort nicht mehr.

Seit den 1990er Jahren bekannten sich viele Rapper und HipHop-Musiker:innen zur *Nation,* darunter Ice-T, Ice Cube, Public Enemy, Prince Akeem und Tupac Shakur.[88]

---

[85] Vgl. Zips und Kämpfer 2001, S. 272–274.

[86] Da zu dieser Zeit bereits klare Antisemitismusvorwürfe gegen Farrakhan aufkamen, distanzierte sich Obama von der NoI. Bekannt ist seine Parteitagsrede, dass es kein weißes Amerika und kein schwarzes Amerika geben würde, nur die Vereinigten Staaten von Amerika. Ein Foto aus dem Jahr 2005, das ihn mit Farrakhan zeigt, wurde im Jahr 2018 publik. Beinahe wurde es ihm zum Verhängnis, viele Medien publizierten es, um so Stimmung gegen Obama zu machen. Wäre dieses Bild bereits im Wahlkampf aufgetaucht, hätte es Obama wohl den Sieg gekostet. Vgl. Cunningham Vinson (2018): The Politics of Race and the Photo That Might Have Derailed Obama. The New Yorker. 28.01.2018. Vgl. Fredericks Bob (2018): Journalist kept quiet about photo of Obama with Nation of Islam leader. New York Post. 25.01.2018. Vgl. Baumer Andreas (2018): Ein 13 Jahre altes, bislang geheimes Foto holt Obama jetzt ein. Business Insider. 29.01.2018.

[87] Hielscher 1998, S. 42.

[88] Vgl. Rabeder 2003, S. 64–84 und Zips und Kämpfer 2001, S. 290–292, 298–350.

1995 organisierte Farrakhan den „*Million Man March*" auf Washington, hier wurde für die Verbesserung der Lebensbedingungen der Schwarzen in den USA demonstriert. Die aktuelle Website der *Nation of Islam*[89] strotzt vor Antisemitismus[90] und Verschwörungstheorien[91], von der einstigen Größe scheint nicht viel übrig geblieben zu sein.

3.4 Pilgerfahrt nach Mekka und Abwendung von der NoI

> „*Die Brüderlichkeit! Daß Menschen aller Rassen und Hautfarben aus der ganzen Welt als Gleiche unter Gleichen zusammenkommen! Das war für mich der Beweis für die Macht des Einen Gottes.*"[92]
>
> Malcolm X

Malcolm X war komplett desillusioniert von den Vorkommnissen in der *Nation* und besonders von Elijah Muhammad persönlich zutiefst verletzt. Er hatte sich vollkommen mit der NoI identifiziert und litt nun an der Enttäuschung. Sogar einen Arzt konsultierte er, da er annahm, an einem Gehirntumor oder an einer psychischen Erkrankung zu leiden.

Er beschloss eine eigene Moschee, die *Muslim Mosque, Inc.,* zu gründen. Diese Moschee sollte allen Schwarzen offenstehen, da sie nicht nur religiöse Programme bieten sollte, sondern auch Sektionen für Soziales, Kulturelles, Politik und Ökonomie. Durch seine persönliche Öffnung gegenüber Andersdenkenden war nunmehr auch eine Zusammenarbeit mit der Bürgerrechtsbewegung unter Martin Luther King Jr. möglich, dies hatte er zuvor kategorisch ausgeschlossen.[93]

Zur Vertiefung der eigenen Spiritualität plante er nach Mekka zu reisen, seine Stiefschwester Ella unterstützte ihn dabei finanziell. In seiner Biografie beschreibt Malcolm seinen Sinneswandel offen: Hätten ihn in seiner Zeit bei der NoI weiße Muslime auch nur angesprochen, so hätte er sie brüsk abgewiesen, da sie seiner Meinung nach den orthodoxen Islam nicht kennen konnten.[94]

---

[89] https://www.noi.org/

[90] The Jewish White Supremacy ist nun das neue Schlagwort. Siehe https://www.noi.org/. Vgl. Wetzel 2012, S. 416 f.

[91] Vgl. Wetzel 2012, S. 416 f.

[92] Malcolm X/Haley 1964, 1992, S. 355.

[93] Siehe Abschn. 4.1.3.

[94] Haley 1964, 1992, S. 335–346.

Am 13. April 1964 reiste er nach Mekka – diese Reise sollte sein gesamtes Denken verändern. Schon beim Zwischenstopp in Frankfurt kam es zur ersten positiven Überraschung: Ein weißer amerikanischer Student erkannte ihn und begrüßte ihn herzlich, später besuchte er verschiedene Geschäfte weißer Besitzer:innen, er wurde in jedem höflich begrüßt und auch ohne Kauf freundlich verabschiedet. Ein Aufenthalt in Kairo verlief ähnlich positiv, überall wurde Malcolm offen aufgenommen, seine Hautfarbe hatte keinerlei Einfluss bei sozialen Interaktionen, vor allem bedingte sie keinen Nachteil.[95]

Beim *Hadsch* selbst bemerkte er das erste Mal die Einheit der Gläubigen, die Herkunft und die Farbe der Haut haben dort keinerlei Bedeutung – nur die gemeinsame Ausübung der Religion zählt. *„Never have I witnessed such sincere hospitality and the overwhelming spirit of true brotherhood as is practiced by people of all colors and races here in this ancient holy land, the home of Abraham, Muhammad and all the other prophets of the Holy Scriptures.“*[96]

Erstmals betete er auf Arabisch; in der *Nation* wurden die Gebete ausschließlich in englischer Sprache verrichtet, nun musste er, der zuvor einer der wichtigsten Prediger war, sich für ihn durchwegs neuen Geboten des Islams stellen.

Er erlebte so viel Positives mit und durch Weiße[97], dass er davon vollkommen überwältigt war und seine bisherigen Lehren in Frage stellte. Mit dieser Vergangenheit wollte er nun brechen und konvertierte zum sunnitischen Islam. Erneut änderte er seinen Namen und nannte sich nun stolz *El-Hajj Malik El-Shabbaz*.[98]

Im Anschluss an seine Pilgerfahrt reiste er weiter nach Beirut, Libanon, und von dort nach Lagos und Ibadan, Nigeria sowie Accra, Ghana. An jedem dieser Orte hielt er Reden, die meist für großen Aufruhr sorgten. In Ghana kam er mit Weißen in Kontakt, die sich als ehemalige Kolonialherren immer noch wie Alleinherrschende benahmen, das Land ausbeuteten und die lokale Bevölkerung rassistisch behandelten. Die Ideen des Panafrikanismus, die in Accra leidenschaftlich vorgetragen wurden, interessierten Malcolm brennend. Er führte viele Gespräche dazu, unter anderem mit Staatspräsident Kwame Nkrumah.[99]

---

[95] Vgl. Haley 1964, 1992, S. 337 f.

[96] Malcolm X (1964): Letters from abroad. Jedda, Saudi Arabia, 20.04.1964. In Breitman 1990, S. 59.

[97] Malcolm X beschreibt sie der Herkunft nach als arabisch-stämmige Menschen, benennt sie aber als Weiße.

[98] Vgl. Waldschmidt-Nelson 2015, S. 226.

[99] Vgl. Waldschmidt-Nelson 2015, S. 227 ff.

Die nächsten Stationen seiner Reise waren Monrovia, Liberia, und Dakar, Senegal, sowie Casablanca, Marokko, und Algier, Algerien. Erst am 21. Mai landete er wieder in New York.

Daraufhin begründete er die *Organisation für die Afro-Amerikanische Einheit*[100], deren Ziel die Selbstbestimmung der Schwarzen war. *„Our political philosophy will be black nationalism. Our economic and social philosophy will be black nationalism. Our cultural philosophy will be black nationalism (...) The political philosophy of black nationalism means we must control the politics and the politicians of our community."*[101]

Es war ihm wichtig, dass seine veränderte Denkweise auch öffentlich dargestellt wurde und legte dies auch immer wieder in Interviews dar, dass *„he (...) believed in a brotherhood of all races, including whites."*[102] Bevor dies möglich sei, müsse aber *Black Nationalism* in Form eines *„internationalen, humanistischen und säkularen Panafrikanismus"*[103] wirksam werden und dies nicht nur in den USA, sondern für Schwarze weltweit. *„Only when black people achieved racial dignity, pride, confidence, incentive, and unity, (...) [they] could (...) welcome unity with white brothers on an equal basis."*[104]

Im Gegensatz zu seiner Überzeugung während seiner Zeit in der NoI war es für Malcolm nun in Ordnung mit Weißen zusammenzuarbeiten, aber auch deren Unterstützung anzunehmen. Auch mit Katholik:innen gab es Kooperationen, sofern sie gegen Diskriminierung und Rassismus auftraten. In diesen Zeitraum fällt auch seine öffentliche Abkehr von der *Nation* sowie vom vorigen Radikalismus. Durch eine Verknüpfung des antikolonialen Befreiungskampfes in Afrika mit der Schwarzen Widerstandsbewegung in den USA definierte Malcolm die Theorien aus Frantz Fanons *„Die Verdammten dieser Erde"* neu: Die Schwarzen Amerikaner:innen verstehen sich selbst als Kolonisierte der Weißen Amerikaner:innen.[105]

„There's only one way to be free. It's not something that someone gives to you. It's something that you take. Nobody can give you independence. Nobody can give you freedom. Nobody can give you equality or justice or anything. If you're a man, you take it. If you can't take it, you don't deserve it. Nobody can give it to you."[106]

---

[100] OAAU *(Organization of Afro-American Unity)*.

[101] Malcolm X zitiert in: Zips und Kämpfer 2001, S. 260.

[102] Archer 1993, S. 213.

[103] Ortner 2012, S. 96.

[104] Archer 1993, S. 213.

[105] Vgl. Archer 1993, S. 213.

[106] http://malcolmxfiles.blogspot.com/Rede vom 20.12.1964.

Hier sehe ich einen ähnlichen Ansatz wie bei Fanon: Freiheit und Unabhängigkeit als höchstes Gut und Recht eines jeden Menschen.

In diesem Zeitrahmen finden auch Begegnungen mit dem Bürgerrechtler Martin Luther King[107] statt. Malcolm legte seine Wandlung auch öffentlich dar und gab beispielsweise im Jänner 1965 folgendes Interview: *„Ich bin kein Rassist. Ich bin gegen jede Form von Rassismus und Ausgrenzung, jede Form von Diskriminierung. Ich glaube an die Menschen, und dass alle menschlichen Wesen als solche respektiert werden sollten, ungeachtet ihrer Hautfarbe."*[108]

Bei einer Rede am 7. Juni 1964 im Audubon Ballroom in Harlem bestätigte Malcolm, dass Elijah Muhammad mindestens sechs unehelich geborene Kinder habe und dies klar den moralischen Vorstellungen der NoI widerspreche. Nach einer Wiederholung dieser Anschuldigungen im Rahmen eines Radiointerviews erkannte die *Nation,* dass er sich nun nicht mehr zurückhalten werde und deren Verfehlungen klar ansprechen würde. Ab dem 16. Juni 1964 musste Malcolm nach anonymen Drohungen unter durchgehenden Polizeischutz gestellt werden. Unter Beobachtung von FBI und Polizei stand er auch schon lange davor, da diese um die Explosivität seiner Reden, die die Massen beeindruckten, wussten.[109]

Seine wohl berühmteste Ansprache hielt El-Hajj Malik El-Shabazz am 28. Juni 1964 vor der *OAAU (Organization of Afro-American Unity): „We declare our right on this earth to be a man, to be a human being, to be respected as a human being, to be given the rights of a human being in this society, on this earth, in this day, which we intend to bring into existence by any means necessary."*[110]

Dieser wohl berühmteste Satzteil *„… by any means necessary",* der auch nach Jahrzehnten noch mit Malcolm X in Verbindung gebracht wird, basiert auf einer Passage von Jean-Paul Sartres Stück *‚Les mains sales'*[111]. Hier verdeutlicht sich eine der vielen Verbindungen zwischen Frantz Fanon und Malcolm X, zumal Sartre, wie bereits erwähnt, das Vorwort zu Fanons *„Die Verdammten dieser Erde"* verfasst hatte.[112]

---

[107] Siehe Abschn. 4.1.3.

[108] Interview mit CBC-TV's ‚Front Page Challenge', Januar 1965, zitiert auf: https://shabazz. wordpress.com/2007/08/18/malcolm-x-aka-malik-shabazz/ [Zugriff am 09.01.2020], siehe auch https://www.youtube.com/watch?v=C7IJ7npTYrU.

[109] Vgl. Waldschmidt-Nelson 2015, S. 237 f.

[110] https://www.blackpast.org/african-american-history/speeches-african-american-history/ 1964-malcolm-x-s-speech-founding-rally-organization-afro-american-unity/ [Zugriff am 28.02.2022].

[111] Erstaufführung 1948 in Paris. Details zum Stück und Relevanz zum Thema siehe Abschn. 4.7.

[112] Siehe Abschn. 4.7.

Malcolm hatte (wie auch Fanon) bereits 1964 deutliche Todesahnungen; seinem Biografen Alex Haley erzählte er Ende 1964/Anfang 1965 während einem der letzten Gespräche zu dessen Buch, dass er nicht davon ausgehen würde, das Erscheinen des Buches noch zu erleben, er rechnete bereits mit einem Attentat.[113] Am 21. Februar 1965 hielt Malcolm im Audubon Ballroom eine Rede. Auffällig war, dass Malcolm selbst, der ja nach den Drohungen der *Nation* unter Polizeischutz stand, davon abgeraten haben soll, Personenkontrollen durchzuführen. Auch seine Familie hatte er eingeladen, dies war ebenfalls nicht üblich. Zwei Zuhörer schienen in Streit geraten zu sein, dadurch waren die Sicherheitskräfte abgelenkt. Plötzlich explodierte eine Rauchbombe und in dem darauffolgenden Tohuwabohu wurde El-Hajj Malik El-Shabazz erst von einem Schuss aus einer Schrotflinte und sofort darauf von 21 weiteren aus zwei verschiedenen Waffen abgefeuerten Pistolenschüssen getroffen – er starb nur kurze Zeit später im Krankenhaus. Drei vermeintliche Attentäter wurden rasch gefasst, sie zählten zur NoI. Einer davon wurde direkt am Tatort angeschossen und beinahe von der zornigen Menge gelyncht.[114] Gerüchte wurden in die Welt gesetzt, dass der Anschlag von der CIA, dem FBI, dem NYPD oder ihrer Unterorganisation BOSSI verübt oder zumindest geplant sei. Auch eine direkte Anstiftung zum Mord durch den Direktor des FBI[115] und unerbittlichen Gegner der Bürgerrechtsbewegungen, J. Edgar Hoover, wurde für möglich gehalten, ebenso, dass die wahren Mörder geflüchtet und gar keine Mitglieder der *Nation* gewesen seien. Weitere Nachrichten besagten, dass Malcolm sehr wohl um Polizeischutz gebeten hatte, die Polizei aber nicht erschienen sei. Auch die Anzahl der Täter ist unklar, man geht von drei bis fünf Personen aus. Rasch wurden zwei Männer (Norman 3X Butler und Thomas 15X Johnson) verhaftet und jahrzehntelang unschuldig inhaftiert, obwohl es glaubwürdige Zeugenaussagen gab, die bestätigten, dass beide nicht einmal am Tatort waren. Seitens der Polizei wurde wenig zu einer wirklichen Aufklärung beigetragen: Beweismittel verschwanden, Akten wurden geschwärzt und der Fall

---

[113] Sowohl Fanon als auch Malcolm X sprachen über ihre Todesahnungen, dennoch zählen sie für mich nicht als Gemeinsamkeit: Fanon wusste als Arzt um die Gefährlichkeit seiner Erkrankung und Malcolm X erhielt offene Morddrohungen.

[114] Vgl. u. a. Waldschmidt-Nelson 2015, S. 283–287.

[115] Wie später bei den Black Panthers im Abschn. 4.1.3 .ausführlich beschrieben, diente das Geheimprogramm des FBI – COINTELPRO – zur Destabilisierung afroamerikanischer Bürgerrechtsorganisationen durch eingeschleuste Spitzel/Informant:innen. Die COINTELPRO unter John Edgar Hoover dürfte für den Tod Malcolm X hauptverantwortlich sein. Vgl. Waldschmidt-Nelson 2015a, S. 290.

eilig abgeschlossen. Auch die zwischenzeitlich möglichen Untersuchungen wie ein DNA-Abgleich wurden von der Polizei nie weiterverfolgt.[116]

Hoffnung machte eine Kampagne aus dem Jahr 2020 zur Aufklärung des Todes von Malcolm, dabei wurden nochmals alle Archive durchforstet sowie Beweismittel wie Patronenhülsen und Polizeiaufnahmen mit neuesten Technologien bearbeitet. Offensichtlich ist ein ehemaliger Leutnant der Mosque #25, Leon 4X Ameer[117], aus Newark, New Jersey, der Hauptattentäter. Er war früher ein Mitglied der *Nation* (in der *Fruit of Islam*) und später einer der Anführer in Malcolms neuer Organisation. Das FBI hielt diese Informationen jahrzehntelang zurück, es ist davon auszugehen, dass der Täter ein FBI-Informant war. Ameer/ Bradley verstarb, bevor er zur Rechenschaft gezogen werden konnte.[118]

Gesichert ist, dass Malcolms Tod Tausende Menschen zutiefst betroffen machte und dass dadurch eine der einflussreichsten Persönlichkeiten des *Black Nationalism* zum Schweigen gebracht wurde.[119]

Die Gründung der *Black Panther Party* im folgenden Jahr wird direkt dem Wirken von Malcolm X addiziert, ebenso die *Black Lives Matter*-Bewegung. Beide sind bedeutende Teile der afroamerikanischen Bürgerrechtsbewegungen.[120]

Malcolm X hat bis heute nichts von seiner Faszination und Inspirationskraft verloren.

---

[116] Vgl. u. a. Klein 2017, S. 27–29.

[117] Bürgerlicher Name: William Bradley, auch bekannt als Al-Mustafa Shabazz.

[118] Die Untersuchungen wurden durchgeführt von Abdur-Rahman Muhammad, siehe Dokumentation *„Who Killed Malcolm X?"* (2020).

[119] Sämtliche biografische Details der Abschn. 3.1, 3.2, 3.3 3.4.: Vgl. Haley 1964, 1992, Zips und Kämpfer 2001, Waldschmidt-Nelson 2015a) Waldschmidt-Nelson 2017, Klein 2017, Baldwin 1993, Archer 1993, Lynn 2020 https://www.marx21.de/malcolm-x-die-ikone-der-black-power-bewegung/ [Zugriff am 31.07.2020]. Einen interessanten Einblick in das Leben von Malcolm X gibt auch der gleichnamige Film von Spike Lee (1992).

[120] Siehe Abschn. 4.1.3.

Gemeinsamkeiten

4

> „The important literature now is (…) the speeches of Malcolm (…), the works of Fanon (…). Fanon was one of Stokely Carmichael's 'patron saints', and Eldridge Cleaver could claim that 'every brother on a roof top' could quote Fanon."[1]

David Macey

Frantz Fanon und Malcolm X verband vieles: nicht nur der lebenslange Kampf gegen Diskriminierung und Unterdrückung, die Hautfarbe, eine Verbindung zum Islam und die Verwendung ähnlicher Parolen, sondern auch das charismatische Auftreten, mitreißende Reden sowie eine beeindruckende Unermüdlichkeit und Resolutheit im Kampf gegen Ungerechtigkeiten. Ich habe mich auf die offensichtlichsten Verknüpfungen fokussiert und werde diese nachfolgend genauer betrachten.

4.1 Historische Einbettung und kollektive Diskriminierungserfahrungen

> „Die Funktion ethnischer Gemeinsamkeiten besteht darin, soziale Grenzen zwischen Gruppen (…) durch den Kontakt zu anderen, außerhalb der ethnischen Gruppe stehenden Personen und Gruppen, aufrechtzuerhalten. Ethnizität wird von Individuen sowie Gruppen also (…) produziert und reproduziert im Glauben an und in Verbindung mit einer geteilten Geschichte."[2]

Katrin Simon

---

[1] Macey 2017: https://www.versobooks.com/blogs/3319-forgetting-fanon-remembering-fanon [Zugriff am 17.08.2020].

[2] Simon 2015, S. 25.

© Der/die Autor(en), exklusiv lizenziert an Springer Fachmedien Wiesbaden GmbH, ein Teil von Springer Nature 2023
G. A. Bichler, *By any means necessary?! Analogien und Differenzen im Denken von Frantz Fanon und Malcolm X*, https://doi.org/10.1007/978-3-658-41187-9_4

Sklaverei und Kolonialismus bedingen einander und sind kaum zu trennen. Prinzipiell ist festzuhalten, dass die Afroamerikanische Bürgerrechtsbewegungen ohne die Sklaverei und deren Folgen wie Rassentrennung, Diskriminierung und systematische Unterdrückung Schwarzer Menschen nicht entstanden wäre. Beim Lesen der Biografien fällt sofort das gemeinsame Geburtsjahr der beiden auf: Frantz Fanon ist am 20. Juli 1925 geboren, Malcolm X am 19. Mai 1925, also exakt 60 Tage vorher. Damit eint sie bereits die gleiche historische Periode.

Obwohl Fanon in Fort-De-France, Martinique, geboren wurde und Malcolm X in Omaha, Nebraska, und sie damit eine Entfernung von 4.477,42 km trennte, wurden sie bzw. ihre Vorfahren durch das Zwangssystem der Sklaverei einem ähnlichen Schicksal ausgesetzt, also durch Gewalt vereint. Sklavenhandel, Zwangsarbeit, etc. bildeten die Schnittstelle, an der sich Menschen aus unterschiedlichen und weit voneinander entfernten Regionen getroffen haben.

Sklaverei war in beiden Regionen ein wichtiger Teil der Geschichte, woraus eine kollektive Diskriminierung Schwarzer Menschen sowohl auf den Westindies als auch in den USA entstand. Dieser gemeinsame Background prägte die Weltsicht von Fanon und Malcolm X maßgeblich, daraus ergaben sich die ganz speziellen Lebenswege.

Es ist mir wichtig, diese Zusammenhänge darzustellen, um daraus ein besseres Verständnis und Wissen voneinander entwickeln zu können. Rassismus entsteht auch aus sozialen Ungleichheitsstrukturen und kann nur durch Auflösung heterogener Machtverhältnisse beseitigt werden. *„Rassismus gibt es nicht von Anbeginn der Menschheitsgeschichte an, sondern (…) erst seit der Versklavung des Menschen durch den Menschen."*[3]

4.1.1   Sklaverei

„Schwarzer Nationalismus hat seine Wurzeln in weißer Ausbeutung. Er ist im Wesentlichen eine ‚Wundreaktion'. Die Wunde heißt Sklaverei. Und es ist eine offene Wunde."[4]

Werner Zips & Heinz Kämpfer

Sklaverei hat viele Gesichter: historischer Sklavenhandel, Zwangsarbeit, Menschenhandel in der Prostitution, usw. In der vorliegenden Arbeit liegt der Fokus

---

[3] Bühl 2016, S. 10.
[4] Zips und Kämpfer 2001: Buchrückseite.

ausschließlich auf dem historischen Begriff. Sklaverei wird folgendermaßen definiert:

> *„Sklaverei bezeichnet die völlige persönliche, rechtliche und wirtschaftliche Abhängigkeit eines Menschen von einem anderen. Dieser abhängige Mensch – der Sklave – ist das Eigentum seines Herrn – des Sklavenhalters. Letzterer kann (…) über körperliche Bestrafung, Verkauf, Vererbung und Tötung, aber auch über die Freilassung seines Sklaven entscheiden."*[5]

An dieser Stelle ist auf Zeuske zu verweisen, der den Begriff „Sklave"/*Enslaved Person*[6] folgendermaßen darstellt: *„Versklavte unterliegen (…) mittels Zwangs und körperlicher Gewalt ausgeübter direkter Kontrolle von anderen Menschen, die die Verfügungsgewalt über ihre Körper, sogar ihr Leben, ihren Status, ihre Sexualität, ihren Tauschwert und natürlich ihre Arbeitskraft ausüben und ihre Körper als Kapital benutzen (…)."*[7]

Das Argument, dass der innerafrikanische Sklavenhandel schon vor dem Eintreffen der Europäer:innen existierte, ist generell richtig, entbindet aber keinen Beteiligten der Verantwortung. *„Es sind vielmehr der Sklavenhandel und der Kolonialismus Frankreichs, Englands, Portugals, die als Manifestationen einer Fremdherrschaft und somit auch als Epiphänomen der europäischen Präsenz charakterisiert werden."*[8]

Der Leidensweg der versklavten Afrikaner:innen begann bereits direkt beim Raub aus den Dörfern, sie wurden systematisch misshandelt, um sie gefügig zu halten. Eingesperrt in engste Verliese und fensterlose Kammern, in denen meist nicht einmal aufrechtes Stehen möglich war, aneinandergekettet an Händen und Beinen, galten die *Enslaved Persons* als Subjekte ohne jegliches Recht und als „Wegwerfprodukte" – ein Menschenleben war nur so viel wert, wie an Profit daraus zu erwarten war. Auch nach dem Abtransport durch die *„Porte sans retour"*[9] (Abb. 4.1) wurde es nicht erträglicher, da die Menschen Handelsgütern gleich nach genau vorgegebenen Regeln im Bauch des Schiffes für die

---

[5] Schneider 2015, S. 11.

[6] Da die Bezeichnung „Sklave" das Verbrechen auf sprachlichem Wege fortsetzen würde, da es die Opfer zu einem inhumanen Sachwort degradieren würde, ist der Begriff „Enslaved Person" angeraten.

[7] Zeuske 2019, S. 195.

[8] Sarr 2006, S. 82.

[9] Die *„Porte sans retour"* (Tor ohne Wiederkehr) bezeichnet die Tür, die direkt vom Sklavenhaus zum Schiff ging – es gab nur die Möglichkeit ins Beiboot zu steigen, die sie zu den großen Transportschiffen brachten oder im offenen Meer zu ertrinken. Sklavenhäuser gab es an ‚strategisch günstig' gelegenen Orten wie Île de Gorée, Porto-Novo, Lagos, Accra, uvm.

Abb. 4.1 Sklavenhaus Gorée mit der Porte sans Retour. (Fotocredit: Gabriele Aïsha Bichler)

mehrmonatige Überquerung des Atlantiks ‚gelagert' wurden. Starben sie bei der Überfahrt wurden sie einfach im Meer entsorgt.[10]

Eine weitere Grausamkeit der Sklaverei war psychologischer Natur: Es gab ein absolutes Verbot afrikanische Sprachen zu sprechen, afrikanische Namen zu tragen (also den eigenen Namen zu verwenden) sowie afrikanische Kulturen, Traditionen oder Religionen in welcher Form auch immer auszuleben,

---

[10] Vgl. Zips und Kämpfer 2001, S. 35 f.

selbst singen war untersagt. Der daraus resultierende Effekt war ein überwiegender Identitätsverlust.[11] Fluchtversuche oder Aufstände endeten nicht selten mit Verstümmelungen, Folter oder Tod.[12]

> *„Sklaverei impliziert (…) eine bestimmte Voraussetzung: die totale Herrschaft eines Menschen über einen anderen, zumal der beherrschte Mensch zu einer Ware, einem Gegenstand oder Werkzeug degradiert wird. Um ihre Überlegenheit zu bestätigen müssen die selbsternannten ‚Herren' das Leben der Sklaven ständig unter Kontrolle halten."*[13]

Weiter gefasst bedeutet dies auch beispielsweise, dass sämtliche Verbrechen an *Enslaved Persons* straffrei blieben, darunter Vergewaltigungen, diese dienten auch der Erhöhung des Sklavenbesitzstandes.[14]

„Die Sklaverei war auch keine nebensächliche Sache, die irgendwie in den Vereinigten Staaten mitlief, sondern die Sklaverei und der riesige wirtschaftliche Gewinn, der dadurch erzielt wurde – gerade im Süden – war maßgeblich mitverantwortlich für den Aufstieg der USA im 18. Jahrhundert."[15]

Aufgrund aufgrund der historischen Erfahrungen sowie den noch offensichtlich bestehenden institutionellen Benachteiligungen ist es nicht verwunderlich, dass sich Schwarze Nationalist:innen als Resonanz auf die (Über-) Lebensbedingungen von *Enslaved Persons* bzw. rechtlich gesehen als Reaktion auf die *Slave Codes* von Virginia verstehen. *„Ich spreche von Millionen von Menschen, denen man geschickt das Zittern, den Kniefall, die Verzweiflung, das Domestikentum eingeprägt hat."*[16]

Es verwundert daher ebenfalls nicht, dass dieses strukturelle Phänomen in den USA bei Anhänger:innen der *Black Lives Matter*-Bewegung[17] die Reaktion

---

[11] Interessanterweise arbeitet man bei Demenzbehandlungen genau entgegengesetzt: hier wirkt man drohendem Identitätsverlust mit Erinnerungsankern, also der laufenden Erinnerung an Vergangenes, entgegen. Dazu gehören besonders Musik und Gerüche. In der Sklaverei wurde eben versucht, diese Erinnerungsanker durch Verbote auszulöschen. Vgl. Hosp 2006, Abschn. 4.3.8.2, 7.4.1.1, 7.5.1.

[12] Vgl. Zips und Kämpfer 2001, S. 39.

[13] Sarr 2006, S. 84.

[14] Vgl. Zips und Kämpfer 2001, S. 40.

[15] Waldschmidt-Nelson 2017, o.Sz.

[16] Césaire 1950, 2017, S. 39.

[17] Vgl. Abschn. 4.1.3.

auslöst, aktiv Denkmäler von Sklavenhändler und -haltern als Symbole dieses Unrechts zu stürzen.[18]

Die Sklaverei hatte nicht nur horrende Auswirkungen auf die *Enslaved Persons* selbst, sondern auch in den jeweiligen Herkunftsgesellschaften sowie auf die karibischen, und nordamerikanischen Nachfahren der deportierten Menschen – die Traumata wirken bis heute nach.[19] Erst 2001 wurde die Sklaverei im Rahmen des *Taubira-Delanon*-Gesetzes *(Loi Taubira)* als Verbrechen gegen die Menschheit deklariert.[20]

Die Langzeitfolgen wirken im politischen und ökonomischen Feld, sowie auf gesellschaftlicher und psychoanalytischer Ebene.

In den afrikanischen Ländern wurden Kulturen und Gesellschaften zerstört sowie die lokale Bevölkerung drastisch reduziert. Der Ökonom Nathan Nann der Universität Harvard zeigt in seinem Werk *„The long-term effects of Africa's Slave Trades"*[21] die drastischen Folgen auf die lokale Bevölkerung auf: Die Sklaverei führte zu politischer Instabilität und ökonomischem Stillstand, Bürgerkriege und Konflikte wurden provoziert, staatliche Institutionen und Rechtssysteme brachen zusammen. Er berechnete, dass es bis heute wirtschaftlich gesehen Spätfolgen der Sklaverei gibt, ebenso wie eine Einkommenskluft von 72 %. Nunn zeigte auf, dass die ökonomischen und politischen Folgen mit der Betroffenheit vom Sklavenhandel korrelieren.[22]

In Afrika fehlten plötzlich ganze Generationen und gesellschaftliche Strukturen wurden zerstört. Durch diese Verluste wurden unzählige Menschen schwer traumatisiert, ihre Angehörigen wurden entführt, ohne, dass sie je wieder von ihnen hörten oder wussten, was mit ihnen geschehen war und noch geschehen würde. Damit verloren die afrikanischen Länder Erwerbskräfte, Fortpflanzungspartner und eine wehrfähige Bevölkerung. Es ist laut Nunn davon auszugehen, dass auch heutige Fluchtbewegungen in afrikanischen Staaten (beispielsweise Gambia, Somalia oder Südsudan) noch auf die Sklaverei zurückzuführen sind.[23]

---

[18] Vgl. Sator 2020.

[19] Vgl. Heinemann 1990, S. 93 ff.

[20] Vgl. Sarr 2006, S. 81. 2001 wurde seitens des EU-Parlament der erste formale Schritt gesetzt. Taubira setzte durch, dass Frankreich den Sklavenhandel sowie Sklaverei als Verbrechen gegen die Menschheit zu akzeptieren.

[21] Vgl. Nunn 2008, S. 139–176.

[22] Vgl. auch Sarr 2010, S. 19 f.

[23] Vgl. Nunn 2008.

Aus historischen Aufzeichnungen weiß man, dass ab dem Jahr 1441 portugiesische Seefahrer auf dem Weg von Indien „menschliche Ware" aus Westafrika mitnahmen, um sie neben Gewürzen, Stoffen und Lebensmitteln am europäischen Markt anzubieten. Diese wurden an Adelige und Wohlhabende verkauft und dienten als exotische Dekoration.[24] Da immer mehr *Enslaved Persons* gebraucht wurden, siedelten sich Portugiesen in Westafrika an, bald darauf folgten Holländer, Briten und Franzosen.[25] Durch die Verlegung der spanischen Zuckerrohrproduktion in die Übersee-Kolonien startete 1502 der unmenschliche transatlantische Sklavenhandel.[26]

1530 stiegen die Engländer verstärkt in den Sklavenhandel ein; nachdem sie beim traditionellen Herrscher, dem Oba von Benin[27], vorstellig wurden, begann die königlich privilegierte britische Handelsgesellschaft der *Merchant Adventurers* einen Kaperkrieg gegen portugiesische Schiffe. Der Binnenweg wurde über die Besetzung einer Insel[28] im Mündungsgebiet des Gambia-Flusses erschlossen.[29]

Die Niederländer starteten ihre Kolonialisierungsbestrebungen mit der Übernahme von São Tomé und Príncipe sowie der Insel Gorée vor Dakar[30], in der Folge wurde Angola in Besitz genommen. Desgleichen wollte Frankreich nun seinen Anteil und annektierte Gorée sowie die 1642 niederländisch besetzten Orte an der Südseite des Cap Vert und an der Petite Côte – Rio Fresco (Rufisque), Portudal und Joal wurden 1674/77 erobert.[31]

Bald blühte ein transatlantischer Dreieckshandel: Französische Manufakturprodukte wurden nach Westafrika an die Handelsplätze an der Baie d'Arguin vor der mauretanischen Küste, der Senegal- und der Gambia-Flussmündung sowie

---

[24] Vgl. Nunn 2008, S. 33.

[25] Vgl. Sauer 1996, S. 24 f.

[26] Vgl. Zips und Kämpfer 2001, S. 34.

[27] Vgl. Bichler 1996, S. 34.

[28] Kunta Kinteh Island (bis 2011 James Island) nahe dem Dorf Juffure; Alex Haley schrieb im Roman „*Roots*", der besonders durch die Verfilmung weltberühmt wurde, über die Geschichte der *Enslaved Person* Kunta Kinteh, der aus dem Dorf Juffure nach Maryland, USA, verschleppt wurde. Alex Haley ist zudem der Biograf von Malcolm X. Die Insel ist seit 2003 UNESCO-Weltkulturerbe und wird von tausenden Afroamerikaner:innen jährlich im Rahmen von sogenannten Roots-Touren auf der Suche nach ihren kulturellen Wurzeln besucht. Vgl. https://whc.unesco.org/en/list/761/ [Zugriff am 02.10.2020] und Haley (1977).

[29] Vgl. Ansprenger 1984 und 1966.

[30] Vgl. Delcourt 1984.

[31] Vgl. Bichler 2003, S. 109–112.

am Cap Vert gebracht, dort wurden *Enslaved Persons* „erworben"[32]. Diese wurden wiederum an Plantagenbesitzer:innen in Brasilien, in der Karibik und im südöstlichen Nordamerika verkauft und das von ihnen gewonnene Zuckerrohr wurde nach Frankreich importiert. Lange Zeit war dieser „*demographische Aderlass*"[33] äußerst gewinnträchtig: Millionen Menschen wurden verschleppt und Senegambia entwickelte sich zu einem der afrikanischen Dreh- und Angelpunkte. Der Wohlstand der einen beruht daher auf dem Leid der anderen.[34]

Nachdem Großbritannien seinen wichtigsten Absatzmarkt, die nordamerikanischen Kolonien, mit der Souveränität der Vereinigten Staaten und der Untersagung des Sklavenhandels 1808 verloren hatte und darauf folgend auf ein allgemeines Verbot der Sklaverei drängte[35], wurde in Afrika der Sklavenhandel zu Beginn des 19. Jahrhunderts „unattraktiv".[36] Die Reaktion auf das Verbot der Sklaverei[37] war einer der Gründe für den Bürgerkrieg in den Südstaaten, da wirtschaftliche Probleme aufgrund des Ausfalls der günstigen bis kostenlosen Arbeitskräfte befürchtet wurden.[38]

Angekommen auf den Plantagen der sogenannten *Neuen Welt* erwartete die Afrikaner:innen „*totale physische Ausbeutung und unmenschliche Lebensbedingungen*".[39]

Den rechtlichen Rahmen bildeten die *Slave Codes,* darunter versteht man die gesetzlichen Bedingungen für den Sklavenhandel und die Versklavung selbst sowie etwaige Bestrafungen – eine Plantokratie.[40] Legitimiert wurde dies mit der Rassentheorie der „*angeborenen Minderwertigkeit*"[41] von Schwarzen Menschen, denen Wildheit, Primitivität, Kulturlosigkeit, etc. nachgesagt wurde.[42] „*Es wird ein gewisses Bild des Afrikaners erzeugt (...). Dabei verwendet der Sklavenbesitzer*

---

[32] Passender wäre geraubt oder entführt.

[33] Sarr 2006, S. 83.

[34] Vgl. Bichler 2003, S. 109–112 und Zips und Kämpfer 2001, S. 34 f.

[35] Auch auf Empfehlung des Wiener Kongresses 1815. Vgl. Bichler 2003, S. 113.

[36] Vgl. Bichler 2003, S. 113.

[37] Act to Prohibit the Importation of Slaves into any Port or Place Within the Jurisdiction of the United States. Vgl. Schneider 2015, S. 110.

[38] Vgl. Schneider 2015, S. 109–114.

[39] Zips und Kämpfer 2001, S. 35.

[40] Vgl. Zips und Kämpfer 2001, S. 35.

[41] Der amerikanische Anthropologe Josiah Nott zitiert in: Stenger 2012, S. 30.

[42] Vgl. Schneider 2015, S. 157 ff.

eine menschenverachtende Argumentation, wonach der Afrikaner als heidnisch und faul gilt und (…) nur mit brutaler Gewalt behandelt werden kann (…)."[43]

Im Gegensatz dazu profitierte ausschließlich Europa vom transatlantischen Dreieckshandel: Waren, Waffen und Nahrungsmittel wurden nach Afrika gebracht, dort gegen *Enslaved Persons* getauscht und diese nach Amerika und die Karibik verbracht und verkauft. Sogenannte *Kolonialwaren* (Gewürze, Tee, Kaffee, Tabak, etc.) wurden mit dem Ertrag aus den Sklavengeschäften angekauft und nach Europa verschifft, diese wurden dann hier teuer verkauft. Alles in allem ein profitables Geschäft für die europäischen Händler:innen.[44]

In den USA gab es direkte Auswirkungen auf die *Enslaved Persons* selbst, aber auch nach Jahrhunderten noch auf ihre Nachfahren. Nicht nur der Prozess der vollkommenen Entfremdung und Identitätsverlust aufgrund der kompletten Auslöschungen der Erinnerungsanker lösten Traumata aus, sondern auch der ständige Zustand der vollkommenen Unfreiheit. *„Sklaverei bezeichnet die völlige persönliche, rechtliche und wirtschaftliche Abhängigkeit eines Menschen von einem anderen."*[45] Diese Abhängigkeit von „seinem Herrn", seiner/m Besitzer:in, die:der über alles entscheiden kann und durch dieses Herrschaftsverhältnis[46] sogar die Fortpflanzung beschränken oder eine Tötung sanktionslos anordnen könnte, führte zu einer permanenten Angstsituation, die sich auch genetisch manifestieren konnte.[47] Auch posttraumatische Belastungsstörungen, die von den zugefügten Verletzungen, Verstümmelungen, Vergewaltigungen oder mitangesehenen Tötungen herrührten, traten häufig auf.[48]

Die Auswirkungen der Entwurzelung und die Suche nach der Herkunft betreffen heutige Nachfahren. DNA-Tests, die sogar die Ethnie der Vorfahren benennen können, boomen. Ebenfalls beliebt sind die sogenannten *„Roots-Tours"*[49], die Afroamerikaner:innen zu den Sklavenhäusern Westafrikas führen.

Eine der langwierigsten Folgen der Sklaverei, die bis dato existiert, ist Rassismus: immer noch sind rassistische Strukturen in den USA (und weltweit) gang und gäbe. Jalane Schmidt, Professorin an der University of Virgina für Religious

---

[43] Sarr 2006, S. 84. Dies ist die gleiche rassistische Theorie, mit der in der Klinik von Blida-Joinville vor dem Eintreffen von Frantz Fanon die unmenschliche Behandlung muslimischer Einheimischer argumentiert wurde. Vgl. Cherki 2001, S. 102.

[44] Vgl. Nunn 2008, S. 139–176.

[45] Schneider 2015, S. 11.

[46] Vgl. Sarr 2010, S. 20.

[47] Vgl. Domschke 2014, S. 90–95.

[48] Vgl. Gerrig 2015, S. 565.

[49] Benannt nach dem gleichnamigen Roman von Alex Haley 1977.

Studies mit Fokus auf Sklavenhandel, erklärt den historischen Zusammenhang folgendermaßen: „*Die Wurzeln der (…) Polizei in diesem Land waren Sklaven-Patrouillen. (…) Diese Patrouillen konnten jeden Schwarzen beliebig kontrollieren. Schwarze Körper, die sich frei bewegen, waren prinzipiell suspekt.*"[50] Der ehemalige Präsident Trump feuerte mit seinen Reden rassistische Debatten erneut an, er gilt sogar als Unterstützer des *Ku-Klux-Klans.*[51]

Auch in der Karibik gibt es bis heute traumatische Auswirkungen des Sklavenhandels, wie beispielsweise eine Studie von Heinemann[52] über Jamaika zeigt. Eine dieser Spätfolgen ist beispielsweise eine mögliche gestörte Eltern-Kind-Bindung, die von Ethnopsychoanalytiker:innen direkt von der Sklaverei abgeleitet wird. Die veränderten Sozialisierungsbedingungen, also die Verwehrung einer aktiven Mutter- und Vaterschaft wie in der Sklaverei gängig, führten zu veränderten Persönlichkeitsstrukturen. *Enslaved Persons* war die Ehe verboten, da diese Eigentum ihrer Besitzer:innen waren und daher jederzeit weiterverkauft werden konnten. Kinder wurden grundsätzlich nur von ihren Müttern oder anderen weiblichen *Enslaved Persons* aufgezogen, Väter kamen nicht vor. Diese vaterlosen Mutter-Kind-Beziehungen wurden auch nach Abschaffung der Sklaverei weitergeführt, da sie sich als Traumata verfestigt hatten. Aktuell gibt es durch die internationale Migration, die deutlich mehr Männer als Frauen betrifft, eine hohe Anzahl an reinen Frauenhaushalten: Schätzungen gehen von 70–83 % an unehelich geborenen Kindern aus. Als Folge von fehlenden Vater-Kind-Beziehungen kann es zu Desillusionierungen und gestörten Selbstwahrnehmungen kommen, diese können auch eine verstärkte Sehnsucht nach dem idealisierten Mutterimago[53] auslösen und Betroffene können diese durch verschiedene Extaseformen kompensieren. In Jamaika werden diese meist durch Musik, Tanz und meditativen Marihuana-Konsum hervorgerufen, laut Heinemann ein „*primärnarzisstischer Zustand*".[54] Darunter versteht man den psychoanalytischen Zustand im Säuglingsalter, sozusagen der Urzustand jedes Menschen, eine Einheit zwischen Mutter und Kind sowie die Grundbedürfnisse Hunger, Durst, Müdigkeit, Geborgenheit, etc. Eine Störung in der primärnarzisstischen Phase kann später zu einer

---

[50] Schmidt Jalane im Interview von Hautkapp 2020.

[51] Vgl. Abschn. 4.1.3.

[52] Vgl. Heinemann 1990.

[53] Unter Mutterimago versteht man ein aus dem kollektiven Unbewussten stammendes Mutterbild mit allen Möglichkeiten der Einseitigkeit und Übersteigerung (nach C.G. Jung). Elternimago bezeichnet übermächtige, beschützende und perfekte Vorbilder ohne Schwächen. Vgl. Lexikon der Psychologie (1971, 1991): Freiburg: Herder Verlag. S. 963.

[54] Heinemann 1990, S. 97.

psychischen Erkrankung führen.[55] Eine Lösung sehen die Jamaikaner:innen in der Sehnsucht, zum Mutterland Afrika zurückzukehren[56] und so das Elternimago zu idealisieren.[57]

4.1.2 Kolonialismus

> *„La négation de l'histoire et des réalisations intellectuelles des peuples africains noirs est le meurtre culturel, mental, qui a déjà précédé et préparé le génocide ici et là dans le monde. "*[58]

Cheikh Anta Diop

Die Sklaverei ist untrennbar mit dem Kolonialismus verbunden. Es ist kaum möglich den einen Bereich, ohne den anderen zu bearbeiten. Nachwirkungen dauern bis heute an.

Unter Kolonialismus versteht man *„die europäische Expansionspolitik, die im fünfzehnten Jahrhundert einsetzt und zunächst von Spanien, Portugal, den Niederlanden, Frankreich und England getragen wird. Sie führt zur vollständigen Verteilung aller außereuropäischen Gebiete der ökonomisch und militärisch stärksten europäischen Staaten untereinander. "*[59]

Schumann klassifiziert die Einteilung folgendermaßen:

> *„Grundsätzlich gehören ,Kolonialismus', ,Neokolonialismus', ,Postkolonialismus" und (…) ,Rekolonialisierung' zu den (…) Begriffen, mit denen die historischen Abschnitte benannt werden, in denen sich ein politisch und militärisch weitgehend nicht selbstregiertes, ökonomisch und kulturell unterdrücktes Land (…) befinden. "*[60]

---

[55] Vgl. Freud 1924, S. 6, 19–22, 32–33.

[56] Vgl. Abschn. 4.5.

[57] Vgl. Heinemann 1990, S. 39–56, 93–121.

[58] *„Die Verneinung der Geschichte und der intellektuellen Errungenschaften der schwarzen afrikanischen Menschen ist der kulturelle und geistige Totschlag, der dem Völkermord in dieser Welt vorausging und ihn möglich machte. "* Cheikh Anta Diop (1981): Civilisation ou barbarie. Paris: Présence africaine.
Cheikh Anta Diop (1923–1986) war ein senegalesischer Historiker, Ägyptologe, Anthropologe und Politiker. Er gilt als einer der Hauptvertreter des Afrozentrismus. Die Universität Dakar trägt seinen Namen.

[59] Schumann 2016, S. 22 f.

[60] Schumann 2016, S. 23.

Der frühe Kolonialismus der atlantisch-europäischen Seemächte, insbesondere Englands und Frankreichs, suchte in Übersee unbesiedeltes Land für Siedler:innen und gewinnträchtigen Handel mit europäischen Produkten.[61] Nach einer aufwendigen Kartographierung der Küstengebiete widmeten sich die Europäer:innen ihren eigentlichen Zielen: der Erschließung neuer Handelsgebiete, christlicher Missionierung und vor allem der Unterwerfung neuer Gebiete. Über Konstantinopel wurde schließlich auch der attraktive Handelsweg nach Indien und China zugänglich gemacht. Weitere europäische Staaten folgten[62], *„die Aufteilung der Welt wurde etwa gegen Ende des neunzehnten Jahrhunderts abgeschlossen. Weniger als zehn Staaten (…) waren daran beteiligt."*[63]

Der Sklavenhandel war seit dem 16. Jahrhundert zwischen Afrika, Europa und dem amerikanischen Kontinent präsent; ohne menschlichen Arbeitsnachschub wären beispielsweise die enormen Gewinne auf Zuckerrohrplantagen nicht möglich gewesen. Die Kolonialherren schätzten aber auch Gold und Elfenbein, dieses wurde ebenfalls aus Afrika importiert bzw. gestohlen. Auch hierfür konzentrierte man sich auf einige küstennahe Stützpunkte, Reisen ins Landesinnere hielt man für zu gefährlich.[64]

Doch nicht nur der Sklavenhandel war ein Merkmal dieser furchtbaren Periode, sondern auch völlig beliebige Vertreibungen aus den Heimatdörfern, Verpflichtung zu Zwangsarbeit in den Kolonialgebieten, Völkermorde, Ausbeutung von Bodenschätzen, usw.[65] *„Während man unter der Sklaverei ein gesellschaftliches Verhältnis versteht, welches Menschen das Recht gibt, andere Menschen zu kaufen, zu besitzen sowie (…) nach Belieben mir ihnen zu verfahren, stellt die Zwangsarbeit eine Arbeitspflicht dar, die durch Gewalt oder Androhung von Strafe erpresst wird."*[66]

Während des Siebenjährigen Krieges (1756–63) kam es auch in Westafrika zu massiven Veränderungen: Frankreich und Großbritannien stritten um die koloniale Aufteilung von Senegal und Gambia, es kam zu mehreren Verzichts- und Tauscherklärungen ohne jegliche Rücksichtnahme auf die lokale Bevölkerung – der sogenannte *„Wettlauf um Afrika"* hatte begonnen. Die Gelegenheit zur Vergeltung an Großbritannien erhielt Frankreich, die die USA unterstützten, durch den Unabhängigkeitskrieg der Vereinigten Staaten von Amerika; erst der Pariser

---

[61] Vgl. Bichler 2003, S. 109.

[62] Vgl. Schumann 2016, S. 41–55.

[63] Schumann 2016, S. 56.

[64] Vgl. Pelizaeus 2017, S. 212 f.

[65] Vgl. Pelizaeus 2017 und Schumann 2016.

[66] Bühl 2016, S. 255.

Friedensvertrag von 1783 stellte den ehemaligen französischen „Besitz" an der Westküste Afrikas wieder her. Ziel waren hier vor allem die Hafen- und Flussgebiete, damit Sklaverei und Handel getrieben werden konnte – es gab kaum andere Interessen.

Die koloniale Verwaltung in Afrika war autoritär und straff zentralistisch organisiert, Afrikaner:innen wurden keine politischen oder verwaltungstechnischen Entscheidungen zugetraut.[67] Nun starteten auch europäische Afrikareisende mit Forschungen im Landesinneren, der bekannteste unter ihnen war wohl Mungo Park.[68]

Besonders interessant erscheint die französische Sichtweise, dass sich Kolonialvertreter:innen wie beispielsweise General Louis Léon César Faidherbe, dessen Name in Verbindung mit *„kolonialer Unterdrückung, militärischer Gewalt und Willkürakten"*[69] steht, als Soldaten sehen, welche *„im Dienste und im Namen der französischen Nation (s)einen Beitrag zur Errichtung eines enormen Empire colonial leistete(n)."*[70] Sarr fügt folgendes hinzu: *„Mit Faidherbes Beispiel soll hier hauptsächlich die Bestätigung von Fanons These, wonach der Kolonialismus ein Gewaltakt sei, geliefert werden."*[71] Der Historiker Fabian Klose beschreibt in seinem Artikel *„Zur Legitimation kolonialer Gewalt"*[72] den Prozess der gewaltsamen Dekolonialisierung und zitiert dazu auch Fanon: *„Das Kolonialregime gewinnt seine Legitimität aus der Gewalt und versucht keinen Augenblick lang, über diese Natur der Dinge hinwegzutäuschen."*[73] Die Kolonialmächte setzten als Mittel gegen die Dekolonialisierung auch die Genfer Konventionen außer Kraft, völkerrechtswidrige Kriegsführung war üblich.[74]

Insgesamt sahen sich die Franzosen generell als die besseren Kolonialherren, da sie der Auffassung waren, durch die völlige Überstülpung französischer Kultur, Sprache und „Zivilisation" den Kolonisierten nur Gutes zu tun.[75] Als Rechtfertigung galt die Kolonialideologie, dass Frankreich als überlegene Nation

---

[67] Vgl. Bichler 2003, S. 108–117.

[68] Eine detaillierte Beschreibung beinhaltet die Biografie Parks: Park Mungo (1771–1806, 2005): Life and Travels of Mungo Park. Project Gutenberg. Interessant liest sich das Leben Parks beispielsweise auch im Roman von T. Coraghessan Boyle (1981): Wassermusik.

[69] Sarr 2011, S. 156.

[70] Sarr 2011, S. 156.

[71] Sarr 2012, S. 59.

[72] Vgl. Klose 2008, S. 249–274.

[73] Fanon 1961, 2008, S. 64.

[74] Vgl. Klose 2008, S. 274.

[75] Vgl. Bichler 2003, S. 61–67.

das Recht, wenn nicht gar die Pflicht hätte, um andere (für sie „unterentwick-elte") zu beherrschen. Frankreich sah es als seine Aufgabe, seine Kolonien und Kolonisierten zu „zivilisieren" und zu assimilieren.[76] Im Laufe der Französischen Revolution keimte der Gedanke, dass *„man als führende Nation eine Verpflichtung habe, den unterlegenen Völkern auf eine höhere Stufe zu helfen".*[77] Daraus resultierte auch die Idee, dass alle Untertanen zu französischen Staatsbürger:innen werden sollten (siehe nachfolgend *„Quatre Communes"*), diente aber hauptsächlich der Ausdehnung des Französischen Reiches. Der in den Kolonien entstandene Profit musste natürlich dem Mutterland zufließen.[78]

Das französische Imperium auf afrikanischem Boden umfasste mehr als ein Drittel des Kontinents, die Verwaltung erfolgte durch die Einteilung in AOF *(Afrique Occidentale Française)* und AEF *(Afrique Equatoriale Française)*. Im Ersten Weltkrieg übernahm Frankreich gemeinsam mit England die bis dahin deutschen Kolonien Togo und Kamerun als Mandate des Völkerbundes, ihrem Mandatsstatus entsprechend wurden sie aber von AOF und AEF getrennt. Zur Hauptstadt von AOF wurde Dakar ernannt, zur Hauptstadt Senegals Saint-Louis.[79]

Eine Besonderheit waren die *„Quatre Communes"* im Senegal: Île de Gorée, Rufisque, Saint-Louis und Dakar[80] erhielten das volle französische Stadtrecht. Außerhalb der vier Gemeinden galten die französisch beherrschten Territorien in Afrika als *‚Protektorate'*, ihre afrikanischen Einwohner:innen waren also *‚Protégés'*[81], damit bezeichnete man französische Untertanen im Rechtsstatus des *‚Indigénat'*, der aber politische Rechte ausschloss. Theoretisch stand jedem Untertanen, der anhand eines *Jugement supplétif* nachweisen konnte, dass sie:er in einer der vier Gemeinden geboren war, der Weg zum Bürgerrecht offen – tatsächlich konnten dies nur sehr wenige wirklich umsetzen. Aufgrund des Status als *„Sujet"* hatten sie in vielen Bereichen spezielle Regelungen[82] und waren dem Indigenat unterstellt. Ein eigenes Kolonialrecht (*„Droit colonial"*) regelte sowohl das Regierungssystem als auch das Verwaltungs- und Justizsystem in

---

[76] Vgl. Pelizaeus 2017, S. 217.

[77] Klimka 2014, S. 15.

[78] Vgl. Klimka 2014, S. 15.

[79] Vgl. Sarr 2011, S. 147.

[80] 1872 Saint-Louis und Gorée, 1880 Rufisque und 1887 Dakar (nach der Trennung von Gorée). Vgl. Bichler 2003, S. 118.

[81] Ab 1915 ‚Sujets'.

[82] Beispielsweise im Steuerrecht, Militärpflicht und in politischen Belangen und waren der Zwangsarbeit unterworfen, sofern es den öffentlichen Bereich betraf. Vgl. Albertini 1966, S. 323–357.

den Kolonien und war zudem auch für die moralischen und höchstpersönlichen Lebensbereiche zuständig.[83]

Zudem setzte in Europa Anfang des 20. Jahrhunderts eine verstärkte Rassenpolitik ein, die auf vermeintliche Unterschiede zwischen Afrikaner:innen und Europäer:innen verwies und so zu einem Wandel in der Kolonialpolitik führte: Die Assimilation galt als gescheitert, Assoziation sollte sie ersetzen. Am System der Ausbeutung und Fremdherrschaft änderte sich aber nichts.[84] Werke der Ethnologen Leo Frobenius, Marcel Griaule und Maurice Delafosse zeugten vom Reichtum der afrikanischen Kultur und möchten sie vom

> *„Ruf der Minderwertigkeit befreien und rehabilitieren. Auch die Bewegung der Renaissance noire in den USA, Freuds Psychoanalyse sowie der Surrealismus tragen zur Bewusstseinsbildung und Formulierung eines eigenständigen Identitätskonzepts bei, das (...) als Négritude bezeichnet wird (...) Die Négritude versteht sich als antithetischer Diskurs zur Assimilationsdoktrin."*[85]

Hier schließt sich wieder ein Kreis zu Césaire, Senghor und Damas und auch zu Fanon.

1914 wurde erstmals ein afrikanischer Citoyen zum Deputierten gewählt: Der Senegalese Blaise Diagne hatte das Mandat bis zu seinem Tode 1934 inne.[86] Im Ergänzungsgesetz zur Loi Diagne vom 29. September 1916 wurde festgelegt, dass das französische Bürgerrecht nicht nur in den alten Bürgergemeinden geborenen Senegales:innen zustehe, sondern ebenso allen ihren Nachfahren, selbst wenn diese nicht mehr in den *Quatre Communes* wohnhaft sind und/oder nicht in diesen geboren wurden. Damit erwirkte die Loi Diagne eine zumindest offizielle Festschreibung der Ebenbürtigkeit afrikanischer Bürger:innen mit Französ:innen und zeigte eine effektive Einflussnahme des einzigen afrikanischen Deputés auf die französischen Legislative.

Es war abzusehen, dass im Rahmen des Loi Diagne immer mehr Senegales:innen das Bürgerrecht anstreben würden; dies war aber nicht im Interesse Frankreichs, da sie dadurch immer mehr senegalesische und damit auch muslime Citoyen erhalten würden. Der Plan war eher, in der Kolonie Senegal eine

---

[83] Vgl. Rodet 2004, S. 90.

[84] Vgl. Albertini 1966, S. 323–357.

[85] Hartl 2013, S. 24.

[86] Vgl. Bichler 2003, S. 118 f. und Sarr 2011, S. 159. Der Nachfolger von Blaise Diagne, der Bürgermeister von Rufisque, Galandou Diouf, war bis 1941 Deputé, ebenfalls bis zu seinem Ableben.

lokale Elite mit eingeschränkten Kompetenzen in interner Verwaltung auszu-
bilden, dadurch blieben sie unter französischer Kontrolle und begehrten ob ihres
eher imaginären Bürgerrechts bei den eindeutigen Ungleichbehandlungen nicht
auf.[87]

In etwa im gleichen Zeitraum gründete Marcus Moziah Garvey die *UNIA*
(Universal Negro Improvement Association) und versuchte in Westafrika, auch
im Senegal, Mitglieder bzw. Möglichkeiten für eine Repatriierung zu finden.[88]
Blaise Diagne war ein Gegner von Marcus Garvey und der *UNIA,* er versuchte
u. a. mit der Abhaltung eines Panafrikanischen Kongress dessen Einfluss in Afrika
abzuwehren.

1944 fand die Konferenz von Brazzaville statt, um die Richtlinien der
künftigen Kolonialpolitik in Afrika festzulegen. Teilnehmende waren die Gener-
algouverneure und Gouverneure von AOF, AEF, Madagaskar und Réunion, hohe
Beamte aus Marokko, Tunesien und Algerien sowie eine Delegation des provi-
sorischen Parlaments, aber kein/e einzige/r Afrikaner:in waren dazu eingeladen.
Geplant war die Einführung einer innovativen Kolonialpolitik unter Einbeziehung
lokaler traditioneller Strukturen. Leider hatte diese Konferenz kaum nachhaltige
Bedeutung, es blieb wieder einmal nur bei Plänen, die lediglich – soweit nicht
die französische Macht einschränkend – angedacht, aber kaum durchgeführt
wurden. Der Fortbestand des französischen Imperiums sollte abgesichert werden und wurde es dadurch auch. Offiziell wurden zwar Abgeordnete aus dem
Überseegebieten eingesetzt, faktisch gab es aber ein Zweiklassenwahlrecht.[89]

Nach dem 2. Weltkrieg kam es zu ersten Dekolonialisierungsbestrebungen in
Afrika. Inspirationsquelle war auch hier wieder die Lehre von Marcus Moziah
Garvey sowie die dadurch angeregte *Négritude.*[90]

*„Der ‚Kolonialismus' wurde zum Teil der Geschichte (…). Dass er in jüngerer Zeit
von einer aktiveren Kolonialforschung als historische Erscheinung wieder neu aus-
geleuchtet wird, dient vor allem einer Umdichtung seines schändlichen Charakters in
ein fortschrittliches Instrument der Entwicklungspolitik."*[91]

Bis zum Ausbruch des Ersten Weltkrieges im Jahre 1914 lebte mehr als die Hälfte
aller Menschen dieser Welt in Kolonien. Während die amerikanischen Kolonien

---

[87] Vgl. Bichler 2003, S. 120.

[88] Vgl. Abschn. 4.5.

[89] Vgl. Bichler 2003, S. 123 f.

[90] Vgl. Abschn. 4.5.

[91] Schumann 2016, S. 17.

bereits im späten 18. und frühen 19. Jahrhundert unabhängig wurden, kann besonders die Zeit nach dem Zweiten Weltkrieg als Periode der Entkolonialisierung und des antikolonialen Befreiungskampfes Afrikas und Asiens charakterisiert werden. Ein vertieftes Interesse an verschiedenen Imperialismus- und Dependenztheorien in den sogenannten Zentren und Peripherien führte zu einer zunehmenden politischen Ächtung europäischer Vorherrschaft in Afrika und Asien sowie zu Befreiungskriegen in den Kolonien. Die Dekolonisation Afrikas setzte im Gefolge des Zweiten Weltkriegs ein und endete gleichzeitig mit der kolonialen Ära weltweit.[92]

Das wohl düsterste Kapitel der Kolonialisierung betrifft, wie schon in Abschn. 4.1.1. dargelegt, den Sklavenhandel: Schätzungen zufolge starben rund 15–22 Mio. Menschen in knapp 400 Jahren![93] Ausgehend von der gewaltsamen Versklavung Schwarzer Menschen, lehnten sich immer mehr Schwarze dagegen auf, ebenso gegen die Kolonialisierung und Ausbeutung afrikanischer Länder. *„Und ich sage, dass der Abstand zwischen Kolonisation und Zivilisation unendlich groß ist; dass man mit sämtlichen Kolonialexpeditionen, mit sämtlichen Kolonialstatuten, (…) zusammen nicht einen einzigen menschlichen Wert zustande zu bringen vermag.“*[94]

Auch wenn man die Periode der Kolonialisierung nur rein historisch betrachtet, so ist dennoch wenig Positives darüber zu berichten. Um es mit den Worten von Aimé Césaire zu sagen:

> *„Ich sehe deutlich jene, (…) in welche die Kolonisation den Keim des Verfalls hineingetragen hat (…) Weniger deutlich sehe ich was es an ihnen an Gutem beschert hat. Sicherheit? Bildung? Rechtsstaatlichkeit? (…) ich (…) sehe überall dort, wo Kolonisatoren und Kolonisierte sich (…) gegenüberstehen, Zwang, Brutalität, Grausamkeit, Sadismus (…).“*[95]

---

[92] Vgl. Pelizaeus 2017, S. 231–243.

[93] Heribert Becker spricht in seinem Vorwort zu Aimé Césaires *„Über den Kolonialismus“* sogar von 150 Mio. verschleppten Afrikaner:innen. Césaire 1950, 2017, S. 13. Vgl. auch https://de.statista.com/statistik/daten/studie/275122/umfrage/sklavenbevoelkerung-in-den-usa/ [Zugriff am 22.02.2021]. Der Global Slavery Index nennt eine Zahl von 40,3 Mio. in „modern Slavery" (z. B. Kinderarbeit, Zwangsprostitution, Einsatz von Kindersoldaten) im Jahr 2016 (letzter aktueller Wert), davon 71 % Frauen. Vgl. https://www.globalslaveryindex.org/ [Zugriff am 22.02.2021].

[94] Césaire 1950, 2017, S. 26.

[95] Césaire 1950, 2017, S. 37.

4.1.3 Afroamerikanische Bürgerrechtsbewegungen – Civil Rights Movements

„I just wanted to be free like everybody else. I did not want to be continually humiliated over something I had no control over: the color of my skin. "[96]

Rosa Parks

Die Bürgerrechtsbewegungen haben ihre Wurzeln in der Anti-Sklaverei-Bewegung. Ausgehend von ersten Sklavenrevolten 1712 in New York entwickelten sich die sozialen Bewegungen weiter, da die Unterdrückung der Schwarzen Bevölkerung, besonders in den Südstaaten, auch nach der Abschaffung des Sklavenhandels nicht aufhörte. Sie erreichten einen Höhepunkt in den 1950er und 1960er Jahren.[97]

Krones verortet die ersten Widerstandsbewegungen in der 2. Hälfte des 18. Jahrhunderts, besonders die Gemeinschaft der Quäker stellte sich gegen die Sklaverei, die sie als unmoralisch verurteilte.[98]

Aufgrund aktueller Ereignisse ist die Widerstandsbewegung, in anderer Form als im 18. Jahrhundert, immer noch aktiv:[99] *„Schwarze werden nicht als gleichberechtigter Teil der Bevölkerung wahrgenommen (...). Sondern als Bedrohung, die in Schach zu halten ist. Dieser Rassismus ist unendlich tief in der Psyche unseres Landes verwurzelt. "*[100]

Wie bereits erörtert stellt Rassismus eine der bis dato anhaltenden Nachwirkungen des Sklavenhandels dar. Der im Abschn. 3.3. erwähnte *Code Noir* (von Jean-Baptiste Colbert vorbereitet und von Ludwig XIV erlassen) legte einen Grundstein für dieses menschenverachtende Verhalten, das die Sklaverei abseits von ökonomischen Gründen legitimierte.[101] Wie tief der Rassismus in den Überzeugungen mancher US-Amerikaner:innen verwurzelt ist, zeigten zahlreiche Übergriffe auf Schwarze Menschen insbesondere in der Regierungszeit Donald Trumps.[102]

---

[96] Rosa Parks zitiert in: Brinkley Douglas (2000): Rosa Parks. New York: Lipper/Viking. S. 232.

[97] Vgl. Archer 1993, S. 2.

[98] Vgl. Krones 2010, S. 24.

[99] Siehe Vorwort.

[100] Schmidt Jalane im Interview von Hautkapp 2020.

[101] Vgl. Sarr 2006, S. 85–86.

[102] Dazu mehr später in diesem Kapitel.

Einer der Schwerpunkte in der Anti-Sklaverei-Bewegung lag im Engagement für die Durchsetzung von Bürgerrechten von Afroamerikaner:innen. Ausgehend von geheimen Treffen in Kirchen sollen sich Bürgerrechtsbewegungen im 19. Jahrhundert formiert haben.[103]

Nach dem offiziellen Verbot der Sklaverei 1808 waren zwar die US-Bürger:innen im Norden des Landes zufrieden gestellt, nicht aber die der Südstaaten. Im Norden der USA war kein Bedarf an *Enslaved Persons* vorhanden, hier gab es bereits ausreichend Industrie. Im Süden hingegen wurde aus ökonomischen Gründen scharf gegen die Abschaffung protestiert, die Eliten wollten am System der Sklaverei festhalten und so den Zugriff auf kostenlose oder billige Arbeitskräfte aufrechterhalten. Zudem wollten sich die Südstaaten selbst verwalten und von Washington D.C. unabhängig sein. Dies gipfelte in einen Bürgerkrieg zur Weiterführung der Sklaverei, der mit der Abolition im gesamten Staatsgebiet der Vereinigten Staaten endete.[104]

Dazu wurden unter Präsident Lincoln drei Verfassungszusätze zwischen 1865 und 1869 erstellt (Abb. 4.2): Zusatzartikel 13[105] *„erklärte die Sklaverei im gesamten Gebiet der Vereinigten Staaten für rechtswidrig und hob somit die Sklaverei auf. Der 14. zusätzliche Artikel[106] erweiterte den Schutz der Bürger auf alle Rassen und der 15. Artikel[107] ermöglichte die Abschaffung der Rassenbeschränkungen bei den Wahlen."*[108] Aufgrund dieser Verfassungsänderungen hofften viele Schwarze nun endlich als gleichberechtigte Bürger:innen anerkannt zu werden.[109]

Zur Umgehung der Gleichstellung führten die Südstaaten jedoch die sogenannten *„Black Codes"* ein: Damit wurden die Rassentrennung, diverse Verbote

---

[103] Vgl. Krones 2010, S. 33 f.

[104] Vgl. Krones 2010, S. 32 und S. 116.

[105] *„Neither slavery nor involuntary servitude, except as a punishment for crime whereof the party shall have been duly convicted, shall exist within the United States, or any place subject to their jurisdiction."* (6. Dezember 1865).

[106] *„All persons born or naturalized in the United States, and subject to the jurisdiction thereof, are citizens of the United States and of the State wherein they reside. No State shall make or enforce any law which shall abridge the privileges or immunities of citizens of the United States; nor shall any State deprive any person of life, liberty, or property, without due process of law; nor deny to any person within its jurisdiction the equal protection of the laws."* (9. Juli 1868)

[107] *„The right of citizens of the United States to vote shall not be denied or abridged by the United States or by any State on account of race, color, or previous condition of servitude."* (3. Februar 1870

[108] Bengelsdorf 2009, S. 5.

[109] Vgl. Zips und Kämpfer 2001, S. 106.

Abb. 4.2 The House Joint
Resolution Proposing the
13th Amendment to the
Constitution, January 31,
1865; Enrolled Acts and
Resolutions of Congress,
1789–1999; General
Records of the United
States Government; Record
Group 11; National
Archives. (Mit freundlicher
Genehmigung von Black
Past)

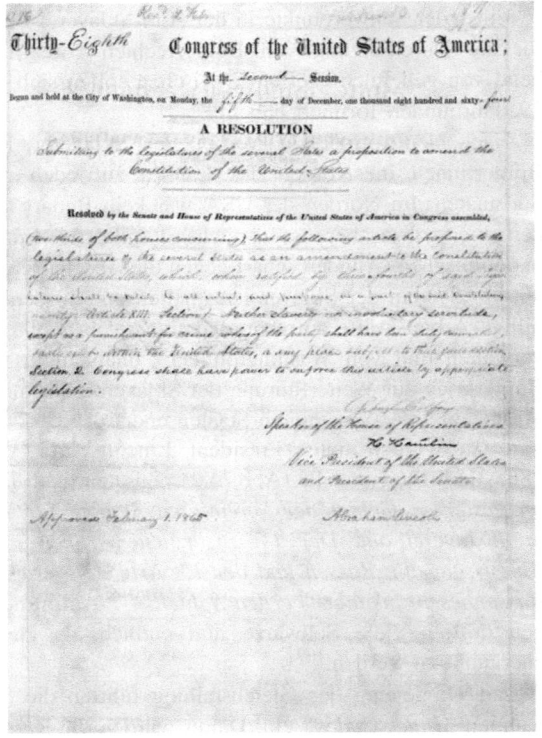

Schwarzer Arbeitskraft in Handel und Handwerk, Beschränkungen im Land-
und Immobilienbesitz sowie Einschränkungen an der Teilhabe am politischen
Leben juristisch legitimiert. Weitere Schikanen wie die *Großvater-Klausel* wurden
eingeführt:

> *„Dazu dienten (…) die sogenannten „Poll-Tax"-Gesetze, die das Wahlrecht an*
> *die Zahlung von Steuern koppelten. (…) [Sie] enthielten häufig eine sogenannte*
> *„Großvater-Klausel", die jene von der Zahlung der Steuern ausnahm, deren Vorfahren*
> *schon wahlberechtigt waren. Damit wurden die meist sehr hohen Steuern faktisch nur*
> *von ehemaligen Sklaven (…) gefordert, die diese jedoch in der Regel nicht zahlen*
> *konnten. Zudem durften die (…) Angehörigen der ethnischen Minderheiten sich (…)*
> *nur dann in (…) an Wahlen teilnehmen, wenn sie vorher erfolgreich einen Lese- und*
> *Rechtschreibtest bestanden hatten. Als immer mehr Afroamerikaner alphabetisiert*

waren, führten viele Südstaaten Wissens- und Verständnistests zur Überprüfung ihrer politischen Bildung ein. "[110]

All dies paralysierte den Entstehungsprozess der politischen Repräsentation der Schwarzen Bevölkerung.[111]

Unter dem Motto „*Seperate, but equal*" wurden Gesetze zur Rassentrennung 1896 vom Obersten Gerichtshof bestätigt.

Bereits 1865 wurde der *Ku-Klux-Klan*[112] gegründet, der bis heute für einen Großteil der Gewalt, Diskriminierung und Lynchmorde an PoC verantwortlich ist.[113] Auch Earl Little, der Vater von Malcolm X, wurde von ihnen aus rassistischen Gründen ermordet.[114]

Der *Ku-Klux-Klan* wurde ursprünglich von christlichen Bürgerkriegsveteranen aus den Südstaaten als Antwort auf das Verbot der Sklaverei gegründet. Er gilt als „*rassistisch-nativistischer Geheimbund europäisch-stämmiger Männer. Sein politisches Hauptziel war die Verteidigung der Vorherrschaft der weißen ‚Rasse'*".[115]

Insgesamt gab es sechs Phasen des Klans, die erste war 1865–1877. „*In dieser Anfangsphase des Klans bestanden dessen Hauptaktivitäten darin, (…) durch die Stadt zu reiten und den freigelassenen Sklaven Angst einzujagen. Zu diesem Zweck maskierten sie sich (…) mit weißen Leintüchern und spielten mit dem Aberglauben der schwarzen Bevölkerung.*"[116] 1870 kam es zu einer Einstufung des *Ku-Klux-Klans* als „*terroristische Organisation*", darauffolgend wurde er 1871 offiziell aufgelöst. Bereits in dieser ersten Phase kam es zu tausenden Morden, Verstümmelungen, Vertreibungen und Drohungen sowie zahlreichen Brandstiftungen. Nicht nur Schwarze fielen dem *Ku-Klux-Klan* zum Opfer, sondern auch Weiße, die beispielsweise an Schwarzen Schulen unterrichteten oder sich weigerten an der Menschenhatz teilzunehmen. Der *Ku-Klux-Klan* trat gegen Bildung für Schwarze auf, daher waren Schulen und Lehrer:innen häufige Opfer ihrer Gewalt.

Mit dem Beginn der Regierungsperiode des Republikaners Rutherford B. Hayes als Präsident der Vereinigten Staaten (1877) endete diese erste Periode des *Klans,* da seine Präsidentschaft die Nord- und Südstaaten wieder vereinigen

---

[110] https://www.bundestag.de/resource/blob/384408/42bc0e69f2705d172edd530075b 17c74/voting-rights-act-data.pdf [Zugriff am 05.09.2020].

[111] Krones 2010, S. 35.

[112] Der *Ku-Klux-Klan* wird auch als *Invisible Empire* bezeichnet, es leitet sich vom griechischen Wort *ho kýklos* (der Kreis) phonetisch ab. Vgl. Unger 2005, S. 796–798.

[113] Vgl. Bengelsdorf 2009, S. 6.

[114] Vgl. Abschn. 3.1.

[115] Unger 2005, S. 264.

[116] Zauner 2013, S. 5.

konnte. Für die Schwarzen im Süden veränderte sich kaum etwas, da sie weder als Staatsbürger anerkannt wurden noch das Wahlrecht oder das Recht auf gute Bildung hatten.

In der zweiten Phase (1915–1944) wurde dieser vom ehemaligen Methodistenprediger William Joseph Simmons 1915 neu gegründet, das brennende Kreuz wurde zum wichtigsten Symbol. Diese Periode wurde durch die Filmvorführung von „*The Birth of a Nation*" von D. W. Griffith eingeläutet, einer den *Klan* glorifizierenden Film mit der Hauptaussage, dass das arische Geburtsrecht verteidigt werden müsse. Präsident Woodrow Wilson erhielt eine Privatvorführung im Weißen Haus und war daraufhin so begeistert, dass der Film in allen Programmkinos des Landes gezeigt wurde. Der *Klan* definierte sich nun als antikommunistisch und antisemitisch, er trat gegen jegliche Migration auf. Die Einwanderungswellen aus England, Deutschland, Italien, Russland, etc. trugen dazu bei, dass sich die *Klan*-Unterstützer:innen in ihrem Rassenhass und Antisemitismus weiter gestärkt fühlten. Sogar Kindergruppen, in denen Kinder ab 3 Jahren zu „Nachwuchsrassisten" und „Ariern" erzogen wurden, hatten regen Zulauf.

Nach einer erneuten Auflösung in den 1940er Jahren bildeten sich kleinere Ortsgruppen in den 1960er Jahren – die dritte Phase dauerte von 1945 bis 1974. Nun war der „Auslöser" der Neugründung die Einwanderung von Juden, die aus Europa geflüchtet waren. Da die USA nun auch Mitglied der *United Nations* waren, rief Präsident Harry S. Truman im Dezember 1946 eine Kommission für Menschenrechte ins Leben. Diese sollte gegen den *Klan* auftreten und eine Aktivierung verhindern. In der Folge zeigte sich aber auch, dass der *Ku-Klux-Klan* immer weniger Rückhalt aus der Bevölkerung erhielt und deutlich weniger Zulauf hatte. Seine Hauptaufgabe in dieser Phase definierte der *Klan* nun in der Bewahrung der Segregation in Schulen. Durch interne Zerwürfnisse und geringen Zuspruch aus der Bevölkerung löste sich der *Ku-Klux-Klan* 1974 auf.[117]

Kurze Zeit später errang David Duke die Position des *Grand Wizard*[118] und führte den *Klan* durch die vierte Periode (1974–1985). Sein Ziel war die politische Mitgestaltung des Landes und ein klares Auftreten gegen die Diskriminierung der Weißen[119]. Erstmals durften auch Frauen Mitglieder werden. In der Öffentlichkeit trat Duke betont staatsmännisch, gelassen und höflich auf. So

---

[117] Vgl. Zauner 2013, S. 4–28.

[118] Bezeichnung der Führungsposition innerhalb des *Ku-Klux-Klans*.

[119] In diesem Zeitraum kam es erstmalig zu Forderungen für eine Gleichstellung von Frauen, Minderheiten, Latinos, Schwarzen, und Homosexuellen; die USA erlebten die Nach- und Auswirkungen des Vietnam-Krieges, des Kalten Krieges, der nuklearen Aufrüstung sowie einer hohen Einwanderungsrate. Der *Klan* vermittelte der Bevölkerung, dass aufgrund dieser

schaffte er es binnen kurzer Zeit, dass die Anzahl der Mitglieder, die an einen gewandelten *Klan* und dessen Lösungsansätze glaubten, deutlich bis auf rund 10.000 Personen stieg. Nun starteten auch Kooperationen mit Nazigruppierungen. Mitte der 1980er Jahre löste sich der *Klan* erneut auf, da die Kluft zwischen dem öffentlich besonnen wirken wollenden David Duke und seinem radikalen Kontrahenten Bill Wilkinson, der zu Gewalt aufrief, zu groß wurde.

Die fünfte Phase des *Ku-Klux-Klans* existierte anfangs noch parallel zur vierten Periode. Die Mitglieder bezeichneten ihn als 33–5: K als 11. Buchstabe des Alphabets, KKK = 33 und 5 für die fünfte Phase des *Klans*. Das klare Ziel war *White Supremacy*. Der *Klan* plante eine Eliteorganisation zu werden und startete militärische Ausbildungen in enger Zusammenarbeit mit Ultrarechten. Nach der Verhaftung ranghoher Mitglieder endete diese Periode 1987.[120]

In den letzten Jahren zählte der *Klan* in seiner sechsten Phase nicht mehr als 5000 Mitglieder in rund 80 und 150 *Klan*-Gruppierungen, meist in enger Verbindung mit Neonazi- und Skinhead-Gruppen. Die Mobilisierung der Mitglieder findet hauptsächlich im Internet statt. Aktuell hat der *Ku-Klux-Klan* (Abb. 4.3) keine große Bedeutung mehr, ist aber immer noch als potenziell äußerst gefährlich einzuschätzen.[121]

Abgesehen von den menschenunwürdigen Aktionen des *Ku-Klux-Klans* legitimierte die amerikanische Politik rassistische Gesetze und Verfassungen und trug so zu weiterer Diskriminierung bei. Vor diesem Hintergrund wurden die Jim-Crow-Gesetze 1865 eingeführt und galten bis in die 1960er Jahre:

> *„Auf dem Spiel stand das Ende der Rassentrennung, die seit der Abschaffung der Sklaverei das Leben der Afroamerikaner bestimmt hatte. (…) wo immer sie sich aufhielten, wiesen Schilder mit der Aufschrift ‚Whites only‘ oder ‚Colored‘ den Schwarzen ihren Platz zu. Doch ging es nicht allein um die physische Segregation von Schwarzen und Weißen. Rassentrennung bedeutete Stigmatisierung und Entrechtung, sie bedeutete den Ausschluss von Bildung und wirtschaftlichem Aufstieg. Jim-Crow-System nannte man die rassistische Kastenordnung (…), nach dem Stereotyp des (…) dummen Schwarzen ("Jim, die Krähe").“*[122]

Umstände Weiße benachteiligt werden würden und PoC, Latinos, etc. bevorzugt wurden. Vgl. Zauner 2013, S. 30.

[120] Vgl. Zauner 2013, S. 29–33.

[121] Vgl. Krones 2010, S. 34–39, vgl. Zauner 2013, S. 19, 34–35 und 87 ff.

[122] https://www.zeit.de/2014/25/civil-rights-act-rassentrennung [Zugriff am 25.01.2019].
Der weiße Komiker Thomas D. Rice entwickelte die Figur des dummen Schwarzen namens Jim Crow rund um 1832 und stellte diese selbst (mit *Blackface*) dar. *„Ähnlich wie die Figur des „Jim Crow" wurden die Schwarzen als ständig fröhliche, singende, tanzende und naive Sklaven dargestellt. Waren es zu Beginn Weiße, die sich mit Kohle schwarz schminkten,*

Abb. 4.3 Ku-Klux-Klan 1922. (Fotocredit: William Arthur Swift, Public domain, via Wikimedia Commons)

Damit wurde eine öffentliche Segregation legitimiert, diese betraf sämtliche Bildungsstätten, öffentliche Verkehrsmittel und Einrichtungen, Freizeitanlagen und Krankenhäuser (Abb. 4.4).

> *„Die Bürgerrechtsbewegung entstand (…) nicht aus dem Selbstbewusstsein heraus, frei geworden zu sein. Vielmehr fühlten sich die vormaligen Sklaven (…) unsicher und unterdrückt. Resignation oder bestenfalls Assimilationsversuche an die bestehende Jim-Crow-Gesellschaft, (…), kennzeichneten die Situation der Afroamerikaner um die Jahrhundertwende."[123]*

---

so wurden im Laufe der zweiten Hälfte des 19. Jahrhunderts auch Schwarze engagiert, sich über Schwarze lustig zu machen." Ortner 2012, S. 105.

[123] Dietrich 2008, S. 32.

Abb. 4.4 Segregation in Durham, North Carolina, Bahnhof 1940. Jack Delano, Public domain, via Wikimedia Commons

Die NAACP[124] wurde 1909 als überregionale Nachfolgeorganisation des *Niagara Movements*[125] gegründet, Ziel war der politische Kampf gegen die Rassentrennung sowie die Schaffung von Ausbildungsprogrammen für Schwarze. Hauptakteur beider Bewegungen war der renommierte Historiker und Soziologe William Edward Burghardt (W. E. B.) DuBois.[126] Die NAACP unterstützte

---

[124] *National Association for the Advancement of Colored People.* Die Organisation wurde ursprünglich zur juristischen Unterstützung Schwarzer vor Gericht gegründet, bald darauf wurde der Zweck auf eine allgemeine Verbesserung der Lebenssituation Schwarzer erweitert. Vgl. Krones 2010, S. 38.

[125] 1905 von W.E.B. DuBois gegründet, war das Ziel der Bewegung u. a. ein Ende der Diskriminierung Schwarzer. Vgl. Williams 2010, S. 337.

[126] W.E.B. DuBois wurde 1868 in Massachusetts, als Sohn einer Schwarzen Mutter und eines weißen Vaters geboren. Erste Diskriminierungserfahrungen machte er an der Universität in Tennessee, dies bekräftigte seine Überzeugung, dass Bildung der Schlüssel zur Beseitigung

mehrere Gerichtsverfahren und konnte sogar Verfassungsänderungen durchsetzen, beispielsweise die Abschaffung der *Großvater-Klauseln* (1915) sowie der Segregation in Schulen (1954).

Der Abschaffung der Segregation in Schulen stellte sich 1957 ein weißer Mob mit Billigung des Gouverneurs in Little Rock, Arkansas, entgegen, als neun Schwarze Schüler:innen die Little Rock Central High School besuchen wollten, die bis dahin nur Weißen zur Verfügung stand. Erst durch das Einschreiten von Präsident Eisenhower und der Nationalgarde von Arkansas konnten die Schüler:innen die Schule schlussendlich besuchen.[127]

Als bedeutender Meilenstein der Bürgerrechtsbewegungen wird der Bus-Boykott von Montgomery von 1955/56 angesehen: Rosa Parks, eine Schwarze Bürgerin, wollte sich nach einem langen Arbeitstag als Schneiderin am 1. Dezember 1955 im Autobus setzen und weigerte sich, ihren Platz für einen Weißen zu räumen. Ihre darauffolgende Inhaftierung löste einen regionalen Boykott aus: Die afroamerikanische Bevölkerung der Stadt, rund 42.000 Menschen, benützte über ein Jahr lang das Busunternehmen nicht und brachte es damit in enorme wirtschaftliche Schwierigkeiten.

Der Anführer dieses Protests und zentrale Figur der Bürgerrechtsbewegungen war der Baptistenpfarrer Martin Luther King, Jr. (Abb. 4.5).

Er wurde am 15. Januar 1929 in Atlanta, Georgia, als Sohn der Lehrerin Alberta Christine Williams King und des Baptistenpfarrers Michael King Sr.[128] geboren. Nach einem Abschluss in Soziologie studierte er Theologie am *Crozer*

---

von Vorurteilen und Rassenungleichheit sei. Nach Studien in Berlin und Heidelberg entwickelte er seinen panafrikanischen Nationalismus. DuBois promovierte als erster Schwarzer 1895 in Harvard. Vgl. Zips und Kämpfer 2001, S. 125–129.

[127] Vgl. Krones 2010, S. 44.

[128] Geboren als Michael King Jr. wurde sein Name 1934 auf Martin Luther King Jr. geändert; der Vater war damals auf Deutschlandreise und so beeindruckt von Martin Luther, dass er sowohl sich selbst als auch seinen Sohn umbenennen ließ. Vgl. Dietrich 2008, S. 85.

Theological Seminary in Pennsylvania und promovierte 1955 zum Doktor der Philosophie an der Boston University in Massachusetts zum Thema „*A Comparison of the Conceptions of God in the Thinking of Paul Tillich and Henry Nelson Wieman*". Seit seinem 17. Lebensjahr unterstützte er seinen Vater als Hilfsprediger. Nach seiner Hochzeit mit Coretta Scott Williams[129] (1953) trat er 1954 eine Stelle als Pastor in der *Dexter Avenue Baptist Church* in Montgomery, Alabama, an.

Im Rahmen des Busboykotts von Montgomery begann er seine intensive Auseinandersetzung mit Ghandis Thesen vom gewaltfreien Widerstand.[130] „*Entgegen der Auffassung (…) wie z. B. Jean-Paul Sartre (1961: 28)*[131], *der die Meinung vertrat, Dekolonisation könne „nur als Folge eines entscheidenden und tödlichen Zusammenstoßes der beiden Protagonisten geschehen", vertrat Gandhi die Meinung, dass Gewaltlosigkeit der einzig richtige Weg des Widerstands ist (…).*"[132] Fanons Aussage „*Dekolonisation ist immer ein Phänomen der Gewalt*"[133] wäre hier meiner Meinung meiner nach das passendender Gegenzitat.

Malcolm X war lange Zeit Kings Gegenspieler[134], da er davon ausging, dass gewaltfreier Widerstand keinen Sinn machen würde, im Gegenteil, die Weißen würden nur die Sprache der Gewalt verstehen. Ähnlich sah es auch Fanon, der darlegte, dass das Ende der Kolonialherrschaft nur durch Gewalt erreichbar wäre und dadurch bildlich gesprochen der Motor zur Unabhängigkeit sei.[135]

Kings gewaltfreier Widerstand wurde von den Behörden als Bedrohung gesehen, das FBI beobachtete ihn. Mit seiner beeindruckenden Rhetorik schaffte er es, seine Wut über die anhaltende Unterdrückung der Schwarzen mit einem Aufruf zur Gewaltfreiheit zu verknüpfen – das eine widersprach nicht dem anderen, verwirrte aber das FBI.

---

[129] Der Ehe entsprangen vier Kinder: Yolanda Denise, Martin Luther III, Dexter Scott, Bernice Albertine. Vgl. Herzog 2009, S. 7–8.

[130] Mahatma Gandhi (1869–1948) gilt als Vorreiter des gewaltfreien Widerstandes *(Satyagraga)*. Er war hauptverantwortlich für die Erreichung der Unabhängigkeit Indiens von dessen Kolonialherren und kämpfte gegen Grausamkeiten des Kastensystems. Sein Einsatz für Menschenrechte mit gewaltlosen Mitteln inspirierte viele Menschen weltweit, besonders aber Martin Luther King. Vgl. Friederici 2008, S. 3.

[131] Anm. der Autorin: Die Zuordnung ist nicht korrekt, dieses Zitat stammt von Frantz Fanon, Kap. 1. Von der Gewalt 1961, S. 28.

[132] Fanon 1961, S. 3.

[133] Fanon 1961, S. 27.

[134] Erst kurz vor Malcolm X Ermordung fanden die beiden freundschaftlich und respektvoll zueinander.

[135] Vgl. Abschn. 4.2.3 und 4.2.4.

„Würde Hass mit gleichen Mitteln beantwortet werden, würde dies den Hass in der Welt nur vermehren. Der gewaltlose Widerstandskämpfer muss diese Kette nun durchbrechen, indem er seinem Widersacher/seiner Widersacherin mit Liebe und Verständnis begegnet".[136] Kings Prämissen waren Ruhe, Ausgeglichenheit und Liebe – trotz aller Diskriminierung und rassistischen Behandlungen. Seine Theorie des gewaltfreien Widerstands wurde durch die von der NAACP eingereichte Verfassungsbeschwerde beim Obersten Gerichtshof (Dezember 1956) bekräftigt, da diese nicht ausschließlich den öffentlichen Verkehr betrafen, sondern sämtliche Segregationsgesetze.[137]

Am 28. August 1963 fand der *„March on Washington for Jobs and Freedom"* statt, erstmals nahmen verschiedenste religiöse und politische Gruppen daran teil, insgesamt rund 250.000 Menschen. Hier hielt er seine berühmte Rede *„I Have a Dream"* zur Forderung der Abschaffung der Segregation. Die gesamte Veranstaltung war streng geplant, eigene Transparente durften nicht verwendet werden, in vielen Bereichen gab es genaue Vorgaben. Damit wollte man eine ausschließlich positive Aufmerksamkeit erreichen und den bereits begonnenen Gesetzgebungsprozess für die neuen Bürgerrechtsgesetze nicht gefährden. Zahlreiche Hollywood-Stars wie Paul Newman, Charlton Heston oder Harry Belafonte nahmen öffentlichkeitswirksam teil. Einer der stärksten Kritiker war Malcolm X, der in der Veranstaltung lediglich einen „Zirkus" sah:

> *„It became (...) a circus. Nothing but a circus, with clowns and all. (...) No, it was a sellout. It was a takeover. (...) They controlled it so tight, they told those Negros what time to hit town, how to come, where to stop, what signs to carry, what song to sing, what speech they could make, and what speech they couldn't make; and then told them to get out of town by sundown. And every one of those Toms was out of town by sundown."*[138]

Andere Stimmen meinten, durch die strikten Vorgaben konnten erstmals auch viele Weiße zur Teilnahme motiviert werden und sahen dies als Erfolg. Trotz der kontroversen Diskussionen kann davon ausgegangen werden, dass dieser Protestmarsch schlussendlich den Beschluss des *Civil Rights Act* auslöste, der 1964 das Ende der Rassentrennung in den USA einläutete.[139]

---

[136] King, Jr. 2000a, S. 121, zitiert in: Stenger 2012, S. 87.

[137] Vgl. Stenger 2012, S. 100.

[138] Malcolm X: Message to the Grass Roots (Rede) 10.11.1963, Detroit. Zitiert in: Breitman 1990, S. 3–16.

[139] Rohr 2015, S. 175–184.

Die Rede „*I have a dream*" gilt bis heute als eine der besten politischen Reden überhaupt und markierte einen Wendepunkt in den afroamerikanischen Bürgerrechtsbewegungen. Nachfolgend die wichtigsten Auszüge aus dieser Rede:

> „*Five score years ago, a great American, in whose symbolic shadow we stand today, signed the Emancipation Proclamation. This momentous decree came as a great beacon light of hope to millions of Negro slaves (...) who had been seared in the flames of withering injustice. (...) But one hundred years later (...), the Negro still is not free. (...) One hundred years later, the life of the Negro is still sadly crippled by the manacles of segregation and the chains of discrimination. (...) And so we've come here today to dramatize a shameful condition. (...) When the architects of our republic wrote the magnificent words of the Constitution and the Declaration of Independence (...), they were signing a promissory note to which every American was to fall heir. This note was a promise that all men, yes, black men as well as white men (...), would be guaranteed the unalienable rights of life, liberty, and the pursuit of happiness. It is obvious today that America has defaulted on this promissory note insofar as her citizens of color are concerned. (...) Now is the time (...) to make real the promises of democracy. (...) Now is the time (...) to lift our nation from the quicksands of racial injustice to the solid rock of brotherhood. (...) 1963 is not an end, but a beginning. (...) There will be neither rest nor tranquility in America until the Negro is granted his citizenship rights. (...) We can never be satisfied as long as the Negro is the victim of the unspeakable horrors of police brutality. (...) I say to you today, my friends (...) I have a dream (...) that one day (...) this nation will rise up and live out the true meaning of its creed (...). I have a dream that one day on the red hills of Georgia (... the sons of former slaves and the sons of former slave owners will be able to sit down together at the table of brotherhood. I have a dream (...) that one day even the state of Mississippi, (...), sweltering with the heat of oppression (...), will be transformed into an oasis of freedom and justice. I have a dream (...) that my four little children (...) will one day live in a nation where they will not be judged by the color of their skin but by the content of their character. (...) We will be able to work together, to pray together, to struggle together, to go to jail together (...), to stand up for freedom together (...), knowing that we will be free one day. (...) Let freedom ring (...). And when this happens (...) and when we allow freedom ring (...), we will be able to speed up that day when all of God's children (..), black men (...) and white men (...), Jews and Gentiles, Protestants and Catholics (..), will be able to join hands and sing in the words of the old Negro spiritual: "Free at last! (...) Free at last! Thank God Almighty, we are free at last!"*[140]

So erlangte der gewaltfreie Widerstand durch zivilen Ungehorsam weltweite Aufmerksamkeit und wurde schließlich 1964 mit der Verleihung des Friedensnobelpreises an Martin Luther King Jr. auch international gewürdigt.[141]

---

[140] https://kinginstitute.stanford.edu/king-papers/documents/i-have-dream-address-delivered-march-washington-jobs-and-freedom [Zugriff am 13.03.2021].

[141] Vgl. Archer 1993, S. 130 ff.

Ebenfalls zur Basis der Bürgerrechtsbewegungen der 1960er Jahre wurde eine Rede von Malcolm X, nicht nur eine der berühmtesten Ansprachen dieser Zeit, sondern auch einer der Auslöser für die Bildung der *Black Panther Party* und weiterer Bürgerrechtsbewegungen: *„Message to the Grass Roots"* (10. November 1963, Northern Negro Grass Roots Leadership Conference, King Solomon Baptist Church in Detroit, Michigan). Diese Rede gilt als rhetorisches Meisterwerk und findet sich unter den besten hundert der amerikanischen Reden des 20. Jahrhunderts:

> *„We want to have just an off-the-cuff chat between you and me — us. We want to talk right down to earth in a language that everybody here can easily understand. We all agree tonight, all of the speakers have agreed, that America has a very serious problem. Not only does America have a very serious problem, but our people have a very serious problem. America's problem is us. We're her problem. The only reason she has a problem is she doesn't want us here. And every time you look at yourself, be you black, brown, red, or yellow — a so-called Negro — you represent a person who poses such a serious problem for America because you're not wanted. Once you face this as a fact, then you can start plotting a course that will make you appear intelligent, instead of unintelligent.*
>
> *What you and I need to do is learn to forget our differences. When we come together, we don't come together as Baptists or Methodists. You don't catch hell 'cause you're a Baptist, and you don't catch hell 'cause you're a Methodist. You don't catch hell 'cause you're a Methodist or Baptist. You don't catch hell because you're a Democrat or a Republican. You don't catch hell because you're a Mason or an Elk. And you sure don't catch hell 'cause you're an American; 'cause if you was an American, you wouldn't catch no hell. You catch hell 'cause you're a black man. You catch hell, all of uscatch hell, for the same reason.*
>
> *So we are all black people, so-called Negroes, second-class citizens, ex-slaves. You are nothing but a ex-slave. You don't like to be told that. But what else are you? You are ex-slaves. You didn't come here on the "Mayflower." You came here on a slave ship — in chains, like a horse, or a cow, or a chicken. And you were brought here by the people who came here on the "Mayflower." You were brought here by the so-called Pilgrims, or Founding Fathers. They were the ones who brought you here.*
>
> *We have a common enemy. We have this in common: We have a common oppressor, a common exploiter, and a common discriminator. But once we all realize that we have this common enemy, then we unite on the basis of what we have in common. And what we have foremost in common is that enemy — the white man. He's an enemy to all of us. I know some of you all think that some of them aren't enemies. Time will tell.*
>
> *In Bandung back in, I think, 1954, was the first unity meeting in centuries of black people. And once you study what happened at the Bandung conference, and the results of the Bandung conference, it actually serves as a model for the same procedure you and I can use to get our problems solved. At Bandung all the nations came together.*

Their were dark nations from Africa and Asia. Some of them were Buddhists. Some of them were Muslim. Some of them were Christians. Some of them were Confucianists; some were atheists. Despite their religious differences, they came together. Some were communists; some were socialists; some were capitalists. Despite their economic and political differences, they came together. All of them were black, brown, red, or yellow.

The number-one thing that was not allowed to attend the Bandung conference was the white man. He couldn't come. Once they excluded the white man, they found that they could get together. Once they kept him out, everybody else fell right in and fell in line. This is the thing that you and I have to understand. And these people who came together didn't have nuclear weapons; they didn't have jet planes; they didn't have all of the heavy armaments that the white man has. But they had unity.

They were able to submerge their little petty differences and agree on one thing: That though one African came from Kenya and was being colonized by the Englishman, and another African came from the Congo and was being colonized by the Belgian, and another African came from Guinea and was being colonized by the French, and another came from Angola and was being colonized by the Portuguese. When they came to the Bandung conference, they looked at the Portuguese, and at the Frenchman, and at the Englishman, and at the other — Dutchman — and learned or realized that the one thing that all of them had in common: they were all from Europe, they were all Europeans, blond, blue-eyed and white-skinned. They began to recognize who their enemy was. The same man that was colonizing our people in Kenya was colonizing our people in the Congo. The same one in the Congo was colonizing our people in South Africa, and in Southern Rhodesia, and in Burma, and in India, and in Afghanistan, and in Pakistan. They realized all over the world where the dark man was being oppressed, he was being oppressed by the white man; where the dark man was being exploited, he was being exploited by the white man. So they got together under this basis — that they had a common enemy.

And when you and I here in Detroit and in Michigan and in America who have been awakened today look around us, we too realize here in America we all have a common enemy, whether he's in Georgia or Michigan, whether he's in California or New York. He's the same man: blue eyes and blond hair and pale skin — same man. So what we have to do is what they did. They agreed to stop quarreling among themselves. Any little spat that they had, they'd settle it among themselves, go into a huddle — don't let the enemy know that you got a disagreement.

Instead of us airing our differences in public, we have to realize we're all the same family. And when you have a family squabble, you don't get out on the sidewalk. If you do, everybody calls you uncouth, unrefined, uncivilized, savage. If you don't make it at home, you settle it at home; you get in the closet — argue it out behind closed doors. And then when you come out on the street, you pose a common front, a united front. And this is what we need to do in the community, and in the city, and in the state. We need to stop airing our differences in front of the white man. Put the white man out of our meetings, number one, and then sit down and talk shop with each other. [That's] all you gotta do.

I would like to make a few comments concerning the difference between the black revolution and the Negro revolution. There's a difference. Are they both the same? And if they're not, what is the difference? What is the difference between a black revolution and a Negro revolution? First, what is a revolution? Sometimes I'm inclined to believe that many of our people are using this word "revolution" loosely, without taking careful consideration [of] what this word actually means, and what its historic characteristics are. When you study the historic nature of revolutions, the motive of a revolution, the objective of a revolution, and the result of a revolution, and the methods used in a revolution, you may change words. You may devise another program. You may change your goal and you may change your mind.

Look at the American Revolution in 1776. That revolution was for what? For land. Why did they want land? Independence. How was it carried out? Bloodshed. Number one, it was based on land, the basis of independence. And the only way they could get it was bloodshed. The French Revolution — what was it based on? The land-less against the landlord. What was it for? Land. How did they get it? Bloodshed. Was no love lost; was no compromise; was no negotiation. I'm telling you, you don't know what a revolution is. 'Cause when you find out what it is, you'll get back in the alley; you'll get out of the way. The Russian Revolution — what was it based on? Land. The land-less against the landlord. How did they bring it about? Bloodshed. You haven't got a revolution that doesn't involve bloodshed. And you're afraid to bleed. I said, you're afraid to bleed.

[As] long as the white man sent you to Korea, you bled. He sent you to Germany, you bled. He sent you to the South Pacific to fight the Japanese, you bled. You bleed for white people. But when it comes time to seeing your own churches being bombed and little black girls be murdered, you haven't got no blood. You bleed when the white man says bleed; you bite when the white man says bite; and you bark when the white man says bark. I hate to say this about us, but it's true. How are you going to be nonviolent in Mississippi, as violent as you were in Korea? How can you justify being nonviolent in Mississippi and Alabama, when your churches are being bombed, and your little girls are being murdered, and at the same time you're going to violent with Hitler, and Tojo, and somebody else that you don't even know?

If violence is wrong in America, violence is wrong abroad. If it's wrong to be violent defending black women and black children and black babies and black men, then it's wrong for America to draft us and make us violent abroad in defense of her. And if it is right for America to draft us, and teach us how to be violent in defense of her, then it is right for you and me to do whatever is necessary to defend our own people right here in this country.

The Chinese Revolution — they wanted land. They threw the British out, along with the Uncle Tom Chinese. Yeah, they did. They set a good example. When I was in prison, I read an article — don't be shocked when I say I was in prison. You're still in prison. That's what America means: prison. When I was in prison, I read an article in Life magazine showing a little Chinese girl, nine years old; her father was on his hands and knees and she was pulling the trigger 'cause he was an Uncle Tom Chinaman, When they had the revolution over there, they took a whole generation of Uncle Toms — just wiped them out. And within ten years that little girl become a full-grown woman. No more Toms in China. And today it's one of the toughest, roughest, most feared countries on this earth — by the white man. 'Cause there are no Uncle Toms over there.

Of all our studies, history is best qualified to reward our research. And when you see that you've got problems, all you have to do is examine the historic method used all over the world by others who have problems similar to yours. And once you see how they got theirs straight, then you know how you can get yours straight. There's been a revolution, a black revolution, going on in Africa. In Kenya, the Mau Mau were revolutionaries; they were the ones who made the word " Uhuru" [Kenyan word for "freedom"]. They were the ones who brought it to the fore. The Mau Mau, they were revolutionaries. They believed in scorched earth. They knocked everything aside that got in their way, and their revolution also was based on land, a desire for land. In Algeria, the northern part of Africa, a revolution took place. The Algerians were revolutionists; they wanted land. France offered to let them be integrated into France. They told France: to hell with France. They wanted some land, not some France. And they engaged in a bloody battle.

So I cite these various revolutions, brothers and sisters, to show you — you don't have a peaceful revolution. You don't have a turn-the-other-cheek revolution. There's no such thing as a nonviolent revolution. [The] only kind of revolution that's nonviolent is the Negro revolution. The only revolution based on loving your enemy is the Negro revolution. The only revolution in which the goal is a desegregated lunch counter, a desegregated theater, a desegregated park, and a desegregated public toilet; you can sit down next to white folks on the toilet. That's no revolution. Revolution is based on land. Land is the basis of all independence. Land is the basis of freedom, justice, and equality.

The white man knows what a revolution is. He knows that the black revolution is world-wide in scope and in nature. The black revolution is sweeping Asia, sweeping Africa, is rearing its head in Latin America. The Cuban Revolution — that's a revolution. They overturned the system. Revolution is in Asia. Revolution is in Africa. And the white man is screaming because he sees revolution in Latin America. How do you think he'll react to you when you learn what a real revolution is? You don't know what a revolution is. If you did, you wouldn't use that word.

A revolution is bloody. Revolution is hostile. Revolution knows no compromise. Revolution overturns and destroys everything that gets in its way. And you, sitting around here like a knot on the wall, saying, "I'm going to love these folks no matter how much they hate me." No, you need a revolution. Whoever heard of a revolution where they lock arms, as Reverend Cleage was pointing out beautifully, singing "We Shall Overcome"? Just tell me. You don't do that in a revolution. You don't do any singing; you're too busy swinging. It's based on land. A revolutionary wants land so he can set up his own nation, an independent nation. These Negroes aren't asking for no nation. They're trying to crawl back on the plantation.

When you want a nation, that's called nationalism. When the white man became involved in a revolution in this country against England, what was it for? He wanted this land so he could set up another white nation. That's white nationalism. The American Revolution was white nationalism. The French Revolution was white nationalism. The Russian Revolution too — yes, it was — white nationalism. You don't think so? Why [do] you think Khrushchev and Mao can't get their heads together? White nationalism. All the revolutions that's going on in Asia and Africa today are based on what? Black nationalism. A revolutionary is a black nationalist. He wants a nation. I was reading some beautiful words by Reverend Cleage, pointing out why he couldn't get together with someone else here in the city because all of them were afraid of being identified with black nationalism. If you're afraid of black nationalism, you're afraid of revolution. And if you love revolution, you love black nationalism.

To understand this, you have to go back to what [the] young brother here referred to as the house Negro and the field Negro — back during slavery. There was two kinds of slaves. There was the house Negro and the field Negro. The house Negroes – they lived in the house with master, they dressed pretty good, they ate good 'cause they ate his food — what he left. They lived in the attic or the basement, but still they lived near the master; and they loved their master more than the master loved himself. They would give their life to save the master's house quicker than the master would. The house Negro, if the master said, "We got a good house here," the house Negro would say, "Yeah, we got a good house here." Whenever the master said "we," he said "we." That's how you can tell a house Negro.

If the master's house caught on fire, the house Negro would fight harder to put the blaze out than the master would. If the master got sick, the house Negro would say, "What's the matter, boss, we sick?" We sick! He identified himself with his master more than his master identified with himself. And if you came to the house Negro and said, "Let's run away, let's escape, let's separate," the house Negro would look at you and say, "Man, you crazy. What you mean, separate? Where is there a better house than this? Where can I wear better clothes than this? Where can I eat better food than this?" That was that house Negro. In those days he was called a "house nigger." And that's what we call him today, because we've still got some house niggers running around here.

This modern house Negro loves his master. He wants to live near him. He'll pay three times as much as the house is worth just to live near his master, and then brag about "I'm the only Negro out here." "I'm the only one on my job." "I'm the only one in this school." You're nothing but a house Negro. And if someone comes to you right now and says, "Let's separate," you say the same thing that the house Negro said on the plantation. "What you mean, separate? From America? This good white man? Where you going to get a better job than you get here?" I mean, this is what you say. "I ain't left nothing in Africa," that's what you say. Why, you left your mind in Africa.

On that same plantation, there was the field Negro. The field Negro — those were the masses. There were always more Negroes in the field than there was Negroes in the house. The Negro in the field caught hell. He ate leftovers. In the house they ate high up on the hog. The Negro in the field didn't get nothing but what was left of the insides of the hog. They call 'em "chitt'lin'" nowadays. In those days they called them what they were: guts. That's what you were — a gut-eater. And some of you all still gut-eaters.

The field Negro was beaten from morning to night. He lived in a shack, in a hut; He wore old, castoff clothes. He hated his master. I say he hated his master. He was intelligent. That house Negro loved his master. But that field Negro — remember, they were in the majority, and they hated the master. When the house caught on fire, he didn't try and put it out; that field Negro prayed for a wind, for a breeze. When the master got sick, the field Negro prayed that he'd die. If someone come to the field Negro and said, "Let's separate, let's run," he didn't say "Where we going?" He'd say, "Any place is better than here." You've got field Negroes in America today. I'm a field Negro. The masses are the field Negroes. When they see this man's house on fire, you don't hear these little Negroes talking about "our government is in trouble." They say, "The government is in trouble." Imagine a Negro: "Our government"! I even heard one say "our astronauts." They won't even let him near the plant — and "our astronauts"! "Our Navy" — that's a Negro that's out of his mind. That's a Negro that's out of his mind.

Just as the slavemaster of that day used Tom, the house Negro, to keep the field Negroes in check, the same old slavemaster today has Negroes who are nothing but modern Uncle Toms, 20th century Uncle Toms, to keep you and me in check, keep us under control, keep us passive and peaceful and nonviolent. That's Tom making you nonviolent. It's like when you go to the dentist, and the man's going to take your tooth. You're going to fight him when he starts pulling. So he squirts some stuff in your jaw called novocaine, to make you think they're not doing anything to you. So you sit there and 'cause you've got all of that novocaine in your jaw, you suffer peacefully. Blood running all down your jaw, and you don't know what's happening. 'Cause someone has taught you to suffer — peacefully.

The white man do the same thing to you in the street, when he want to put knots on your head and take advantage of you and don't have to be afraid of your fighting back. To keep you from fighting back, he gets these old religious Uncle Toms to teach you and me, just like novocaine, suffer peacefully. Don't stop suffering — just suffer peacefully. As Reverend Cleage pointed out, "Let your blood flow In the streets." This is a shame. And you know he's a Christian preacher. If it's a shame to him, you know what it is to me.

There's nothing in our book, the Quran — you call it "Ko-ran" — that teaches us to suffer peacefully. Our religion teaches us to be intelligent. Be peaceful, be courteous, obey the law, respect everyone; but if someone puts his hand on you, send him to the cemetery. That's a good religion. In fact, that's that old-time religion. That's the one that Ma and Pa used to talk about: an eye for an eye, and a tooth for a tooth, and a head for a head, and a life for a life: That's a good religion. And doesn't nobody resent that kind of religion being taught but a wolf, who intends to make you his meal.

This is the way it is with the white man in America. He's a wolf and you're sheep. Any time a shepherd, a pastor, teach you and me not to run from the white man and, at the same time, teach us not to fight the white man, he's a traitor to you and me. Don't lay down our life all by itself. No, preserve your life. it's the best thing you got. And if you got to give it up, let it be even-steven.

The slavemaster took Tom and dressed him well, and fed him well, and even gave him a little education — a little education; gave him a long coat and a top hat and made all the other slaves look up to him. Then he used Tom to control them. The same strategy that was used in those days is used today, by the same white man. He takes a Negro, a so-called Negro, and make him prominent, build him up, publicize him, make him a celebrity. And then he becomes a spokesman for Negroes — and a Negro leader.

I would like to just mention just one other thing else quickly, and that is the method that the white man uses, how the white man uses these "big guns," or Negro leaders, against the black revolution. They are not a part of the black revolution. They're used against the black revolution.

When Martin Luther King failed to desegregate Albany, Georgia, the civil-rights struggle in America reached its low point. King became bankrupt almost, as a leader. Plus, even financially, the Southern Christian Leadership Conference was in financial trouble; plus it was in trouble, period, with the people when they failed to desegregate Albany, Georgia. Other Negro civil-rights leaders of so-called national stature became fallen idols. As they became fallen idols, began to lose their prestige and influence, local Negro leaders began to stir up the masses. In Cambridge, Maryland, Gloria Richardson; in Danville, Virginia, and other parts of the country, local leaders began to stir up our people at the grassroots level. This was never done by these Negroes, whom you recognize, of national stature. They controlled you, but they never incited you or excited you. They controlled you; they contained you; they kept you on the plantation.

As soon as King failed in Birmingham, Negroes took to the streets. King got out and went out to California to a big rally and raised about — I don't know how many thousands of dollars. [He] come to Detroit and had a march and raised some more thousands of dollars. And recall, right after that [Roy] Wilkins attacked King, accused King and the CORE [Congress Of Racial Equality] of starting trouble everywhere and then making the NAACP [National Association for the Advancement of Colored People] get them out of jail and spend a lot of money; and then they accused King and CORE of raising all the money and not paying it back. This happened; I've got it in documented evidence in the newspaper. Roy started attacking King, and King started attacking Roy, and Farmer started attacking both of them. And as these Negroes of national stature began to attack each other, they began to lose their control of the Negro masses.

And Negroes was out there in the streets. They was talking about [how] we was going to march on Washington. By the way, right at that time Birmingham had exploded, and the Negroes in Birmingham — remember, they also exploded. They began to stab the crackers in the back and bust them up 'side their head — yes, they did. That's when Kennedy sent in the troops, down in Birmingham. So, and right after that, Kennedy got on the television and said "this is a moral issue." That's when he said he was going to put out a civil-rights bill. And when he mentioned civil-rights bill and the Southern crackers started talking about [how] they were going to boycott or filibuster it, then the Negroes started talking — about what? We're going to march on Washington, march on the Senate, march on the White House, march on the Congress, and tie it up, bring it to a halt; don't let the government proceed. They even said they was going out to the airport and lay down on the runway and don't let no airplanes land. I'm telling you what they said. That was revolution. That was revolution. That was the black revolution.

It was the grass roots out there in the street. [It] scared the white man to death, scared the white power structure in Washington, D. C. to death; I was there. When they found out that this black steamroller was going to come down on the capital, they called in Wilkins; they called in Randolph; they called in these national Negro leaders that you respect and told them, "Call it off." Kennedy said, "Look, you all letting this thing go too far." And Old Tom said, "Boss, I can't stop it, because I didn't start it." I'm telling you what they said. They said, "I'm not even in it, much less at the head of it." They said, "These Negroes are doing things on their own. They're running ahead of us." And that old shrewd fox, he said, "Well If you all aren't in it, I'll put you in it. I'll put you at the head of it. I'll endorse it. I'll welcome it. I'll help it. I'll join it."

A matter of hours went by. They had a meeting at the Carlyle Hotel in New York City. The Carlyle Hotel is owned by the Kennedy family; that's the hotel Kennedy spent the night at, two nights ago; [it] belongs to his family. A philanthropic society headed by a white man named Stephen Currier called all the top civil-rights leaders together at the Carlyle Hotel. And he told them that, "By you all fighting each other, you are destroying the civil-rights movement. And since you're fighting over money from white liberals, let us set up what is known as the Council for United Civil Rights Leadership. Let's form this council, and all the civil-rights organizations will belong to it, and we'll use it for fund-raising purposes." Let me show you how tricky the white man is. And as soon as they got it formed, they elected Whitney Young as the chairman, and who [do] you think became the co-chairman? Stephen Currier, the white man, a millionaire. Powell was talking about it down at the Cobo [Hall] today. This is what he was talking about. Powell knows it happened. Randolph knows it happened. Wilkins knows it happened. King knows it happened. Everyone of that so-called Big Six — they know what happened.

Once they formed it, with the white man over it, he promised them and gave them $800,000 to split up between the Big Six; and told them that after the march was over they'd give them $700,000 more. A million and a half dollars — split up between leaders that you've been following, going to jail for, crying crocodile tears for. And they're nothing but Frank James and Jesse James and the what-do-you-call-'em brothers.

[As] soon as they got the setup organized, the white man made available to them top public relations experts; opened the news media across the country at their disposal; and then they begin to project these Big Six as the leaders of the march. Originally, they weren't even in the march. You was talking this march talk on Hastings Street — Is Hastings Street still here? — on Hasting Street. You was talking the march talk on Lenox Avenue, and out on — What you call it? — Fillmore Street, and Central Avenue, and 32nd Street and 63rd Street. That's where the march talk was being talked. But

the white man put the Big Six [at the] head of it; made them the march. They became
the march. They took it over. And the first move they made after they took it over, they
invited Walter Reuther, a white man; they invited a priest, a rabbi, and an old white
preacher. Yes, an old white preacher. The same white element that put Kennedy in
power — labor, the Catholics, the Jews, and liberal Protestants; [the] same clique that
put Kennedy in power, joined the march on Washington.

It's just like when you've got some coffee that's too black, which means it's too
strong. What you do? You integrate it with cream; you make it weak. If you pour too
much cream in, you won't even know you ever had coffee. It used to be hot, it becomes
cool. It used to be strong, it becomes weak. It used to wake you up, now it'll put you
to sleep. This is what they did with the march on Washington. They joined it. They
didn't integrate it; they infiltrated it. They joined it, became a part of it, took it over.
And as they took it over, it lost its militancy. They ceased to be angry. They ceased
to be hot. They ceased to be uncompromising. Why, it even ceased to be a march. It
became a picnic, a circus. Nothing but a circus, with clowns and all. You had one right
here in Detroit — I saw it on television — with clowns leading it, white clowns and
black clowns. I know you don't like what I'm saying, but I'm going to tell you anyway.
'Cause I can prove what I'm saying. If you think I'm telling you wrong, you bring me
Martin Luther King and A. Philip Randolph and James Farmer and those other three,
and see if they'll deny it over a microphone.

No, it was a sellout. It was a takeover. When James Baldwin came in from Paris, they
wouldn't let him talk, 'cause they couldn't make him go by the script. Burt Lancaster
read the speech that Baldwin was supposed to make; they wouldn't let Baldwin get up
there, 'cause they know Baldwin's liable to say anything. They controlled it so tight
— they told those Negroes what time to hit town, how to come, where to stop, what
signs to carry, what song to sing, what speech they could make, and what speech they
couldn't make; and then told them to get out town by sundown. And everyone of those
Toms was out of town by sundown. Now I know you don't like my saying this. But I
can back it up. It was a circus, a performance that beat anything Hollywood could
ever do, the performance of the year. Reuther and those other three devils should get
a Academy Award for the best actors 'cause they acted like they really loved Negroes
and fooled a whole lot of Negroes. And the six Negro leaders should get an award too,
for the best supporting cast. "[142]

Malcolm kritisierte Martin Luther King und seine gewaltfreie Aktionen wie den
March on Washington, bildhafte Vergleiche[143] sollten diese lächerlich machen.
Er sah diesen Marsch als von Weißen finanzierte Propagandaaktion, um die
Schwarzen von einer diskriminierungsfreien Welt träumen zu lassen und so

---

[142] Rede von Malcolm X (1963): Message to Grassroots. Zitiert in: https://teachingamerica
nhistory.org/library/document/message-to-grassroots/ [Zugriff am 23.05.2021].

[143] Zum Beispiel der Kaffee-Vergleich: „*It's just like when you've got some coffee that's too*
black, which means it's too strong. What you do? You integrate it with cream; you make it
weak. If you pour too much cream in, you won't even know you ever had coffee".

ihren Ethos zu bremsen. Ganz unrecht hatte er damit wohl nicht: sowohl die Marschroute, Sprecher:innen und sogar die Texte auf den Protestschildern waren vorgegeben.[144]

Mit dieser Rede an die Basis *(Grass Roots)* rief Malcolm auch zur Selbstverteidigung gegen rassistische Übergriffe auf. Zudem zeigten sich erstmals Anzeichen einer Trennung bzw. eines Bruches mit der *Nation,* da weder Gott noch Elijah Muhammad oder die NoI in der Rede Erwähnung fanden. Vermutlich stellte diese öffentliche Rede eine Ursache für den Bruch zwischen der *Nation* und Malcolm dar: politische Agitation war bei Reden der NoI verboten, diese Rede aber war voll davon.[145]

Ein weiterer Aufruf betrifft die Vereinigung aller Schwarzer Bürgerrechtsorganisationen zur Gründung einer Schwarzen Nation. Malcolm verwies an mehreren Stellen darauf, dass ein gemeinsamer Kampf aller Schwarzer (gleich einem Bündnis) weltweit unfassbar stark und vor allem unbesiegbar sein würde, da der gemeinsame Feind die Weißen seien. Die Bandung-Konferenz wurde an mehreren Stellen als vorbildlich dafür genannt. Auch die Begrifflichkeiten „*Hausneger*", „*Feldneger*" und „*Onkel Tom*" wurden ausführlich und an mehreren Stellen zynisch aufgegriffen.

Nur wenige Tage nach dieser Rede wurde Präsident John F. Kennedy, Unterstützer der Bürgerrechtsbewegungen[146], am 22. November 1963 in Dallas, Texas, angeblich von Lee Harvey Oswald erschossen. Bis heute ranken sich zahlreiche Verschwörungstheorien um diesen Mord.[147] Kennedys Nachfolger wurde Lyndon B. Johnson, der direkt nach Kennedys Tod an Bord der *Airforce One* vereidigt wurde. In seine Amtszeit fielen die Verabschiedung des *Civil Rights Acts* (1964), des *Voting Rights Act* und des *Civil Rights Act* (1968); ein großer Schritt zur verfassungsrechtlichen Gleichstellung der Schwarzen Bevölkerung.[148]

Im Frühjahr 1965 später kam es zu einem brutalen Zusammenstoß friedlicher Demonstrant:innen unter der Leitung von Martin Luther King Jr. mit Staatspolizisten und Beamten der kommunalen Polizei an der *Edmund Pettus Bridge* in Selma, Alabama. Die Aktivist:innen führten einen gewaltlosen Marsch von

---

[144] Vgl. Waldschmidt-Nelson 2015a, S. 190 f.

[145] Waldschmidt-Nelson 2015a, S. 192 f.

[146] Mit den Wählerstimmer der Schwarzen Bevölkerung gewann er die Präsidentschaftswahl über den Republikaner Richard Nixon. Es wird vermutet, dass Kennedy sogar direkt in die Planung des „*March of Washington*" miteinbezogen war. Vgl. Presler 1984.

[147] Vgl. Kaiser. 2009.

[148] Vgl. Ellis 2013.

Selma zur Landeshauptstadt Montgomery von rund 600 Menschen an. Bereits nach einigen hundert Metern wurden sie angegriffen und misshandelt. Eine gerichtliche Verfügung sicherte ihnen das Recht zu, den Marsch zwei Wochen später zu wiederholen. Es folgten erneute massive Übergriffe von Weißen auf die unbewaffneten Schwarzen Aktivist:innen: Extremistische weiße Rassisten verprügelten einen der Demonstrant:innen, Reverend James Reeb, sogar dermaßen, dass er an den Folgen verstarb. Vier Mitglieder des *Ku-Klux-Klans* erschossen kurze Zeit später eine Frau aus Detroit, die lediglich Demonstrant:innen nach dem Marsch in ihrem Auto zurückbeförderte.[149]

Acht Tage nach dem Marsch wandte sich US-Präsident Lyndon B. Johnson in einer öffentlichkeitswirksamen Fernsehansprache an die Nation. Er bat um Unterstützung für den Gesetzentwurf des neuen *Voting Rights Act,* welcher Wahlsteuern, Lesetests und andere Schikanen für Schwarze aufhob und damit bedeutende gesellschaftspolitische Veränderungen einläutete.

> *„What happened in Selma is part of a far larger movement which reaches into every section and State of America. It is the effort of American Negroes to secure for themselves the full blessings of American life. Their cause must be our cause too. Because it is not just Negroes, but really it is all of us, who must overcome the crippling legacy of bigotry and injustice. And we shall overcome.*"[150]

Besonders die Verwendung der Parole *„we shall overcome"* in Anspielung auf einen Gospelsong aus dem Jahre 1901, der sich zu einem Schwarzen Protestlied entwickelt hatte, war eindrucksvoll: Johnson verwies damit auf die Selma-Märsche und zeigte so sein Mitgefühl und seine Unterstützung.[151]

Bereits wenige Monate nach dem Inkrafttreten des Voting Rights Act wurden rund 250.000 Schwarze Wähler:innen ins Wahlregister eingetragen. Mississippi hatte 1965 die höchste Wahlbeteiligung unter der Schwarzen Bevölkerung (74 %), 1969 konnte Tennessee bereits auf eine Wahlbeteiligung von 92,1 % der Schwarzen Wähler:innen vorweisen. Erstmals konnten Schwarze so aktiv am politischen Leben partizipieren.[152]

Mitte der 1960er Jahre zeichneten sich langsam Ermüdungserscheinungen in den Bürgerrechtsbewegungen ab. Eine der Ursachen lag darin, dass die

---

[149] Vgl. Stenger 2012, S. 110.

[150] Jackson 2015.

[151] Vgl. Krones 2010, S. 77.

[152] Vgl. The United States Department of Justice (2017): History of Federal Voting Rights Laws. https://www.justice.gov/crt/history-federal-voting-rights-laws [Zugriff am 29.12.2019]

Abb. 4.6 Logo der Black
Panther Party. (Mit
freundlicher Genehmigung
von Black Past)

einzelnen Gruppierungen immer mehr zerstritten waren, manche plädierten für
gewaltfreien Widerstand, andere wiederum für das Gegenteil. Malcolm X war
bereits im Februar 1965 ermordet worden, auch dies löste Ängste bei den Mitgliedern der Bürgerrechtsbewegungen aus, da mit weiteren Attentaten zu rechnen
war. Zudem kam es immer wieder zu Unruhen, beispielsweise in Los Angeles 1965[153] nach der Verhaftung einer PoC, mit über vierzig Toten. Diese
Ausschreitungen waren Ausdruck von Unzufriedenheit, Hass und Verzweiflung
der Schwarzen Bürger:innen, die keinerlei Verbesserungen sahen und so auf
rassistische Diskriminierungen reagierten.[154]

Interessanterweise kam nun der Slogan *„by any means necessary"* von Malcolm X zu „neuen Ehren", nach seinem Tod waren dessen Reden aktueller denn
je und inspirierten u. a. die Studierendenorganisation SNCC[155] oder die *Black
Panther Party.*

Die *Black Panther Party for Self-Defense,* wie sie ursprünglich hieß, wurde
1966 in Oakland, Kalifornien, von den Studierenden Bobby Seale und Huey P.
Newton gegründet. Das Symbol, ein schwarzer Panther, sollte den Charakter der
Mitglieder verkörpern: Ein Panther ist nicht angriffslustig, aber wenn er attackiert
wird, schlägt er zurück (Abb. 4.6).

Sie beriefen sich auf Malcolm X und Frantz Fanon. Besonders Seale, der
eigentlich ungern las, rühmte sich damit, *„Die Verdammten der Erde"* sechs

---

[153] Die sogenannten Watts-Riots. Vgl. Ortner 2012, S. 73.

[154] Vgl. Krones 2010, S. 79.

[155] Das SNCC setzte sich aus Studierenden aller Hautfarben zusammen, die gegen Diskriminierung, z. B. in Restaurants, gewaltlos protestierten (beispielsweise durch *Sit-ins*). Die
Bewegung war von 1960 bis 1970 aktiv. Mitte der 1960er Jahre wandten sie sich vom
gewaltfreien Widerstand ab und erlaubten nur mehr Schwarze Mitglieder. Vgl. Ortner 2012,
S. 71–75, vgl. Forman 1968, S. 17–52.

Mal intensiv studiert zu haben.[156] In dieser Zeit des Umbruchs[157] waren Fanons Schriften wie eine Erleuchtung für ihn, da er dessen Beschreibung des Kolonialismus direkt auf die Schwarzen in den USA umlegen konnte. *„Die Schwarzen in Amerika sahen sich selbst als Bewohner von Dörfern des Widerstandes und betrachteten ihre Ghettos praktisch als innere Kolonien, ganz ähnlich denen, die Fanon in seiner Analyse beschrieb.“*[158]

Auch Alice Cherki, die Biografin Fanons, beschreibt es ähnlich: *„(…) die Führer der Black Panther Party, machen* Die Verdammten dieser Erde *zu ihrem Grundlagentext. Sie identifizieren sich vollständig mit Fanons Analysen über die Kolonialisierten, bezeichnen ihre eigene Situation (…) als ,hauseigenen Kolonialismus' (…).“*[159] Dorlin führt weiter aus, dass die *Black Panthers* sich einer Kampfausbildung unterziehen sollten, gleichzeitig aber auch die Pflicht hatten, zu lesen und dies zu reflektieren. Vorgegebene Autoren waren Marx, Mao und eben Frantz Fanon.[160]

Die *„antikoloniale und antiimperialistische Perspektive“*[161] Fanons war nicht der einzige Einfluss auf Seale, er bewunderte auch Malcolm X und dessen *Black Nationalism. „It is the wisdom, the strength, and the love for humanity that was Malcolm that was the motivating force in the founding of the Black Panther Party.“*[162] Seale hörte Malcolm persönlich bei der NoI sprechen und war begeistert von seinen Botschaften, einzig die notwendige Konvertierung hielt den Sohn eines Priesters davon ab, der *Nation* beizutreten. Die Faszination für Malcolm X blieb bestehen, die *Black Panthers* berufen sich direkt auf dessen Einfluss.[163]

Die *Black Panthers* galten in dieser Zeit des sozialen Umbruchs als Sprachrohr der Afroamerikaner:innen und erlangten durch Angriffe auf die Polizei und auf die (weiße) Regierung weltweite Aufmerksamkeit.[164] Ihre Ausrichtung war antiimperialistisch, sie orientierten sich an Sozialismus und am Kommunismus.[165]

---

[156] Vgl. Abu-Jamal 2012, S. 29.

[157] Unabhängigkeit afrikanischer Länder, Zeit des Vietnamkrieges und des Kalten Krieges.

[158] Abu-Jamal 2012, S. 30.

[159] Cherki 2002, S. 277.

[160] Vgl. Dorlin 2020, S. 169.

[161] Abu-Jamal 2012, S. 30.

[162] Alkebulan 2007, S. 8.

[163] Newton Huey, Revolutionary Suicide, zitiert in: Abu-Jamal 2012, S. 30 f. In Interviews meinte Newton, dass King für die Christen „zuständig" war, Malcolm X für die Muslimen und sich die *Black Panthers* für alle Unterdrückten einsetzen würden.

[164] Vgl. Ortner 2012, S. 71–80.

[165] Vgl. Magoon 2021, S. 90.

Zwischen den Mitgliedern und der Führungsriege kam es häufig zu deutlichen inhaltlichen Differenzen.[166]

Huey Newton war Studierender der Rechtswissenschaften und instruierte die *Panthers* in korrekter Gesetzesanwendung. Da in Kalifornien der Waffenbesitz erlaubt war, sofern man nicht vorbestraft war und die Waffen offen sichtbar trug[167], waren alle *Black Panthers* bewaffnet und standen in der Nähe, sobald Schwarze von der Polizei kontrolliert wurden, um den korrekten Ablauf zu beobachten und bei Bedarf auch einzuschreiten. Aus diesem Grund bat die Polizei den Kongress um ein entsprechendes Waffenverbot.[168]

Ihre „Uniformen" waren schwarze Lederjacken, Rollkragenpullover und Baskenmützen, das Auftreten war beinahe militärisch; erstmals waren natürliche *Afrolocken* populär, zuvor wurden die Haare geglättet (Abb. 4.7). In der Öffentlichkeit waren es Männer, die agierten und sich mit Waffen fotografieren ließen, in der Realität aber waren Frauen in der Überzahl in der Bewegung.[169]

Ihre Ziele waren der Kampf gegen Rassismus und Unterdrückung, sie demonstrierten gegen willkürliche Verhaftungen Schwarzer und stellten deutliche politische Forderungen. Dazu zählten das Recht auf Bildung, Beschäftigung und menschenwürdiges Wohnen. In der Öffentlichkeit sind soziale Aktionen, die auch zu den Tätigkeitsschwerpunkten zählten, wie *„Free Breakfast for Children"*, kostenlose Rechtsberatung für Schwarze und die Forschung zur Heilung von Sichelzellenanämie in Vergessenheit geraten.

Die Forderungen der *Black Panther Party* wurden in einem 10-Punkte-Programm präsentiert:

„1. Wir fordern Freiheit. Wir wollen die Macht, das Schicksal unserer schwarzen Community selbst zu lenken. (…)

2. Wir fordern Arbeit für uns alle. (…)

3. Wir fordern das Ende der Ausplünderung der schwarzen Community durch den Kapitalisten. (…)

4. Wir fordern anständige und menschenwürdige Wohnungen. (…)

5. Wir fordern ein Bildungswesen für unser Volk, das den wahren Charakter dieser dekadenten amerikanischen Gesellschaft entlarvt. Wir fordern eine Bildung, die uns unsere wahre Geschichte und unsere Rolle in der heutigen Gesellschaft lehrt. (…)

---

[166] Vgl. Abu-Jamal 2012, S. 119–122, 303–304.

[167] Kalifornisches Strafgesetzbuch, Abschnitt 12020 bis 12027, 2. Zusatzartikel. Vgl. Grezlikowski 2008.

[168] Vgl. Ortner 2012, S. 74.

[169] Vgl. Alkebulan 2007, S. 98–116, vgl. Abu-Jamal 2012, S. 203–215.

Abb. 4.7 Demonstration der Black Panthers. (Mit freundlicher Genehmigung von Black Past)

> *6. Wir fordern die Befreiung aller schwarzen Männer vom Militärdienst. (...)*
>
> *7. Wir fordern ein sofortiges Ende der Polizeibrutalität und der Ermordung schwarzer Menschen. (...)*
>
> *8. Wir fordern die Freilassung aller Schwarzen, die in Bundes-, Staats-, County- und städtischen Gefängnissen festgehalten werden. (...)*
>
> *9. Wir fordern, dass alle Schwarzen, die vor Gericht gestellt werden, in diesem Verfahren von Geschworenen Ihresgleichen [sic] oder von Mitgliedern ihrer Community gerichtet werden, wie die Verfassung der Vereinigten Staaten es vorsieht. (...)*
>
> *10. Wir fordern Land, Brot, Wohnungen, Bildung, Kleidung, Gerechtigkeit und Frieden. Und als politisches Hauptziel fordern wir eine von den Vereinten Nationen überwachte Volksabstimmung in allen Teilen der schwarzen Kolonie, an der nur schwarze Untertanen der Kolonie teilnehmen dürfen, mit dem Ziel, den Willen der schwarzen Menschen im Hinblick auf ihr nationales Schicksal festzustellen. (...)"*[170]

Zu dieser Zeit bildete sich die *Black is Beautiful*-Bewegung in enger Kooperation mit den *Panthers*: sie galt als Antwort auf rassistische Übergriffe und

---

[170] Abu-Jamal 2012, S. 134–136.

Diskriminierung durch eine Kampagne rein positiver Bilder Schwarzer Menschen. Ein neues Schwarzes Selbstbewusstsein bildete sich. Diese Aktion berief sich wiederum auf die Predigten Marcus Garveys.[171] Er *„führte damit eine neue, radikale und aggressive Form des schwarzen Nationalismus ein. Er predigte ‚Black is beautiful' lange bevor dieser Slogan größere Popularität erlangte"*.[172] Weitere Schlagworte waren *„Black Power!"* sowie *„All Power to the People!"*.[173]

Nach den häufigen Verhaftungen von Seale und Newton kam es regelmäßig zu Demonstrationen vor den Gerichtsgebäuden, unzählige Menschen aller Hautfarben versammelten sich und protestierten lautstark und meist friedlich. Eine der bekanntesten Parolen war *„Set our warrior free! Free Huey! Black is beautiful! Free Huey!"*[174]

J. Edgar Hoover, Direktor des FBI, machte den Kampf gegen die *Black Panthers* zur Chefsache, so sehr verabscheute er die Bürgerrechtsbewegungen und die *Panthers* im Speziellen – er wollte sie vernichten. Unzählige grundlose Verhaftungen folgten, er ließ ein Spitzelsystem installieren, damit die *Panthers* unterwandert wurden und startete eine totale Überwachung der Führungsriege.[175] Auch Drohbriefe an Mitglieder und deren Familienangehörige ließ er verschicken, die Büros wurden verwanzt – Hoover und sein Team schreckten vor nichts zurück. Aus Sicherheitsgründen wohnten viele *Panthers* daher nicht mehr zu Hause, sondern zogen in eigens angemietete Wohnungen.[176]

In diese Zeitperiode fällt auch die Ermordung von Martin Luther King Jr., ein herber Schlag für die afroamerikanischen Bürgerrechtsbewegungen.

Zur Planung eines Marsches flog King nach Memphis, Tennessee. Am 4. April 1968 trat er nach einer Besprechung auf den Balkon seines Hotelzimmers und wurde dort von mehreren Gewehrschüssen getroffen. Kurz darauf verstarb er. Trotz einer raschen Festnahme und Inhaftierung von James Earl Ray kursieren bis heute Verschwörungstheorien, ob dieser wirklich ein Einzeltäter war oder vielleicht sogar im Auftrag der Regierung oder des FBI handelte. Der Tod Kings löste nicht nur tiefe Bestürzung weltweit aus, sondern auch Unruhen in über

---

[171] Vgl. Abschn. 4.5.

[172] Eckert 2014a.

[173] Vgl. Magoon 2021, S. 185–195.

[174] Nachzuhören auf https://www.youtube.com/watch?v=7-6_1cjPqTg. [Zugriff am 15.03.2021].

[175] Das Geheimprogramm COINTELPRO *(Counterintelligence Program)*. Vgl.: Ortner 2012, S. 71, vgl. Alkebulan 2007, S. 83–86, vgl. Abu-Jamal 2012, S. 155–201.

[176] Vgl. Abu-Jamal 2012, S. 155–201.

100 Städten mit zahlreichen Toten und Verletzten. Es erschütterte, dass einer, der gewaltfreien Widerstand predigte, gewaltvoll sterben musste.[177]

Eldridge Cleaver, bekannter Schriftsteller[178] und einer der Sprecher der *Black Panthers,* rief nach Kings Ermordung alle Mitglieder dazu auf, die Polizei auch aktiv anzugreifen. Dazu berief er sich auf Malcolm X: *„by any means necessary!"*. Nach internen Auseinandersetzungen mit Huey Newton und der Anklage wegen einer Schießerei, bei der Bobby Hutton starb[179], floh er nach Algerien und eröffnete dort das internationale Büro der *Panthers.*[180] Nach erneuten Inhaftierungen Newtons und Seals übernahm David Hillard die Leitung.[181]

Die weiße Bevölkerung forderte 1969 Präsident Nixon zu hartem Durchgreifen auf, er sollte „Recht und Ordnung" wiederherstellen. Dadurch wurde auch J. Edgar Hoovers Position noch weiter bekräftigt. Ab diesem Zeitpunkt wurden sämtliche Rechte ignoriert und die Mitglieder der *Black Panthers* mit allen Mitteln verfolgt, bedroht und misshandelt.[182]

In New York konstruierte das NYPD 1969 eine Verschwörungstheorie, um bei einer Razzia so viele *Panthers* wie möglich verhaften zu können. Diese Aktion wurde unter der Bezeichnung *„Panthers21"* bekannt, da es 21 Verhaftete gab. Ein unfairer Prozess folgte, nun schalteten sich viele Prominente ein und protestierten. Dies war zwar erfolgreich, aber in der Folge galten Mitgliedschaften als so gefährlich, dass es kaum mehr Beitritte gab.[183]

Im August des Jahres übernahm der erst 20-jährige Fred Hampton die Führung. Sein Markenzeichen war die erhobene rechte Faust und der Schlachtruf *„I am a revolutionary!"*. Hoover setzte daraufhin wieder Spitzel zur Unterwanderung der Bewegung ein; er ließ sogar eine Wohnung der *Panthers* nachbauen, um für eine Razzia zu üben. Dort kam es zu einer Schießerei, Hampton wurde getötet. Hoover gab danach öffentlichkeitswirksam Fernsehinterviews darüber und stellte es so dar, als hätte die Polizei lediglich auf die Schüsse der *Panthers* reagiert und Hampton eher zufällig oder nur irrtümlich erschossen worden sei.[184]

---

[177] Vgl. Dietrich 2008, S. 89–90, vgl. Archer 1993, S. 178–181.

[178] Sein Roman/Essaysammlung *„Soul on Ice"* gilt als wegweisendes Werk der afroamerikanischen Literatur.

[179] Er gilt als erster toter *Panther,* den die Polizei auf dem Gewissen hatte, da er unbewaffnet und ohne Kleidung erschossen wurde. Vgl. Alkebulan 2007, S. 15.

[180] Vgl. Abu-Jamal 2012, S. 151–153.

[181] Vgl. Hilliard, Cole 2001.

[182] Vgl. Ortner 2012, S. 80.

[183] Vgl. Chaberski 1975.

[184] Vgl. Abu-Jamal 2012, S. 192–193.

Im Rahmen von Ermittlungen stellte sich heraus, dass nur ein Schuss[185] von Seiten der *Black Panther* gefallen war und Hampton im Schlaf, unbewaffnet, von einem Spitzel mit Schlafmittel betäubt und ohne Kleidung kaltblütig erschossen wurde – nun wurde der Fall als kaltblütiger Mord eingestuft.[186]

Nach Unstimmigkeiten bei der inhaltlichen Ausrichtung und bei der Vergabe von Spendengeldern aus den *Panther21*-Prozessen, Drogenmissbrauch, gewalttätigen Zwischenfällen und innerparteilichen Differenzen kam es Anfang der 1970 Jahre zur Auflösung der *Black Panthers*. Es ist davon auszugehen, dass die Aktionen von Hoover und dem FBI/COINTELPRO einen großen Anteil an der Schwächung und dem Ende der Organisation hatten.[187]

Huey Newton veränderte sich immer mehr, vermutlich in Zusammenhang mit Drogenkonsum. Zu seiner Aggressivität kamen sexuelle Übergriffe, Morddrohung und körperliche Attacken auf sein Umfeld. 1989 starb er bei einer Schießerei in Zusammenhang mit einem Drogenkauf in Oakland.[188]

Bobby Seale versuchte 1972 eine Karriere als Bürgermeister von Oakland, er scheiterte aber in der Stichwahl. Heute ist er Vortragender an der *Temple University of Philadelphia,* arbeitet als Fernsehkoch und schreibt Kochbücher.[189]

Eldridge Cleaver kehrte 1975 in die USA zurück und wandte sich dem evangelikalen Christentum zu. Nachdem er Crack-süchtig wurde, kam er wiederholt mit dem Gesetz in Konflikt und landete immer wieder im Gefängnis. 1984 unterstützte er Ronald Reagan bei der Wiederwahl. Cleaver starb 1998 durch einen Herzinfarkt, wahrscheinlich ausgelöst durch seinen Drogenkonsum.[190]

Einige der Mitglieder wie Cyril Innis oder Mumia Abu-Jamal[191] sind bis heute inhaftiert oder verließen wie Albert Woodfox erst nach mehr als 43 Jahren Isolationshaft die Gefängniszellen.[192]

Die aktuellste Bürgerrechtsbewegung ist *Black Lives Matter,* sie wurde 2013 von Alicia Garza, Patrisse Cullors und Opal Tometi gegründet. Auslöser war der Freispruch von George Zimmerman, Mitglied einer Bürgerwehr, der den

---

[185] Dieser fiel ungewollt, als einer der *Panthers* angeschossen wurde und sich bei seinem Aufprall auf den Boden löste. Vgl. Haas 2009.

[186] Vgl Haas 2009.

[187] Vgl. Alkebulan 2007, S. 117–125.

[188] Vgl. Street 2015, S. 333–363.

[189] Vgl. Shames, Seale 2016.

[190] Vgl. Gifford 2020.

[191] Vgl. Abu-Jamal 2012. Eine Erhebung 2015 ergab, dass rund 20 ehemalige Mitglieder der Black Panthers seit den 1960er bzw. 1970er Jahren im Gefängnis aufhältig sind.

[192] Vgl. Sarovic 2016.

unbewaffneten afroamerikanischen Teenager Trayvon Martin aus rassistischen Gründen erschossen hatte. Er befand den Jungen als verdächtig, da dieser eine Kapuze trug und Süßigkeiten in der Hand hatte, die er als Waffe deutete. Den tödlichen Schüssen ging ein verbaler Streit voraus, Zimmerman beharrte dennoch auf „Notwehr". Trotz Aufzeichnungen der polizeilichen Telefonprotokolle und Zeugenaussagen, die gegen eine Notwehr und für einen Mord sprachen, wurde er vor Gericht freigesprochen.

Daraufhin kam es zu Demonstrationen gegen rassistische Gewalt sowie gegen Polizeigewalt an PoC. Die Organisation der Veranstaltungen wurde von *Black Lives Matter* übernommen, anfangs nur lokal, nach kurzer Zeit national, seit 2020 auch international. Die Gründerinnen sehen sich inspiriert von den Bürgerrechtsbewegungen der 1960er Jahre, besonders von den *Black Panthers,* Malcolm X, aber auch von der *Black-Feminism*-Bewegung der 1980er Jahre, dem Panafrikanismus, der Anti-Apartheid-Bewegung sowie von LGBTQIA + -Bewegungen.[193]

> Die Mission von *Black Lives Matter* ist „*to eradicate white supremacy and build local power to intervene in violence inflicted on Black communities by the state and vigilantes. By combating and countering acts of violence, creating space for Black imagination and innovation, and centering Black joy, we are winning immediate improvements in our lives.*"[194]

Black Lives Matter ist eine Bewegung, die vor allem über Soziale Medien agiert, der Hashtag *#BLM* ist eine der am häufigsten verwendeten Meta-Markierungen und Tagging-Methoden. Aufmerksamkeit wird beispielsweise durch spezielle Aktionen wie *#BlackoutTuesday* generiert: Bei dieser Social Media-Kampagne wurden ausschließlich schwarze Flächen gepostet, um einen Gegenpol zu den geschönten Instagram-Fotos zu bilden und so auf Rassismus, Polizeigewalt und alltägliche Diskriminierung Schwarzer Menschen aufmerksam zu machen. Viele Prominente unterstützten diese Aktionen und sind bis heute wichtiger Teil der Kampagnenverbreitung.

Nach Treyvon Martin kam es zu etlichen weiteren Todesfällen aufgrund rassistischer (Polizei-)Gewalt, auch hier wirkte *Black Lives Matter* federführend bei der Organisation der Demonstrationen. Eine wichtige Parole lautet „*Say Their Names"*; durch die namentliche Nennung aller Opfer rassistischer Gewalt sollen

---

[193] Vgl. Duchess 2018, vgl. Lebron 2017.

[194] https://blacklivesmatter.com/about/ [Zugriff zuletzt am 18.08.2020].

sie nicht in Vergessenheit geraten und die Opfer statt dem/den Täter/n in den Mittelpunkt gerückt werden.[195]

Beeindruckend ist, dass dieser Bewegung Menschen aller Hautfarben angehören, ihre Gemeinsamkeit ist der friedfertige und gewaltfreie Widerstand gegen Rassismus und jegliche Form von Diskriminierung. Durch den Tod von George Floyd[196] im Mai 2020 wurde die Bewegung auch international bekannt, zahlreiche friedliche Demonstrationen wurden auf der ganzen Welt abgehalten.

Eine der größten europäischen Kundgebungen fand 2020 in Wien statt, zehntausende Menschen aller Hautfarben und ungeachtet ihrer kulturellen oder religiösen Herkunft setzten ein deutliches Zeichen gegen Rassismus und Polizeigewalt.

Bis heute bestehen soziale Differenzen zwischen der Schwarzen und weißen Bevölkerung der USA, die speziell vom ehemaligen Präsidenten Donald Trump (Amtsperiode 2017 bis 2021) weiter befeuert wurden.[197] Er galt als Dulder und in manchen Quellen sogar als Unterstützer des *Ku-Klux-Klans;* der Ex-*Klan*-Führer David Duke gratulierte ihm zum Wahlsieg und konstatierte, dass es „seine Leute" gewesen wären, die Trump zum Gewinn verholfen hatten.[198]

Trumps populistische Aussagen förderten einen sprunghaften Anstieg rassistischer Gewalt und Hassverbrechen wie Hatespeech in sozialen Netzwerken, öffentliche Verwendung rechtsextremer Symbole, rassistische Beleidigungen oder auch körperliche Attacken.[199]

Kurz vor dem Ende seiner Amtsperiode (6. Jänner 2021) hetzte Donald Trump seine Anhänger:innen zu einem Sturm auf das US-Kapitol auf, da er vermeinte, die Wahlergebnisse wären manipuliert und er daher der wahre Sieger der Präsidentschaftswahl sei. Sie stürmten im Rahmen des *Save America March* während einer Sitzung des Kongresses zur Bestätigung der Präsidentschaftswahlergebnisse

---

[195] Vgl. Campaign Justice (2020): Say Their Names: 101 Black Unarmed Women, Men and Children Killed By Law Enforcement. (E-Book).

[196] Siehe Vorwort. George Floyd wurde am 25. Mai 2020 von vier Polizisten zu Boden geworfen, einer der Polizisten kniete über neun Minuten auf seinem Nacken, bis Floyd schließlich qualvoll erstickte. Die Tat rief weltweite Massenproteste hervor. In der Verhandlung vom Juni 2021 wurde Floyds Mörder, der weiße Ex-Polizist Derek Chauvin, in drei Anklagepunkten (Mord zweiten Grades ohne Vorsatz, Mord dritten Grades und Totschlag zweiten Grades) schuldig gesprochen, er muss für über 22 Jahre ins Gefängnis. Der Trauerfamilie wurde eine Entschädigung von 27 Mio. US-$ zugesprochen.

[197] Amrehn 2014, o.Sz.

[198] Vgl. Hielscher 2017, vgl. ohne Autor (2016): Donald Trump: Ku-Klux-Klan feiert Präsidentschaftswahl. In: Die Zeit, 11.11.2016.

[199] Registrierung durch das *Southern Poverty Law Center,* eine Bürgerrechtsorganisation zur Bekämpfung von Rassismus und Extremismus in Alabama. Vgl. Herzog 2016.

ins Gebäudeinnere, dort konnten sie sogar bis in den Senats-saal und in Abgeord-netenbüros vordringen. Vier Personen wurden getötet, es gab Dutzende Verletzte. Darauffolgend wurde ein Impeachment-Verfahren gegen Trump eröffnet.[200]

Medien zeigten den Unterschied zwischen dem Sturm aufs Kapitol (mehrheitlich Weiße) und *Black Lives Matter*-Demonstrationen (mehrheitlich Schwarze) auf: Während die Trump-Anhänger:innen friedlich aus dem Kapitol geleitet und sogar großteils direkt wieder freigelassen wurden, kam es bei den gewaltlosen *Black Lives Matter*-Kundgebungen zu gewalttätigen Polizeiübergriffen und Verhaftungen; Kampfhubschrauber und Wasserwerfer kamen zum Einsatz.[201] Der amtierende Präsident Joe Biden setzte sich bereits in seinem Wahlkampf gegen Rassismus ein und gilt als Unterstützer der *Black Lives Matter*-Bewegung. Auf ihm ruhen die Hoffnungen vieler Bürgerrechtskämpfer:innen.

All die in diesem Kapitel vorgestellten Bürgerrechtsbewegungen eint der Wunsch nach einer rechtlichen und strukturellen Gleichstellung für alle US-Bürger:innen, egal welcher Herkunft, Hautfarbe, Religion oder Gender.

Ausgehend von der Anti-Sklaverei-Bewegung entwickelten sich die Bürger-rechtsbewegungen. Ging es anfänglich um das Recht, überhaupt als Mensch zu gelten und elementarste Menschenrechte zu erhalten, so bildeten sich langsam Forderungen wie das Recht auf Bildung, Teilnahme am politischen Leben und ein Ende der Segregation – also eine Isonomie aller Bürger:innen.

Ende der 1950er Jahre bis Mitte der 1960 Jahre kam es zu einem Wandel: unterstützt durch die beeindruckenden Reden von charismatischen Führern wie Malcolm X und Martin Luther King Jr. sowie durch Schriften von Frantz Fanon, mit denen sich viele Afroamerikaner:innen identifizieren konnten, und Slogans wie *„Black is Beautiful!"* sowie *„Black Power"* forderten sie eine absolute Gleichstellung sowie soziale und ökonomische Chancengleichheit. Auch nach dem Tod dieser inspirierenden Persönlichkeiten wurden die Aktivitäten weitergeführt, beispielsweise öffentlichkeitswirksam durch die *Black Panthers* oder die aktuelle *Black Lives Matter*-Bewegung.

---

[200] Die Stürmung historischer Gebäude als Symbol des Umsturzes gab es bereits vor Jahrhunderten: 1789 Sturm auf die Bastille, 1848 Sturm auf das niederösterreichische Landhaus sowie Aufstände in den Vorstädten Wiens, 1917 Sturm auf das Winterpalais des Zaren in St. Petersburg, 1922 Marsch auf Rom, 1923 Ausruf der nationalen Revolution durch Adolf Hitler in München, 1981 Militärputsch in Spanien, 2003 Parlamentsstürmung in Tiflis (samtene Revolution). Vgl. Kramar 2021.

[201] Vgl. https://orf.at/stories/3196372/, https://www.stern.de/politik/ausland/trump-fans-koennen-kapitol-stuermen---bei-black-lives-matter-griff-die-polizei-durch-9556920.html, https://www.zeit.de/zett/politik/2021-01/black-lives-matter-sturm-us-kapitol-rassismus [Zugriff jeweils am 19.03.2021].

Es ist erschreckend, dass auch beinahe 150 Jahre nach dem offiziellen Ende der Sklaverei immer noch Diskriminierung, rassistische Gewalt sowie systemische und strukturelle Ungleichheit vorherrschen sind. Mit Bühl teile ich die hoffnungsvolle Meinung: *„Strukturen lassen sich überwinden, Denkmuster ablegen, Verhaltensweisen verändern.“*[202]

Die wichtigsten Ereignisse rund um die Bürgerrechtsbewegungen[203]

1800: Eine Million *Enslaved Persons* werden in den USA zur Arbeit gezwungen.

1808: Die ‚Einfuhr‘ von *Enslaved Persons* aus Afrika in die USA wird verboten.

1861 bis 1865: Amerikanischer Bürgerkrieg, den die Südstaaten verlieren.

1865: Die Sklaverei in den USA wird abgeschafft (13. Zusatzartikel der Verfassung).

1909: Gründung der Anti-Diskriminierungsorganisation *National Association for the Advancement of Colored People* (NAACP).

1942: Gründung der Bürgerrechtsbewegung *Congress of Racial Equality* (CORE).

1954: Oberster Gerichtshof erkennt Segregation in Schulen als verfassungswidrig an.

1955/56: Bus-Boykott von Montgomery unter Martin Luther King, Start der von ihm angeführten Bürgerrechtsbewegung.

1963: Martin Luther King hält seine berühmte Rede: *„I have a Dream“*.

1964: Für seinen gewaltlosen Emanzipationskampf erhält er den Friedensnobelpreis.

1965: Ausdehnung des allgemeinen Wahlrechts auf Schwarze, sechs Mio. Afroamerikaner:innen wählen.

1965: Malcolm X wird erschossen.

1966: Gründung der *Black Panther Party*, Forderung nach *Black Power* und *Black Supremacy*, klare Abwendung von gewaltlosem Widerstand.

1967: Größte „Rassenunruhen“ der US-Geschichte; das in 16 Staaten bestehende Eheverbot zwischen Weißen und ‚*Colored*‘ wird für verfassungswidrig erklärt.

1968: Ermordung von Martin Luther King.

---

[202] Bühl 2016, S. 291.

1973: Erste Schwarze Bürgermeister in Los Angeles, Atlanta und Detroit gewählt.

1992: Schwere Unruhen nach Freispruch für vier Polizisten im Rodney-King-Mordprozess.

2009–2017: Amtszeit des ersten afroamerikanischen Präsidenten Barack Obama.

2013: Start der Kampagne *Black Lives Matter* nach dem Freispruch von George Zimmerman nach der Ermordung des unbewaffneten afroamerikanischen Teenagers Trayvon Martin.

2020: Weltweite Proteste nach dem gewaltsamen Tod von George Floyd durch weiße Polizisten, Erstarken der *Black Lives Matter*-Bewegung.[204]

4.1.4   Der Weg von der Sklaverei zu den Afroamerikanischen Bürgerrechtsbewegungen

„By what standard of morality can the violence used by a slave to break his chains be considered the same as the violence of a slave master?".[205]

Walter Rodney

In der Epoche des Merkantilismus starteten die ersten Sklaventransporte, ein Wettlauf europäischer Mächte zur Eroberung der außereuropäischen Welt.[206] Aus rein ökonomischen Gründen und Habgier wurden Millionen Schwarze Menschen über vier Jahrhunderte dehumanisiert, ebenfalls ihre Nachkommen.

Kolonialismus ist untrennbar mit der Sklaverei verbunden, hier wurde die Entmenschlichung[207] kombiniert mit Zwangsarbeit, Landraub, Diebstahl von Bodenschätzen und Kulturgütern. Wie viele Menschen im Widerstand dagegen

---

[203] Vgl. Ohne Autor 2008: https://diepresse.com/home/politik/uswahl/425665/Chronologie_Der-Kampf-um-Gleichberechtigung [Zugriff am 30.11.19]

[204] Vgl. https://blacklivesmatter.com/ [Zugriff zuletzt am 18.08.2020].

[205] Rodney Walter 1969, 2019, S. 16.

[206] Vgl. Sieveking 1935, S. 92.

[207] Darstellung oder Wahrnehmung einzelner Personen oder Gruppen als nicht gleichgestellt, nicht menschlich bzw. untermenschlich; direkte Form der Diskriminierung, da jegliches Menschenrecht abgesprochen wird. Die Dehumanisierung diente auch als Legitimierung von Gewalt. Vgl. Thüringer 2013, vgl. Nedelmann 2005, S. 175–184.

ermordet wurden, wie viele Menschen für europäische Kolonialmächte in Kriegen sterben mussten, wie viele *Enslaved Persons* in Sklavenhäusern, bei der Überfahrt oder bei der Flucht starben, kann nicht mehr genau erhoben werden.

> *„Mit zunehmendem Alter erkannte DuBois, dass die Probleme der African Americans nicht isoliert, d. h. in ihrer Ursächlichkeit auf die Politik und die soziale Situation in den USA beschränkt betrachtet werden sollten, sondern im internationalen Kontext – in einer globalen Perspektive – erfasst und analysiert werden müssen."*[208]

Ungleiche Machtverhältnisse und Herrschaftsstrukturen dienten als Rechtfertigung für die Sklaverei und die Kolonialisierung – durch gezielte Abwertung Schwarzer Menschen[209] legitimierte man Gewalt und Macht durch Weiße.[210] *„Sklaverei bildete aus der Perspektive des Weltsystems die kräftigste Wurzel der drastischen Ungleichverteilung von materiellem Wohlstand innerhalb der Menschheit."*[211]

Ein weiterer Legitimierungsversuch für die Versklavung ist die Heilsbringung durch christliche Religionen: Afrikaner:innen wurden als heidnisch und damit verdammt gesehen, Europäer:innen brachten die notwendige Rettung.[212]

Frantz Fanon gilt als Inspirator der afroamerikanischen Bürgerrechtsbewegungen, da er klar und sehr konkret gegen den Kolonialismus und Sklaverei auftrat. Er zeigte dezidiert auch die psychologischen Folgen auf, die Teil eines kollektiven Gedächtnisses wurden.[213]

Das von Freud als *„Gefühlserbschaft"*[214] bezeichnete Phänomen meint, dass traumatische Erfahrungen wie Folter, Missbrauch, Kriegs- und Gewalterfahrungen, u. ä., sogenannte transgenerationale Übertragungsphänomene auslösen können. Das bedeutet, dass Nachfahren Traumatisierter, deren Traumata nicht behandelt wurden,

> *„mit daraus folgenden schweren Veränderungen der psychischen Struktur, des (Selbst-) Erlebens wie der Persönlichkeit und (...) der (...) als Überlebenden-Syndrom (...)*

---

[208] Skinner 1992, S. 153 zitiert in: Zips und Kämpfer 2001, S. 131.

[209] Faul, heidnisch, nur Gewalt verstehend, dumm, etc.

[210] Vgl. Sarr 2006, S. 84 f.

[211] Zitiert nach Wallerstein. In: Zips und Kämpfer 2001, S. 47.

[212] Vgl. Sarr 2006, S. 85.

[213] Vgl. „Die Verdammten dieser Erde".

[214] Vgl. Prosquill 2018, o.Sz.

bezeichneten Auswirkungen der Verfolgungs- und Vernichtungserfahrungen sich bei den Betroffenen und später bei ihren Nachkommen manifestierten."[215]

Dies betraf auch die Familie von Malcolm X: Zwei seiner Töchter kamen erst nach seinem Tod auf die Welt[216], die vier anderen sahen seinen Tod mit an – die gesamte Familie war dadurch schwer traumatisiert und hatte psychische Probleme. Betty El-Shabazz verbrannte 1997 in ihrem eigenen Haus, das Feuer hatte ihr Enkel Malcolm in einem psychotischen Schub gelegt. Er selbst starb 28-Jährig unter ungeklärten Umständen in Mexiko. Eine der Zwillingstöchter wurde im November 2021 tot aufgefunden, die Todesursache der 56-jährigen konnte noch nicht eindeutig festgestellt werden. Keines der Kinder von Malcolm X bezeichnete sich jemals als glücklich.[217]

Es ist davon auszugehen, dass es bereits seit Generationen Traumata in der Familie von Malcolm gab, beispielsweise durch die mutmaßliche Vergewaltigung seiner Mutter durch ihren Sklavenhalter – dadurch hatte die Mutter eine helle Hautfarbe, die sie an ihren Sohn „vererbte". Das Trauma der Vergewaltigung wurde so also auch optisch sichtbar und konnte nicht verarbeitet werden. Malcolm haderte immer wieder mit seiner äußeren Erscheinung und versuchte zum Beispiel durch stundenlange Sonnenbäder dunkler zu werden, um nicht aufzufallen.

Auch Frantz Fanon beschäftigte sich intensiv mit der Weitergabe von Traumata.

„(…) er ahnt, daß jenseits der Verdrängung Elemente der Realität existieren, die sich nicht ‚unbewußt' machen lassen (…) Das betrifft nicht nur die individuelle Realität der Kindesmißhandlung, der Vergewaltigung (…), die Leerstellen in der Erinnerung, Versteinerungen und unendliche Gewalt gegenüber dem Anderen und gegenüber sich selbst bewirken."[218]

Sein eigenes Trauma begründet sich wohl auch aus familiären Erfahrungen über Generationen. Diese ist aus Österreich über Frankreich nach Martinique ausgewandert und wahrscheinlich aus ökonomischen Gründen dort geblieben. Er selbst war zutiefst geprägt durch eigene rassistische Erfahrungen und legte diese in

---

[215] Moré 2013, S. 2.

[216] Seine Gattin Betty El-Shabazz war bei der Ermordung von Malcolm mit Zwillingen schwanger, diese wurden am 30.11.1965 geboren.

[217] Vgl. Waldschmidt-Nelson 2015a, S. 302 f. und 2017, o.Sz. sowie McBride 2020: https://heavy.com/news/2020/02/malcolm-x-children-daughters-now-today/ [Zugriff am 21.08.2020].

[218] Cherki 2001, S. 304.

seinen Werken, ganz besonders in *„Schwarze Haut, weiße Masken"* dar. In vielen Passagen ist zu erkennen, dass er seine persönlichen Traumata nie verarbeitet hatte, wie beispielsweise im Kapitel *„Die erlebte Erfahrung des Schwarzen".*[219] Hier beschreibt er Wahrnehmungen und Erfahrungen, die ihn prägten; es ist jedoch deutlich spürbar, dass es keine psychoanalytische Auseinandersetzung mit der Thematik gab.

Auch Fanons Familie erlebte ein schweres Trauma: Josie Fanon litt enorm unter seinem Tod und konnte ihn nicht verkraften. Sie schaffte es nicht einmal, ihren Sohn Olivier über den Tod seines Vaters zu informieren, geschweige denn Fanons uneheliche Tochter Mireille, diese las zufällig in einer Zeitung darüber.[220] Josie musste sich für längere Zeit in psychiatrische Behandlung begeben, der Tod ihres geliebten Mannes hatte sie schwerst traumatisiert. Schlussendlich nahm sie sich 1989 mit einem Sprung aus dem Fenster das Leben; ihre Freundin, die algerische Schriftstellerin Assia Djebar führte dies auf die unverarbeitete seelische Erschütterung nach Fanons Tod zurück.[221]

Zusammenfassend lässt sich sagen, dass Millionen Afrikaner:innen auf den amerikanischen Kontinent verschleppt wurden, ihr Widerstand bildete die Basis und fungierte als Legitimations- und Inspirationsquelle für die Bürgerrechtsbewegungen. Klar hinweisen möchte ich darauf, dass es nicht EINE Bürgerrechtsbewegung gab, sondern, wie bereits ausführlich beschrieben, viele verschiedene Formen der Resistenz mit friedvoller und gewaltbereiter Ausrichtung. Jede trug auf ihre Weise zu Gleichberechtigung und Gleichstellung von PoC in den USA bei.

Zwei starke Persönlichkeiten, die Widerstand leisteten, waren Frantz Fanon und Malcolm X, wenn auch jeder auf seine spezielle Weise. Fanon zeigte die Gräuel der Kolonialisierung durch eigene Erfahrungen auf, Malcolm X sprach in seinen Reden über die Barbarei der Sklaverei und ihren Folgen. Beide wurden ab Mitte der 1960er Jahr als Inspiration bei der Gründung von Bürgerrechtsbewegungen wie beispielsweise den *Black Panthers* genannt. Es ist davon auszugehen, dass ihre Lehren auf gewisse Art miteinander verflochten waren bzw. sogar aufeinander aufbauten. Beide haben eine klare Verbindung von der Sklaverei über den Kolonialismus zu den Afroamerikanischen Bürgerrechtsbewegungen definiert: Das eine bedingt das andere.

---

[219] Vgl. Fanon 1952, 2016, S. 93–121.

[220] Vgl. Cherki 2001, S. 237 f.

[221] Vgl. Djebar 2015: http://readingfanon.blogspot.com/2015/07/josie-fanon-remembered-by-assia-djebar.html [Zugriff am 22.08.2020].

*„Diesem Eindruck entsprechend wird auch (…) in den Geschichtswissenschaften (…)
die These vertreten, das koloniale System gehöre der Vergangenheit an. Spätestens
seit den 1950er und 1960er Jahren, in denen die meisten Kolonialstaaten Ihre Unabhängigkeit erlangten, sei das Kapitel abgeschlossen, wird häufig behauptet. Ein Irrtum:
Kolonialismus bleibt ein Wesenszug des Imperialismus. (…) der aggressive Charakter
des Gesellschaftssystems bleibt."* [222]

4.2   Gewalt und Gewaltaufrufe

*„Malcolm X hatte etwas begriffen, das der antikoloniale Theoretiker Frantz Fanon in
die Worte kleidete: „Auf individuellem Niveau entgiftet die Gewalt. (…)."*

> *Leider hat das auch eine andere Seite. Gewalt korrumpiert. Die entgiftende Medizin
> ist selbst ein Gift, das unweigerlich die Moral und den Verstand zerrüttet."* [223]

Gero von Randow

Sowohl Frantz Fanon als auch Malcolm X beschäftigten sich intensiv mit der
Thematik ‚Gewalt'. Beiden wird heute noch zur Last gelegt, Apologeten von
Gewaltanwendung und -aufrufen gewesen zu sein.

Ähnlich sieht dies auch Britta Waldschmidt-Nelsen, eine ausgewiesene Expertin zu Leben und Lehren von Malcolm X:

*„Malcolm X wird oft als „Gewaltapostel" gesehen, weil sein Slogan „By any means
necessary" lautete, d.h. im Zweifelsfall auch die Gewalt als Mittel zum Zweck recht-
fertigte. Man muss aber dagegenhalten, dass Malcolm X (…), niemals direkt zu
Gewalt aufgerufen hat, sondern das Recht jedes Menschen auf Selbstverteidigung
betonte. (…) Dies wird oft falsch verstanden und dann behauptet, Malcolm X sei
gewaltverherrlichend gewesen. Das stimmt definitiv nicht."* [224]

Wie schon in Kap. 2 dargelegt, erscheint mir der Ausdruck „Gewalt", den
Frantz Fanon häufig in seinen Texten verwendet, in der Übersetzung potenziell
missverständlich (Gewalt vs. Gewaltausübung vs. Macht etc.). Fanon deklariert auch, dass Gewalt nur ein Mittel zum Zweck sei, nämlich dazu, sich der
Gewalt der Kolonisatoren entgegenzusetzen. In keinem seiner Texte propagierte
er Gewalt einfach um der Gewalt Willen, im Gegenteil, es gilt für ihn als

---

[222] Schumann 2016, S. 10.

[223] Randow 2020.

[224] Waldschmidt-Nelson 2017, o.Sz.

alleiniges Mittel zur Emanzipation und Reaktion auf den Kolonialismus sowie zur Selbstverteidigung.[225]

Zur Vertiefung in die Thematik ist es notwendig, den Begriff „Gewalt", seine Etymologie sowie diverse Definitionen dazu näher zu betrachten.

4.2.1 Definitionen

> *„Eine allgemeingültige Begriffsdefinition von Gewalt ist schwierig, da Gewalt ein latentes Konstrukt ist (...)."*[226]

David Schmucker

Es gibt unzählige Definitionen und Arten von Gewalt von psychologischer, sozialwissenschaftlicher und von rechtlicher Seite. Im Sinne der Rechtsordnung unterteilt man in drei Begrifflichkeiten:

> *„1. Der sog. "klassische Gewaltbegriff" (...) ist dadurch gekennzeichnet, dass der Täter durch körperliche Kraftentfaltung einen Zwang ausübt, indem er auf den Körper eines anderen einwirkt, um geleisteten oder erwarteten Widerstand zu überwinden. (...) Nicht erfasst waren (...) Fälle, in denen sich (...) Täter geringem eigenen Kraftaufwand oder chemischer Wirkungen bedient (Bsp.: K.O.-Tropfen).*
>
> *2. Der sog. "vergeistigte Gewaltbegriff": Danach setzte Gewalt eine (...) Kraftentfaltung voraus, die von der Person, gegen die sie (...) gerichtet wird, als ein nicht nur seelischer, sondern auch körperlicher Zwang empfunden wird. (...) Hierdurch erfuhr der Gewaltbegriff eine unerträgliche Ausweitung, da auch Handlungen erfasst waren, die ihn (...) ins Gegenteil verkehrten (Bsp.: (...) rein passiv durchgeführte Sitzblockaden).*
>
> *3. Der sog. "traditionell-moderne Gewaltbegriff": Danach ist Gewalt jede körperlich wirkende (...) Art, die nach ihrer Zielrichtung, Intensität und Wirkungsweise dazu (...) geeignet ist, die Freiheit der Willensentschließung oder der Willensbetätigung eines anderen aufzuheben oder zu beeinträchtigen."*[227]

Das österreichische Strafrecht unterscheidet zwei Formen der Gewalt: *„Vis absoluta und vis compulsiva*[228]. *Vis absoluta bezeichnet dabei die ‚willensbrechende'*

---

[225] Vgl. Nosbers 2021, S. 159 ff.

[226] Schmucker 2017, S. 4.

[227] Gewalt im Sinne der §§ 113 I, 177 I Nr. 1, 240 I, 249 I, 253 I, 255 StGB. In: https://www.jurawiki.de/Definition Gewalt [Zugriff am 27.11.19].

[228] Zum Beispiel Folter.

Gewalt. Hier wird dem Opfer die freie Willensbetätigung oder Willensbildung abso-lut unmöglich gemacht, dem Opfer wird schlechthin jede Möglichkeit zu handeln genommen".[229]

Weitere Definitionen liegen im sozialwissenschaftlichen Bereich, hier wird ein Fokus auf die negative Konnotation gelegt. *„Wo von Gewalt die Rede ist, steht etwas auf dem Spiel, geht es um ein Problem, das gelöst, eine Situation, die verändert werden muss. (...) Denn Gewalt zerstört nicht nur den Körper, sondern auch die Psyche, soziale Beziehungen, im Extremfall sogar das ganze Beziehungsgeflecht von Gesellschaften."*[230]

Eine andere Erklärungsmöglichkeit lautet folgendermaßen: *„Gewalt liegt (...) immer dann vor, 'wenn als Folge der Ausübung von Macht oder Herrschaft oder von beidem oder als Folge von Macht- und Herrschaftsverhältnissen Menschen geschädigt werden'."*[231]

Erstes Bestimmungskriterium für Gewalt ist demnach die Folge der Gewalt, also beispielsweise eine Verletzung oder spätere Beeinträchtigung, das Ziel der ausgeübten Gewalt hat weniger Bedeutung. Dadurch rücken die Opfer stärker in den Fokus als die Täter:innen. Ein weiteres Kriterium ist die Verknüpfung der Gewalt an Macht und Herrschaft, hier gibt es die Unterteilung in strukturelle und personelle Gewalt.

Auch psychische Gewalt ist Teil dieser Thematik, da sie *„die Gewalt des jew-eils Mächtigeren ist, gegen die sich ein großer Teil der Aggressionen richtet (...) und zudem als psychische Gewalt erlebt werden kann".*[232] Psychische Gewalt hat ebenso wie auch körperliche Gewalt Folgen im seelischen Bereich, das gleiche gilt für Androhungen von Gewalt.

Arendt definiert Gewalt als *„Werkzeug, um menschliche Stärke zu vervielfachen."*[233] Schmucker führt weitere Begrifflichkeiten an wie „,strukturelle Gewalt' von Johan Galtung, ,symbolische Gewalt' von Pierre Bourdieu oder die ,normative Gewalt' von Judith Butler".[234]

Es gibt noch etliche weitere Unterscheidungskategorien, eine genaue Def-inition ist äußerst schwierig und umfangreich. Die Gewaltforschung definiert Phänomene wie Kriegsgewalt, aber auch kulturelle Gewalt vielseitig und

---

[229] Ohne Autor, RechtEasy, die juristische Nachschlageplattform (2014): Vis absoluta. In: https://www.rechteasy.at/wiki/vis-absoluta/ [Zugriff am 16.02.2020].

[230] Koloma Beck und Schlichte 2014, 2017, S. 22.

[231] Pilz 2000, o.Sz.

[232] Pilz 2000, o.Sz.

[233] Schmucker 2017, S. 5.

[234] Schmucker 2017, S. 5.

unterzieht sie einer laufenden Neuorientierung. Besonders die Traumaforschung muss einbezogen werden: Auswirkungen von Genoziden wie Holocaust oder Sklaverei bedürfen einer intensiveren Untersuchung, ihre Folgen können noch Generationen beeinflussen.[235]

4.2.2 Entwicklung der Gewalt und Gewaltforschung

„Gewalt birgt immer ein Element der Verzweiflung."[236]

Thomas Mann

Gewalt existiert seit Menschengedenken in verschiedensten Formen, sei es der biblische Brudermord von Kain an Abel oder kollektive Gewalt wie Völkermorde oder Kriege. Der Soziologe Max Weber definiert den Staat als Inhaber des Monopols über physische Gewalt.[237]

Wissenschaftliche Diskurse entstanden vergleichsweise spät im Rahmen der Aggressions- und Gewaltforschung. Diese entwickelte sich im Zusammenhang mit der Kriegsursachenforschung der 1940er und 1950er Jahre, ebenso wie die Friedensforschung. Aktuell liegt der Fokus auf Jugendgewalt und sexueller Gewalt, sowie politisch motivierter Gewalt wie Fremdenhass und Rassismus.[238]

Gewalt und Aggression wurden bei Hollenstein nach historischen Gesichtspunkten der Aggressionsforschung klassifiziert: Ursprünglich wurde Aggression als *„der auf Artgenossen gerichtete Kampftrieb (…) in dem Austeilen schädigender Reize auf den Organismus"*[239] gesehen bzw. als *„Verhaltenssequenz, deren Zielreaktion die Verletzung einer Person ist (…)"*[240].

Ab den 1980er Jahren wurden auch die Androhung einer Schädigung miteinbezogen, ebenso wie das reine Inkaufnehmen einer Schädigung. *„Aggression wird*

---

[235] Vgl. Abschn. 4.1. und 4.2. (Einleitung).

[236] https://www.fh-muenster.de/ciw/downloads/personal/juestel/juestel/Zitate.pdf [Zugriff am 15.08.2020].

[237] Vgl. Pilz 2000, o.Sz.

[238] Vgl. Gerrig 2015, S. 233 und 687 ff. sowie Bühl 2016.

[239] Hollenstein 2002, S. 6.

[240] Selg 1982 zitiert in: Hollenstein 2002, S. 6.

als schädigendes und destruktives Verhalten charakterisiert, das im sozialen Bereich auf Grundlage einer Reihe von Faktoren als aggressiv definiert wird, von denen einige eher beim Beurteiler als beim Handelnden liegen".[241]
Hollenstein legte die Theorie der relativen Deprivation dar und wies auf die von Runciman gemachte Unterscheidung zwischen personaler und individueller Deprivation einerseits und gruppaler und fraternaler Deprivation andererseits hin.[242] *„Intergruppenaggressionen in Form kollektiver Handlungen (…) entstehen dann, wenn die Gruppenmitglieder glauben, dass ihre Gruppe benachteiligt ist."*[243]
Im Hinblick auf die Reden von Malcolm X würde dies eindeutig seine Gewaltaufrufe erklären bzw. rechtfertigen, da er sich und seine Mitstreiter:innen klar als benachteiligte Gruppe sieht.

> *„Mit der demütigenden Alltagserfahrung (…) machte die verheerende Rhetorik der Nation of Islam (…) eindeutig Sinn: Kein Teufel im Jenseits könne schlimmer sein als der Teufel auf Erden, der Schwarze in Ketten gelegt hatte, um sie Amerika aufbauen zu lassen, ohne ihnen danach die Freiheit und die gleichen Rechte zu geben."*[244]

Auch Fanon war von strukturellem Rassismus direkt betroffen: *„Die jungen Martiniquaner waren also mächtig stolz, doch sie wurden schnell mit der direkten und gewalttätigen Erfahrung von Rassismus und Verachtung (…) konfrontiert, einer Verachtung der Weißen gegenüber der einheimischen Bevölkerung (…)."*[245]
Diese kollektiven Unterdrückungserfahrungen können als dermaßen stark empfunden werden, dass sie wiederum zu Gewalt und Diskriminierung anderer Personen führen können: Gewalt erzeugt Gegengewalt.
Hollenstein führt weiter aus, dass sich die Aggressions- und Gewaltforschung zunehmend auf soziale Ursachen konzentrierte,[246] es aber verstärkt zu einer Perspektivendivergenz zwischen den Beteiligten kam: *„Der aggressive Akteur sieht seine eigene Handlung eher als situationsangemessen als das Opfer."*[247]
Auf Malcolm X umgelegt bedeutete dies, dass die benachteiligte Gruppe (in diesem Fall Afroamerikanische Bürger:innen) Gewalt je nach Situation angebracht fand, die Opfer (in diesem Fall weiße Bürger:innen) absolut nicht; diese

---

[241] Badura Albert (1979): Aggression. Eine sozial-lerntheoretische Analyse. Stuttgart: Klett Cotta. S. 22. Zitiert in: Hollenstein 2002, S. 6.
[242] Vgl. Hollenstein 2002, S. 15.
[243] Hollenstein 2002, S. 15.
[244] Zips und Kämpfer 2001, S. 12.
[245] Cherki 2001, S. 32.
[246] Hollenstein 2002, S. 16.
[247] Hollenstein 2002, S. 14.

sehen sich eher in der Position der Verteidigung „weißer Wertehaltungen". Dies unterstreicht die sogenannte Deindividuation, das „Wir" wird gestärkt, das „Ich" tritt in den Hintergrund.[248] Ebenso bei Fanon: das „Wir" steht in diesem Fall für die Kolonisierten, mehr dazu im folgenden Kapitel.

4.2.3 Der Gewaltbegriff bei Frantz Fanon

„(...) la décolonisation est toujours un phénomène violent."[249]

Frantz Fanon

Frantz Fanon wuchs auf Martinique in einer von Sklaverei betroffenen Gesellschaft auf und war dadurch von kollektiver Diskriminierung geprägt. Während seinem Kriegseinsatz in Europa erfuhr er offene Rassismuserfahrungen, hier erlebte er Herabsetzung aufgrund seiner Hautfarbe. Trotz einer hervorragenden Ausbildung beherrschte die Thematik sein Leben, wie man beispielsweise auch in der psychoanalytischen Auseinandersetzung zu Schwarz/Weiß in seinem Werk *„Peau noir, masques blancs"* nachlesen kann.

Fanon selbst haderte damit und war, wie seine Biografin Alice Cherki berichtete, sehr irritiert, wenn seine Hautfarbe in wenigen Ausnahmefällen keine Rolle spielte. Möglicherweise durch seine helle Hauttönung – seine Mutter war französischstämmig mit österreichischen Wurzeln – hatte Fanon ein besonderes Augenmerk darauf.

Auch Malcolm X war hellhäutiger durch seinen schottischen Großvater, dies sah er zeitlebens als Makel an: Er galt für die Afroamerikaner:innen als zu hell und für die Weißen als zu dunkel. Sogar seine Eltern behandelten ihn anders als seine Geschwister: *„Wenn ich heute darüber nachdenke, bin ich fest davon überzeugt, daß in dem Maße, wie mein Vater mich bevorzugte, weil ich hellhäutiger war (...), mich meine Mutter aus demselben Grund strenger behandelte. (...) Geh raus in die Sonne, damit du etwas Farbe bekommst.'"*[250]

Über Fanons Kindheit ist wenig bekannt, er vermied es darüber zu sprechen.[251] Cherki ging davon aus, dass er in der frühen Kindheit ein beschütztes, ruhiges Leben führte, erst die Ankunft von Admiral Robert und

---

[248] Vgl. Freuds Theorie zu Eros und Destruktionstrieb mit starken Einflüssen in die Frustrations- und Aggressions-Theorie (Hollenstein 2002, S. 8).

[249] *„Die Dekolonisation ist immer ein Phänomen der Gewalt."* Fanon 1961, 2002, S. 39.

[250] Haley 1964, 1992, S. 25.

[251] Vgl. Cherki 2001, S. 27 f.

seinen Truppen 1939/40 beendete dies – Fanon musste sich nun mit Rassismus und Diskriminierung auseinandersetzen.[252] Weitere Ausgrenzungs-, Gewalt- und Rassismuserfahrungen machten Fanon und sein Wegbegleiter Marcel Manville während ihres Einsatzes im Zweiten Weltkrieg[253] in Marokko. „Fanon war (...) von dieser Erfahrung geprägt: den Krieg für die Gleichheit der Rassen und die Verbrüderung der Menschen mitgemacht zu haben und nun verachtet zu werden.“[254] Nach seiner Rückkehr nach Fort-de-France absolvierte Fanon die Reifeprüfung und reiste im gleichen Jahr nach Frankreich zum Studium. Nach Abschluss seines Medizinstudiums und einer Ausbildung in Psychiatrie verfasste er den Text „Das nordafrikanische Syndrom“, eine revolutionäre Abhandlung über das diskriminierende Verhalten französischer Ärzte gegenüber nordafrikanischen Patient:innen mit Fokus auf die Behandlung als Objekt aufgrund der Herkunft.[255] Erste Erfahrungen als Psychiater machte er mit Gewalt in der Psychiatrie:

> „Als Psychiater in den 1950er Jahren war Fanon einer, der Gewalt ausübte: Er verordnete seinen PatientInnen Elektroschocks, Insulinkuren und Medikamententests. Er war aber auch einer, der die Gewaltausübung in der Klinik reflektierte. Zu den eindrücklichsten Texten gehört ein Aufsatz über die ‚Raserei‘ – ein Patient, der ‚ausflippt‘, wird gewalttätig, die Klinik stellt ihn mit Gewalt ruhig.“[256]

Während seines Assistenzjahres im französischen Saint-Alban-sur-Limagnole, Département Lozère, kam Fanon erstmals mit Sozialtherapie in Berührung; die Grundmaxime lautete, die Patient:innen von Beginn an bei ihrer Behandlung mitbestimmen zu können. Weiße Doktorenkittel und Schwesternuniformen wurden abgeschafft, die Kliniktüren geöffnet. Die Patient:innen konnten sich frei bewegen und am sozialen Leben des Dorfes teilhaben. So ergaben sich völlig neue Therapiemöglichkeiten, aufgrund der aktiven Einbeziehung der zu Behandelnden war die Aufenthaltsdauer deutlich verkürzt und die Erfolge langanhaltender.[257]

1953 übernahm Fanon einen Posten als Abteilungsleiter in der psychiatrischen Klinik von Blida-Joinville nahe Algier. Er leitete zwei Teilbereiche: einen für europäische Frauen und einen für muslimische Männer. Frantz Fanon

---

[252] Laut Berichten seines Weggefährten Marcel Manville. Vgl. Cherki 2001, S. 30–33.

[253] 1944–45.

[254] Cherki 2001, S. 36.

[255] Vgl. Cherki 2001, S. 41 f.

[256] Suter 2017, o.Sz. Es handelt sich um folgenden Aufsatz: Fanon und Asselah (1957): Le phénomène de l'agitation en milieu psychiatrique. Considérations générales, signification psychopathologique, in: Fanon, Ecrits sur l'aliénation et la liberté, S. 369–377.

[257] Vgl. Cherki 2001, S. 66 f.

kannte Algerien aus seinem Kriegseinsatz, doch von psychiatrischen Kliniken und Behandlungen im Land hatte er keine oder nur geringe Kenntnis. Vor Ort angekommen stießen seine neuen Ideen und Methoden zuerst auf Ablehnung, zudem gab es bereits vier Oberärzte und vier Abteilungen. Erst nach langem Ringen wurde eine Abteilung für ihn gegründet, hier konnte er seine für Algerien noch ungewohnten Methoden anwenden.

Wie bereits in Abschn. 2.1. kurz beschrieben, lag Fanon sehr viel daran, die Reformen, die er in Saint-Alban-sur-Limagnole, Département Lozère, kennengelernt hatte, auch in Algerien auszuprobieren und hier erstmalig ohne Blick auf Herkunft, Geschlecht oder Religionsbekenntnis anzuwenden. Gerade Muslime wurden zu dieser Zeit in der Psychiatrie als unterste Kategorie Mensch betrachtet, von Egalität mit Europäer:innen war man weit entfernt.

Fanon bestand darauf, dass jedem Menschen eine Psychoanalyse zustand, aus diesem Grund lehnte er auch Sitzungen mit französischen Folternden nicht ab.

Er kritisierte die rassistische Einstellung der Ärzte in der Klinik von Blida-Joinville. Sie sahen beispielsweise die Gehirnentwicklung der lokalen Bevölkerung als anatomisch minderwertig an und führten so koloniale Strukturen innerhalb der Station weiter.[258] *„Nach dieser Doktrin sind die (…) Einheimischen durch eine primitive psychische Entwicklung gekennzeichnet: ihr psychisches Leben werde von Instinkten beherrscht und nehme die höheren geistigen Fähigkeiten wenig in Anspruch."*[259] Weiters hätten diese keinen persönlichen Willen, es mangle ihnen an Intelligenz und Scharfsinn, sie würden zu Faulheit sowie impulsiven und kriminellen Handlungen neigen. Fanons Ansatz einer sozialtherapeutischen Behandlung war eine absolute Revolution in der *Schule von Algier.*[260]

Für Fanon bedeutete eine psychiatrische Behandlung auch, dass die Anstalt „mit Menschlichkeit ausgestattet" werden musste, das heißt, dass die Patient:innen keine zu betrachtenden Objekte waren, und dass die Ärztin/der Arzt eine auf gleicher Ebene stehende Person war, die in Austausch mit der/dem zu Behandelnden tritt.[261]

Schmucker führte an, dass Fanon deutlich mache, dass *„Gewalt nicht nur die Situation der Akteure ändert, sondern auch die Akteure selbst."*[262] Dies beschrieb

---

[258] Vgl. Cherki 2001, S. 98.

[259] Cherki 2001, S. 102.

[260] Vgl. Cherki 2001, S. 102 f. Unter der *,Schule von Algier'* verstand man eine rassistische, antimuslimische Ausrichtung der Psychiatrie, zu dieser Zeit die unreflektierte Mehrheitsmeinung. Vgl. Suter 2017, o.Sz.

[261] Vgl. Suter 2017, o.Sz.

[262] Schmucker 2017, S. 6.

er beispielsweise eindrücklich im Kap. 5 seines Werkes „*Die Verdammten dieser Erde*"[263], hier kommen sowohl algerische als auch französische Patient:innen zu Wort – Folterknechte und Folteropfer. Fanon schaffte es, eine externe Position einzunehmen und die Gräueltaten explizit, ohne persönliche Analyse, dafür mit der nötigen medizinischen Distanz zu beschreiben.

Folter und ihre gravierenden Folgen waren ständige Begleiter Fanons in Blida-Joinville: Er betreute viele Folteropfer, dazu zählten sowohl die Gefolterten als auch die zum Foltern Gezwungenen. „*Jeder Franzose in Algerien muß sich als Folterknecht verhalten. Dem algerischen Volk entgeht nicht, daß die Kolonial-struktur auf der Notwendigkeit zu foltern, zu vergewaltigen und zu massakrieren beruht.*"[264]

Fanon erklärte Gewalt als legitim, sofern jemand (z. B. ein Kolonialist) versuche, einen anderen Menschen (z. B. einen Kolonisierten) als ‚*minderwertig*' darzustellen, dazu zählte er auch Abwertungen wie Demütigungen und Beleidigungen[265]: „*Der Kolonialherr versteht keine Sprache außer Gewalt.*"[266]

Den Begriff „Gewalt" verwendete Fanon vielschichtig: manchmal als physische Gewalt, manchmal als psychische Gewalt und manchmal als Mischform ähnlich einem Druckmittel, aber er zeigte auch klar strukturelle Gewalt auf. Es ist nicht davon auszugehen, dass er ein grundsätzlich gewaltbereiter Mensch war, sondern radikale Worte wählte, um etwas in den Menschen zu bewegen und mit Nachdruck einen gesellschaftlichen und sozialen Wandel zu fordern. Er wusste, dass er schockieren musste, um gehört zu werden und damit eine Veränderung erwirken zu können.

Cherki weist immer wieder auf Gemeinsamkeiten mit Malcolm X bzw. den Einfluss Fanons auf den Bürgerrechtskämpfer hin. Auch im Bereich der Thematik „Gewalt" sieht sie eine klare Verbindung. „*(...) Gewalt wird in maßvoller Weise als Selbstverteidigung benutzt (...). Gewalt ist für sie* [Anm.: Bürger-rechtskämpfer:innen wie die *Black Panther*], *ebensowenig wie für Fanon, ein Selbstzweck.*"[267]

Hannah Arendt sieht dies anders und meint offensichtlich, dass Fanon durch seinen eigenen Hass auf sein Umfeld, also einem tieferen Komplex gegenüber Weißen, Gewalt verherrlichen würde und diese dadurch legitimieren würde:

---

[263] Vgl. Fanon 1961, 2008, S. 190–225.

[264] Fanon 1961, 2008, S. 159.

[265] Vgl. Cherki 2001, S. 312.

[266] Erkiner 2011, S. 3.

[267] Cherki 2001, S. 278.

> *„Sartre und Fanon, diese zwei Prediger der Gewalt, welche die Gewalt um ihrer selbst willen verherrlichen, hegen letztlich einen erheblich tieferen Hass auf die Gesellschaft und vollziehen einen erheblich radikaleren Bruch mit ihrem Sittenkodex als die konventionelle Linke, deren Hauptmotive das Mitleiden und die Leidenschaft für Gerechtigkeit waren.“*[268]

Möglicherweise ist dieser wie von Arendt benannte „tiefe Komplex" eigentlich ein Trauma und seiner Herkunft geschuldet, sein Urgroßvater stammte ursprünglich aus Europa. Leider gibt es, wie schon erwähnt, über die Familiengeschichte kaum Informationen, Fanon hielt sich auch gegenüber seiner Biografin Alice Cherki äußerst bedeckt, lediglich sein Bruder beschrieb einige persönliche Umstände in seinem Werk.[269]

Recherchen zeigten, dass die Urgroßeltern über Frankreich (Elsass) nach Martinique ausgewandert waren, bis zur Generation der Großmutter wurde innerhalb der französischen Gemeinschaft auf Martinique geheiratet. Der Vater von Frantz Fanon, Casimir Fanon, ist der erste Schwarze Martiniquaner in der Familie. Fanon selbst thematisierte dies nie; selbst über seine Tochter Mireille, die unehelich zur Welt kam, ist kaum etwas persönliches bekannt.

Nachfolgend werden mehrere Aussagen von Fanon zum Themenbereich ‚Gewalt‘ analysiert:

„(…) die Dekolonisation ist immer ein Phänomen der Gewalt.“[270]

Für Fanon war Gewalt der (einzige) Motor zur Unabhängigkeit. Die Gewalt der Kolonialherren löste Gewalt bei den Kolonisierten aus; friedlicher Widerstand wäre sinnlos, da dieser sofort gewaltvoll niedergeschlagen wurde. Fanon entschuldigte die Gegengewalt nicht, aber begründete die Entstehung. Für die Unterdrückten ist Gewalt meist der einzige Ausweg, um sich von ihr bzw. von den Kolonisatoren zu befreien. In der kolonialen Welt ist Gewalt allgegenwärtig, der Kolonisierte ist ihr fast ununterbrochen ausgesetzt (sowohl physisch als auch psychisch, aber auch strukturell). Die Dekolonisation ist nur durch ein Agieren der Kolonisierten möglich.[271]

„The colonial regime is a regime instituted by violence.“[272]

Dorlin schreibt in ihrem Werk *„Selbstverteidigung"* über die Historie der Kolonialisierung Algeriens, dass seit 1851 der Waffenverkauf an die lokale Bevölkerung per Dekret verboten, den Franzosen hingegen das Recht dazu per

---

[268] Arendt 1981, S. 66, zitiert in: Vogt 2012, S. 10.

[269] Vgl. Fanon 2004.

[270] Fanon 1961, 2008, S. 27.

[271] Vgl. Dorlin o. J., o.Sz.

[272] Fanon 1960, S. 654: Why we use violence. In: Khalfa, Young 2018.

Verordnung 1872 eingeräumt wurde. Die Waffen dienten zum eigenen Schutz für die Europäer:innen und als Sicherheit gegen die Algerier:innen.[273] *„De facto kann der Kolonialstaat nicht ohne ein Milizsystem funktionieren, das in der Lage ist, die lokalen Besatzungsaufgaben sicherzustellen."*[274] Eine Abschaffung dieses Systems ist wiederum nur mit Gewaltanwendung möglich (siehe auch vorhergehendes Zitat).

> *„Die Gewalt hebt das Volk auf Höhe seiner Anführer."*[275]

Fanon verstand die Dekolonialisierung als Angelegenheit aller Menschen, egal welcher Herkunft oder welchem (kulturellen, religiösen oder politischen) Hintergrundes. Im Kampf sind Anführer:innen und das Volk auf gleicher Ebene. Es gibt laut Fanon keinen *„Befreier"*, sondern nur die Massen, die sich mitreißen lassen. Sie wollen Bestimmer ihres Schicksals und ihrer Zukunft werden sowie diese mitgestalten und Entscheidungen treffen. Gegenüber jeglichen Vorgaben oder selbsternannten Führern sind sie misstrauisch und möchten diese Aufgaben selbst übernehmen. Ihren Minderwertigkeitskomplex und ihre Verzweiflung können sie nur durch Gewalt ablegen.[276]

> *„Auf der individuellen Ebene wirkt die Gewalt entgiftend."*[277]

Fanon schrieb Gewalt eine kathartische Wirkung zu, um die *„gefühlte Minderwertigkeit der Kolonisierten zu bewältigen"*.[278] Schicho beschreibt in diesem Zusammenhang Gewalt als reinigendes Feuer, aus dem die dekolonisierten Menschen entkommen.[279]

Gewaltanwendung ist nicht frei wählbar, denn es gibt keine andere Möglichkeit, den Kampf gegen die Kolonialherren zu gewinnen. Nur so sei es möglich, dass die Kolonisierten, denen man ja meist nicht einmal menschliche Eigenschaften zuspricht, zu „richtigen Menschen" werden können. Kalter sieht hier Sartres Einfluss auf Fanon: *„Die Dekolonisierung revolutioniert das Sein, sie ermächtigt den Einzelnen, vom Objekt zum Subjekt seiner Geschichte zu werden. (…) Sie mobilisiert und politisiert die Kolonisierten, sie ermöglicht ihnen die Selbst-Repräsentation als Nation."*[280]

---

[273] Vgl. Dorlin 2020, S. 32 f.

[274] Dorlin 2020, S. 33.

[275] Fanon 1961, 2008, S. 73.

[276] Vgl. Fanon 1961, 2008, S. 73.

[277] Fanon 1961, 2008, S. 72.

[278] Lobach 2018, o.Sz.

[279] Vgl. Schicho o. J., o.Sz.

[280] Kalter Christoph 2008, S. 110.

„Der Kolonisierte (...) ist von jeher auf Gewalt vorbereitet."[281]
Die Kolonialherren sprachen den Kolonisierten nur unmenschliche Eigenschaften zu wie roh, gewalttätig, primitiv oder unzivilisiert. Sie würden also
gar keine andere Sprache als Gewalt verstehen. Laut der *„Schule von Algier"*
herrsche in der lokalen Bevölkerung, besonders unter Muslimen, der Primi-
tivismus vor. Demnach seien diese Menschen lediglich von primitiven Trieben
gesteuert, ohne jegliche höhere Intelligenz oder Fähigkeiten wie Logik, Willenskraft oder Instinktbeherrschung. Zudem sprach man ihnen kriminelle Energie
und Unehrlichkeit zu. Als Ursprung dieser minderwertigen Gehirnentwicklung
wurde ein dominierendes Zwischenhirn gegenüber dem Stammhirn diagnostiziert – eine Theorie, die auch in anderen Kolonialgebieten eingesetzt wurde, um
die angenommene Minderwertigkeit der lokalen Bevölkerung zu demonstrieren.
Fanon war einer der führenden Psychiater, der sich klar gegen die in den 1950er
Jahren noch vorherrschende *„Schule von Algier"* positionierte und stattdessen die
‚Sozialtherapie' propagierte.[282]
Fanons Lösungsansatz zum Ende der Gewalt lag im kompletten Zerschlagen
des Systems der Kolonialisierung, und zwar mit allen notwendigen Mitteln, auch
mit Gewaltanwendung: *„By any means necessary!"* Dieser Ausspruch wird zur
späteren Parole von Malcolm X – hier schließt sich wieder ein Kreis.[283]

4.2.4 Der Gewaltbegriff bei Malcolm X

*„Be peaceful, be courteous, obey the law, respect everyone; but if someone puts his
hand on you, send him to the cemetery."*[284]

Malcolm X

Malcolm X wurde in seiner Kindheit und Jugend ständig mit Rassenhass und
Gewalt konfrontiert, der *Ku-Klux-Klan* war einer der Hauptgründe für seine Traumatisierung.[285] Man kann von verschiedenen Lebensphasen sprechen: Malcolms
Jugend, die geprägt von Kriminalität, Drogenmissbrauch und Diskriminierung
war, die darauffolgende Dekade im Gefängnis und seine Mitgliedschaft bei der

---

[281] Fanon 1961, 2008, S. 28.

[282] Vgl. Cherki 2001, S. 102 f. sowie Abschn. 2.1.

[283] Siehe Abschn. 4.7.

[284] Malcolm X zitiert in: Wendt 2007, S. 554.

[285] Vgl. Abschn. 4.1.4.: Gefühlsrucksack und Traumatisierung.

Nation of Islam im Gegensatz zu der (leider sehr kurzen) Phase nach seiner Mekka-Reise.

Seine Antwort auf Gewalt war Gegengewalt, eine Spirale, die ihn schließlich (wenn auch aus anderen kausalen Gründen) für viele Jahre ins Gefängnis brachte. Hier kam er erstmals mit der *Nation of Islam* in Berührung und trat ihr nach einiger Zeit auch bei. Während seiner Zeit als Sprecher der *Nation* wurde Malcolm X bekannt für seine radikalen Gewaltaufrufe und Appelle zur (gewaltvollen) Selbstverteidigung. Die Organisation vertrat eine extreme Rassentheorie der *Black Supremacy* u. a. mit dem Slogan des *„Blue Eyed Devil"*. Bürgerrechte sollten mit allen notwendigen Mitteln, auch mit Waffengewalt, verteidigt werden – *„By any means necessary!"*[286]

„Malcolm X hatte vom ‚Scheitern der Gewaltlosigkeit' gesprochen (…). Diese Gewalt wird in maßvoller Weise als Selbstverteidigung benutzt (…). Gewalt ist (…) ein Selbstzweck."[287]

Seine Biografin Britta Waldschmidt-Nelson differenzierte zwischen Gewaltaufrufen und dem Recht auf Selbstverteidigung. Sie sah Malcolm X in diesem Punkt deutlich missverstanden, da keine direkten Gewaltaufrufe von ihm bekannt sind, sondern nur Appelle zur Selbstverteidigung.

Der Beginn seiner Wandlung vom charismatischen Sprecher der *Nation of Islam,* der sich oft harscher Worte bediente, zum Prediger des gewaltfreien Widerstands begann 1963/1964. Ausschlaggebend war die Aufdeckung der Doppelmoral von Elijah Mohammad: dieser predigte Sittlichkeit und ließ jede Verfehlung hart bestrafen, hatte jedoch selbst zahlreiche außereheliche Affären und daraus entstandene Kinder. Malcolms Bruder Reginald war Jahre zuvor wegen ähnlicher Verfehlungen aus der *Nation* ausgeschlossen worden, Malcolm bedauerte nun zutiefst, dass er damals aus eben diesem Grund den Kontakt abgebrochen hatte.

Im Frühjahr 1964 unternahm Malcolm X eine Pilgerreise nach Mekka, den *Hadsch,* und setzte sich dort mit dem orthodoxen Islam auseinander.[288] Die Passagen darüber in seiner Biografie, die Alex Haley 1964 kurz vor Malcolms Tod aufzeichnete, sind beeindruckend zu lesen. Malcolm war zutiefst berührt über seine Erfahrungen während des *Hadsch:* Muslime aller Hautfarben und Herkunftsländer begingen gemeinsam die islamischen Riten und wurden eins in

---

[286] Vgl. Abschn. 4.7.
[287] Cherki 2001, S. 278.
[288] Vgl. Waldschmidt-Nelson 2015a, S. 211–249 und Haley 1964, 1992, S. 335–381.

ihrem Glauben, nichts anderes war von Bedeutung. Malcolm konvertierte zum (sunnitischen) Islam[289] und nannte sich ab sofort *El Hajj Malick El-Shabazz.* Auch die nachfolgende Afrikareise bestätigte ihn in seinen neuen Erkenntnissen. Dies ist wahrscheinlich als der konkreteste Wendepunkt seines Lebens dokumentiert, ab diesem Zeitpunkt wandte er sich ganz klar von vorherigen Gewalt- oder Selbstverteidigungsappellen ab und propagierte ausschließlich das friedvolle Miteinander. Sogar eine Zusammenarbeit mit den vorher verhassten Weißen war für ihn nun vorstellbar, ebenso wie die Kooperation mit Martin Luther King Jr., da sie nun ein gemeinsames Ziel – die Bürgerrechte für alle Schwarzen – einte. *„Ich habe mich nicht verändert. Ich sehe die Dinge nur im größeren Zusammenhang. (…) Jetzt weiß ich, dass es klüger ist, zu sagen, du willst einen Mann für das erschießen, was er dir antut, nicht weil er weiß ist. Wenn du ihn angreifst, weil er weiß ist, lässt du ihm keinen Ausweg. Er kann ja nicht aufhören, weiß zu sein.*"[290]

Da Malcolm als Kind, Jugendlicher und Erwachsener selbst Gewalterfahrungen machen musste, hatte er in früheren Lebensphasen keinerlei Verständnis für friedliche Freiheitskämpfer wie Martin Luther King Jr., den er als verwöhnten Sohn eines evangelischen Priesters sah. *„I am not a racist. I am against every form of racism and segregation, every form of discrimination. I believe in human beings, and that all human beings should be respected as such, regardless of their color.*"[291]

Erst nach seiner Mekka-Reise suchte er Kontakt und Aussöhnung mit Martin Luther King Jr. (Abb. 4.8), er verstand nun die Beweggründe für dessen Widerstandsform des gewaltlosen Protestes und konnte sich auch selbst damit identifizieren. Aufgrund dieser veränderten Situation gab es Berührungspunkte, es folgten Austauschtreffen für die gemeinsame Sache: die Abschaffung von Diskriminierung und Rassenhass. Die Kommunikation war nun von gegenseitigem Respekt, Vertrauen und Brüderlichkeit geprägt, ganz anders als in den Jahren zuvor.[292]

Sein Wandel missfiel speziell den Mitgliedern der *Nation;* es ist davon auszugehen, dass Elijah Muhammad auf Rache für seinen Austritt sann, da einerseits viele seiner Anhänger:innen nach Malcolms Abgang ebenfalls aus der Organisation austraten und so Mitgliedsgelder, die auch seinen feudalen

---

[289] Die größte Glaubensrichtung innerhalb des Islam ist der sunnitische Islam oder Sunnitentum (rund 90 % Muslime bekennen sich zu dieser Richtung). Es leitet sich ab von *„Sunna"*, der Deutung der göttlichen Offenbarung; die sogenannten *Hadîth*, Sammlungen über die Worte und Taten des Propheten Mohammed unterstützen die Sunna. Vgl. Hennig 2010, S. 22.

[290] Malcolm X 1965 zitiert in: Waldschmidt-Nelson 2015a, S. 256 f.

[291] Malcolm X 1965 zitiert in: Sheppard 2005, S. 113.

[292] Vgl. Abschn. 4.1.3.

Abb. 4.8 Martin Luther
King trifft auf Malcolm X.
Washington, 26.03.1964.
(Mit freundlicher
Genehmigung von Teaching
American History)

Lebensstil finanzierten, wegfielen; andererseits fühlte er sich in seiner Ehre
gekränkt, da Malcolm seine Affären öffentlich machte und die Mütter Muhammads unehelicher Kinder bei Alimentationsprozessen unterstützte.

Im Februar 1965, eine Woche vor Malcolms Ermordung, wurde das Haus der
Familie bereits von einer Brandbombe zerstört, seine schwangere Frau Betty und
die vier kleinen Töchter entkamen nur knapp dem Tod. Die Drohungen seitens
der *Nation* – es ist davon auszugehen, dass diese im direkten Auftrag von Elijah
Muhammad passierten – wurden immer unverhohlener, Malcolm wurde unter
durchgehenden Polizeischutz gestellt.[293]

Eine Woche später hielt Malcolm dennoch eine öffentliche Rede in New
York ab. Angeblich lehnte er für diesen Tag Polizeischutz und Sicherheitskon-
trollen ab, nur die internen Sicherheitskräfte waren anwesend. Engste Vertrauten
widersprachen dieser Darstellung – Malcolm hätte nie auf polizeiliche Protektion
verzichtet. Bestätigt hingegen ist, dass Malcolm bereits eine Vorahnung hatte,
dass etwas passieren könnte und er nicht mehr lange leben würde.[294] Laut Aussagen seiner Familie und seinem nahen Umfeld bat er daher um verstärkten
Einsatz von Security.

Während der Rede am 21. Februar 1965 im Audubon Ballroom wurde eine
Rauchbombe inmitten des Raumes gezündet, an anderer Stelle eine zweite. Es
kam zu einem Durcheinander, die Sicherheitskräfte wurden abgelenkt, dann
passierte das Unglaubliche: Malcolm wurde vor den Augen seiner Familie und
seiner Anhänger:innen von 21 Schüssen getroffen und starb kurze Zeit später im
Krankenhaus. Laut aktuellen Untersuchungen von Abdur-Rahman Muhammad ist

---

[293] Vgl. Waldschmidt-Nelson 2015a, S. 269–273.
[294] Tatsächlich hat er von Todesahnungen schon gegenüber Alex Haley gesprochen, auch
seine Schwester Ella war informiert; siehe Abschn. 3.4.

der Täter ein ehemaliges Mitglied der *Nation,* er wurde jahrzehntelang vom FBI gedeckt.[295]

So starb einer, der jahrelang Gewalt bzw. Selbstverteidigung als mögliches Mittel propagiert hatte und sich schlussendlich komplett davon abwandte, durch einen Gewaltakt. Sein direktes politisches Erbe war die Gründung der umstrittenen *Black Panther Party,* eine Bewegung, die sich klar von Gewaltfreiheit distanzierte und *Black Nationalism* predigte.[296]

Als positiven Nachfolger der Lehren von Malcolm X ist die Bewegung *Black Lives Matter*[297] zu sehen, der weltweit Menschen aller Hautfarben angehören. Ihre Gemeinsamkeit ist der friedvolle Widerstand gegen Rassismus und jegliche Diskriminierung *‚by any means necessary‘,* also auch mit gewaltfreien Mitteln.

Nachfolgend betrachte ich wie im vorhergehenden Kapitel bei Fanon exemplarische Zitate zum Thema ‚Gewalt‘.

„I don't even call it violence when it's in self defence; I call it intelligence. "[298]

Malcolm X sah das Recht auf Selbstverteidigung als *„gottgegebenes Recht, das auch den Schwarzen in den USA zustehe".*[299] Er sah jegliche Unterdrückung als eine Fortführung jahrhundertelanger Diskriminierung ausgehend von der Sklaverei.

Ein weiteres Argument Malcolms war, dass die Bibel christliche Nächstenliebe predige, der Koran aber nicht. Ganz im Gegenteil rufe doch das heilige Buch zu Selbstverteidigung auf: *„There's nothing in our book, the Quran (…) that teaches us to suffer peacefully. Our religion teaches us to be intelligent. Be peaceful, be courteous, obey the law, respect everyone; but if someone puts his hand on you, send him to the cemetery."*[300] Hier zeigte sich erneut der deutliche Gesinnungsunterschied zwischen Malcolm X und Martin Luther King Junior. Malcolm sah King als *„Waffe der Weißen",* da dessen Aufrufe zur Gewaltlosigkeit der Schwarzen direkt den Weißen dienten.[301]

---

[295] Details siehe Abschn. 3.4.

[296] Vgl. u. a. Klein 2017, S. 30 ff.

[297] Diese Kampagne engagiert sich gegen Gewalt gegen Schwarze und gegen rassistische Gewalt wie Racial Profiling, Polizeigewalt und Rassenungleichheit. Start der Kampagne war der Freispruch von George Zimmerman nach der Ermordung des unbewaffneten afroamerikanischen Teenagers Trayvon Martin. Siehe Abschn. 4.1.3.

[298] Aus seiner Rede zu den Peace Corps Workers am 12.12.1964. In: http://malcolmxfiles. blogspot.com/2013/07/speech-to-peace-corps-workers-december.html [Zugriff zuletzt am 22.08.2020].

[299] Waldschmidt-Nelson 2015a, S. 189.

[300] Auszug aus „Message to the Grass Roots" (1963).

[301] Vgl. Dorlin 2020, S. 162 f.

Deutlich hinzuweisen ist darauf, dass Malcolm zwar regelmäßig das Recht auf Selbstverteidigung predigte und bei seinen Reden laufend dazu aufrief, dem *„weißen Teufel"* „by any means necessairy" entgegenzutreten – konkrete Gewaltaufrufe gegen Weiße oder Anstiftung zu armierten Protesten machte er jedoch nie. Im Gegensatz zur *Nation of Islam*, die ja über eigene Sicherheitskräfte in einer Art Armee verfügte – die sogenannte *Fruit of Islam*, hatte Malcolm dieses System in seinen neuen Organisationen nicht übernommen.

Malcolm sah meines Erachtens Selbstverteidigung als logische Folge auf einen gewalttätigen Angriff an. *„Concerning nonviolence, it is criminal to teach a man not to defend himself when he is the constant victim of brutal attacks."*[302] Dies ist im Kontext von ständigen Übergriffen Weißer auf Schwarze zu sehen, nicht nur seitens des *Ku-Klux-Klans* oder der Polizei, sondern auch von normalen Bürger:innen.

> *„Ich bin für Gewalt, wenn Gewaltlosigkeit bedeutet, daß wir weiterhin die Lösung der Probleme der Schwarzen hier in Amerika aufschieben - nur um Gewalt zu vermeiden. Ich lehne Gewaltlosigkeit ab, wenn sie diese Lösung hinauszögert. (…) Oder anders ausgedrückt: wenn Gewalt notwendig ist, um den Schwarzen in diesem Land zu ihren Menschenrechten zu verhelfen, dann bin ich für Gewalt."*[303]

„I don't advocate violence; but if a man steps on my toes, I'll step on his."[304]

Auch dieses Zitat weist auf das Recht auf Selbstverteidigung nach einem Angriff hin. Malcolm führte klar aus, dass sein Gegenüber zuerst eine Handlung setzen müsse, bevor er darauf reagieren würde, aber eine (gleiche oder ähnliche) Reaktion müsse auf alle Fälle folgen. Es ist deutlich definiert, dass er auf keinen Fall zurückstecken, sondern jede Tat mit dem Talionsprinzip vergelten würde. Diese Retaliation ist eine reziproke Reaktion auf eine vorhergehende Aktion.

Zudem sah Malcolm es als vollkommen falsch an, dass Gewalt oder Selbstverteidigung gegen Weiße von Bürgerrechtskämpfern wie King verdammt wurde, außerhalb des Landes, also im Krieg der USA gegen andere Staaten, aber in Ordnung sei:

> *„If violence is wrong in America, violence is wrong abroad. If it is wrong to be violent defending black women and black children and black babies and black men, then it is wrong for America to draft us, and make us violent abroad in defense of her. And if it*

---

[302] Rede von Malcolm X (1964): A Declaration of Independence, 12.03.1964, New York City; Zitiert in: Breitman 1990, S. 22.

[303] Haley 1964, 1992, S. 384 f.

[304] Haley 1964, 1992, S. 262. (englische Ausgabe 1987).

is right for America to draft us, and teach us how to be violent in defense of her, then it is right for you and me to do whatever is necessary to defend our own people right here in this country."[305]

Erst nach seiner Mekka-Reise zeigte er sich deutlich friedfertiger und rief weder zu Gewalt noch zu Selbstverteidigung auf, sondern zu einem friedlichen Miteinander.

4.3 Charismatische Redner

„Malcolm besaß (…) ein außergewöhnliches rhetorisches Talent, das Schlagfertigkeit und Ironie mit bodenständiger Logik und mitreißendem Humor verband, sondern auch einen scharfen analytischen Verstand und ausgezeichnete (…) Koran- und Geschichtskenntnisse."[306]

Britta Waldschmidt-Nelson

Wie bereits in den einleitenden Kapiteln kurz skizziert, stellt ein beeindruckendes Auftreten und Redetalent, das viele Menschen in den Bann zog, eine Gemeinsamkeit der beiden dar: Sowohl Frantz Fanon als auch Malcolm X zählten zu außergewöhnlich charismatischen Rednern.

Unter Charisma versteht man die außergewöhnliche Gabe zur Begeisterung, eine faszinierende Ausstrahlung und ein hervorragendes Auftreten in der Öffentlichkeit. Damit gemein geht die Fähigkeit, andere Menschen durch beeindruckende und mitreißende Reden zu inspirieren. Charismatische Persönlichkeiten gab es bereits vor Jahrtausenden; Max Weber erläutert in seinem Werk *„Wirtschaft und Gesellschaft"* zu Beginn des vorigen Jahrhunderts Charisma als eine spezielle Herrschaftsform, die durch magische Fähigkeiten charakterisiert wurde. Diese Kräfte galten als übermenschlich und äußert speziell.[307]

Ähnlich legt es Ueding in seinem Buchbeitrag *„Ethos und Charisma des Redners"* dar: auch er verweist auf die ursprünglich zugeschriebenen mystischen Eigenschaften wie auf Max Weber und den aktuellen Forschungsstand. Speziell bei Redner:innen sei ein charismatisches Auftreten unumgänglich, er nennt als Beispiel Politiker:innen, die sich speziellen Schulungen unterziehen, aber dennoch wenig beeindrucken – Charisma ist eben eine besondere Gabe.[308]

---

[305] Auszug aus „Message to the Grass Roots" von 1963.
[306] Waldschmidt-Nelson 2015b, o.Sz.
[307] Vgl. Müller 2012.
[308] Vgl. Ueding 2001, S. 69-82.

Eine Messung von Charisma wurde von Ronald Riggio entwickelt, der anhand eines Fragenkataloges versuchte, das menschliche Charisma zu analysieren.

> *„Drei Hauptkomponenten werden (…) erfasst: Expressivität, Kontrolle und Sensitivität, jede mit einer emotionalen und einer sozialen Facette. Soziale Expressivität beschreibt die Fähigkeit, sicher und eloquent öffentlich aufzutreten, zu sprechen und andere mühelos in Gespräche zu verwickeln, emotionale Expressivität ist das Talent, Gefühle unvermittelt und authentisch auszudrücken und an andere weiterzugeben, (…).* "[309]

Weitere Faktoren sind soziale Kontrolle, also die Fähigkeit, sich rasch auf verschiedene Personen und Umstände einlassen zu können, sowie die emotionale Kontrolle über eigene Empfindungen. Gepaart mit einer außergewöhnlichen Sensitivität können Charismatiker:innen problemlos

> *„sehr tiefe emotionale Verbindungen zu anderen aufzunehmen, wobei die soziale Komponente dafür sorgt, dass sie die Stimmung (…) in Gruppen schnell erfassen und sich taktvoll auf sie einstellen, während die emotionale sie (…) einfühlsam auf Einzelne zugehen und vermittelt ihnen das Gefühl lässt, in diesem Moment der einzig Wichtige zu sein"*[310]

Ebenfalls von großer Bedeutung sind Eigenschaften wie Führungsstärke, Präsenz, sympathisches Auftreten, Empathie, Mut und Ideenreichtum sowie die Einflechtung von bildhaften Vergleichen und das Spiel mit Emotionen. In Reden werden gerne leicht verständliche Metaphern präsentiert, auch die Körpersprache spielt eine wichtige Rolle. Das Zugehen auf einzelne Personen vermittelt diesen das Gefühl, ganz speziell zu sein. Der Inhalt tritt dadurch in den Hintergrund, der Auftritt und die Kommunikationskenntnisse zählen.[311]

Frantz Fanon zählte zu den Charismatikern, seine beeindruckende Rhetorik und sein faszinierendes Auftreten zeichneten ihn aus. Er war ein beliebter Redner bei Konferenzen und Versammlungen zum Thema Dekolonialisierung. Begeistert referierte er über seine Theorien und Visionen, die Zuschauer:innen wurden in seinen Bann gezogen und tief beeindruckt.

Wie Malcolm X verfügte er über Charisma, eine Verknüpfung außerordentlicher sozialer und emotionaler Kontrolle mit einem Übermaß an Sensitivität. Diese zeichnete sich beispielsweise durch eine rasche Auffassung des Gegenübers aus; ähnlich einem Scanner wurden Emotionen und Bedürfnisse der

---

[309] Stangl 2020: https://lexikon.stangl.eu/2678/charisma/ [Zugriff am 22.08.2020].

[310] Stangl 2020: https://lexikon.stangl.eu/2678/charisma/ [Zugriff am 22.08.2020].

[311] Vgl. Mitscherlich 2011, S. 22–26), vgl. Siegle 2018, vgl. Smith 2003, S. 214 f.

Gesprächspartner:innen analysiert und aufgenommen. Ein weiteres Merkmal war die komplette Kontrolle sowohl von verbaler als auch nonverbaler Kommunikation. Zuhörer:innen wurden bei Reden integriert und durch bildhafte Vergleiche tief beeindruckt.[312]

Die algerische Psychoanalytikerin Alice Cherki arbeitete 1955 bis 1961 mit Fanon zusammen und beschrieb ihn folgendermaßen: *„Er hatte eine starke persönliche Präsenz, wenn er auftrat, wodurch alles, wovon er sprach, Gestalt annahm."*[313] Cherki befasst sich in ihrem biografischen Werk immer wieder mit Fanons beeindruckenden Persönlichkeitsstrukturen. Sie erinnert sich weiter:

> *„Die starke Präsenz seines Körpers und seiner Stimme, seine intensive und fordernde Aufmerksamkeit gegenüber anderen, sein Sprechen, (…) erlaubten ihm die exzessiven Fiktionen heraufzubeschwören und sich wieder von ihnen zu distanzieren, um bei neuen Aktionen zu landen, die (…) auf ein realisierbares Projekt hinausliefen (…)."*[314]

Die französische Schriftstellerin Simone de Beauvoir, Lebensgefährtin von Jean-Paul Sartre, verbrachte ebenfalls viel Zeit mit Fanon und schrieb auch in ihren Memoiren über ihn: *„Von scharfem Verstand, außerordentlich lebendig, mit einem düsteren Humor begabt, hörte er nicht auf, alles zu erklären, zu scherzen, zu fragen (…): Alles, was er erzählte, war so plastisch, dass man es hätte mit den Händen greifen können."*[315] Eben diese starke Körperlichkeit, Fanons außergewöhnliche Körperspannung, Gestik und Mimik, sind auch deutlich in den wenigen erhaltenen Videoaufnahmen, sichtbar und fast spürbar.[316] Fanon schien sich als Person deutlich zurückzunehmen, hatte aber eine starke Präsenz, sobald er über Themen wie Psychoanalyse oder den Kampf gegen die Kolonisierung sprach.

Fanon war mit weiteren Charismatikern wie Patrice Lumumba, Sékou Touré, Julius Nyerere oder Kwame Nkrumah eng befreundet, da sie ähnliche Ansichten teilten. Enttäuscht zeigte er sich von Léopold Sédar Senghor, dem er zu wenig

---

[312] Vgl. Mitscherlich (2011, S. 22–26), vgl. Siegle 2018, vgl. Smith 2003, S. 214 f.

[313] Cherki 2001, S. 21.

[314] Cherki 2001, S. 45.

[315] Cherki 2001, S. 229.

[316] Beispielsweise in der ARTE-Dokumentation *„Entkolonialisieren"* (Teil 3): in einer Sequenz sprach er über seine Patient:innen bzw. deren Behandlung. In einem späteren Ausschnitt ist er auf einer Konferenz in Ghana, Accra, zu sehen, man spürt förmlich seine Leidenschaft im Kampf gegen den Kolonialismus. https://www.arte.tv/de/videos/086124-003-A/entkolonisieren-3-3/ [letzter Zugriff am 19.04.2020].

Rückgrat im Kampf für die Unabhängigkeit vorwarf, ebenso wie von Félix Houphouët-Boigny.

Sein Ruf eilte ihm bei der Planung des *Zweiten Kongresses der Schwarzen Schriftsteller und Künstler* wohl voraus, denn die französische Regierung insistierte gegenüber der finanzierenden italienischen Regierung, das Fanon nicht sprechen dürfe – möglicherweise aus Angst vor Repressalien ausgelöst durch seine eindrücklichen und aufwühlenden Worte. Als Notlösung wurde angedacht, dass sein Vortrag von jemand anderem vorgelesen werden sollte. Doch Fanon stieg selbst auf die Bühne und referierte in scharfem Ton, das Auditorium war begeistert![317]

Seine wohl wichtigste und weitreichendste Rede hielt er im April 1960 unter dem Titel *„Why we use violence"* in Accra, diese Ansprache ging auch wegen seines berühmten Satzendes *„by any means necessary"* in die Geschichte ein.[318]

Malcolm X zählte ebenso zu den Charismatikern: Seine Reden rissen die Zuhörer:innen förmlich von den Stühlen, begeistert applaudierten sie. Es existieren unzählige Videos, die bis heute in den Bann ziehen. *„Malcolm X had that same sort of bone-deep, visceral impact on America. He got under everyone's skin – either in the sense that he seeped into your pores."*[319] Binnen kurzer Zeit stieg Malcolm daher sogar zum Hauptredner der *Nation of Islam* auf. Charismatisch, rhetorisch beeindruckend, mitreißend und voll leicht verständlicher Parabeln zog er seine Zuhörer:innen in den Bann. Sein Markenzeichen wurden kompromisslose Aussagen und gewaltvolle Parolen, er ließ damit niemanden unbeeindruckt.[320]

Seine charismatische Seite war stark ausgeprägt. Er besaß die Gabe, sich auf jeden Menschen und jede Situation blitzschnell einstellen zu können, stundenlang konnte er über alle möglichen Themen referieren. Es ist davon auszugehen, dass dies in seiner Herkunft begründet lag: Durch seinen predigenden Vaters, seinen Lebensstationen bei einer weißen Pflegefamilie, als junger Krimineller und im Gefängnis sowie als Studierender musste er mit verschiedensten Persönlichkeiten geschickt interagieren, oft einfach um zu überleben. Er musste so schon früh lernen, sich schnell auf ungewohnte Situationen einzustellen.

Zudem verbesserte er sein rhetorisches Talent im Umgang mit Elijah Muhammad, der ebenfalls das Spiel mit den Emotionen seiner Anhänger:innen hervorragend beherrschte. Selbst nach dem Bruch mit der NoI verwendete Malcolm

---

[317] Vgl. Cherki 2001, S. 199–207.

[318] Vgl. Ghirmai 2019, S. 654, siehe auch Abschn. 4.7.

[319] Neblett 2011, o.Sz.

[320] Es gibt immer noch viele Filmaufnahmen im Internet zu finden, die davon zeugen.

dessen Metaphern, da er immer noch davon beeindruckt war.[321] Malcolm schaffte es sogar problemlos nach seiner Mekka-Reise mit seinen neuen Themen das Publikum genauso rasch zu begeistern, er brauchte keine Überzeugungsarbeit zu leisten. In zahlreichen Videos kann man Malcolms Reden verfolgen: die Kraft seiner Stimme, aber auch seiner Gestik und Mimik war enorm und zog alle Zuhörenden in seinen Bann.

Wie bereits erwähnt sind derart charismatische Menschen selten, sie zeichnen sich durch ein Zusammenspiel verschiedener psychologischer Faktoren wie Sensitivität, emotionale Vertrautheit mit anderen Menschen, Stimmungssensorik, Fähigkeiten sozialer und emotionaler Kontrolle sowie die absolute Willenskraft über eigene Gefühle aus. Bei Charismatikern kommen Wutausbrüche oder unkontrollierte Verhaltensweise selten vor, auch von Malcolm X gibt es nur einen einzigen Bericht[322] darüber, und dass, obwohl er eine öffentliche Person war. Er agierte wütend und leidenschaftlich, aber dabei nicht unkontrolliert.

Sein politisches Erbe wirkt ebenso wie Fanons bis heute nach: Malcolms intensive Debatten über Bürgerrechte und Rassendiskriminierung führten u. a. zur Einführung von afroamerikanischer Geschichte und Kultur in die Lehrpläne der US-amerikanischen Schulen sowie zu einer generellen Steigerung des Selbstwertgefühls Schwarzer Amerikaner:innen.[323] Zudem gelten beide wie bereits erwähnt als direkte Inspiration für die Gründung nachfolgender Bürgerrechtsbewegungen wie die *Black Panthers* und das *Black Lives Matter*-Movement.

4.4   Gegenseitige Inspiration

„In 1956, Frantz Fanon, (…) argued that racism 'is not the whole but the most visible, the most day-to-day and, not to mince matters, the crudest element of a given structure' (…). Malcolm X shared the same view; (…) the American social structure was not built upon the Enlightenment ideals of fraternity, equality and liberty."[324]

Seyed Javad Miri

---

[321] Vgl. Haley 1964, 1992, S. 218.

[322] Vor seiner letzten Rede war Malcolm bereits von Todesahnungen geplagt. An diesem Tag war er komplett anders als sonst, unruhig, gereizt und aufbrausend, nach einer Absage eines zweiten Vortragenden explodierte er förmlich vor Wut. Dies ist der einzig dokumentierte Vorfall, dass er die Beherrschung verloren hatte. Vgl. Waldschmidt-Nelson 2015a, S. 281 ff.

[323] Vgl. Waldschmidt-Nelson 2015a, S. 308 ff.

[324] Miri 2016, S. 137.

Frantz Fanon und Malcolm X waren beide starke Persönlichkeiten, die (jeder auf seine Art und Weise) Widerstand gegen Kolonialismus und rassistische Strukturen leisteten. Fanon zeigte die Gräuel der Kolonialisierung durch eigene Erfahrungen auf, Malcolm X sprach in seinen Reden über die Barbarei der Sklaverei und ihre Folgen. Beide wurden ab Mitte der 1960er Jahr als Inspiration bei der Gründung von Bürgerrechtsbewegungen wie beispielsweise den *Black Panthers* genannt. Es ist davon auszugehen, dass ihre Lehren auf gewisse Art miteinander verflochten waren bzw. sogar aufeinander aufbauten. Beide definierten eine Verbindung der Sklaverei über den Kolonialismus zu den Afroamerikanischen Bürgerrechtsbewegungen: Das eine bedingt das andere. Es ist davon auszugehen, dass sich Frantz Fanon und Malcolm X gegenseitig beeinflusst haben – es gibt kaum ein Werk über einen der beiden, das nicht auf den Einfluss des anderen schließen lässt.

Fanons Biografin Alice Cherki ging davon aus, dass sich Fanon und Malcolm X persönlich getroffen haben, konnte aber weder einen gesicherten Nachweis dafür erbringen noch einen möglichen Ort oder Zeitpunkt benennen. „*Es ist übrigens so gut wie sicher, daß, noch bevor Fanon* Die Verdammten dieser Erde *geschrieben hatte, Malcolm X und Robert F. Williams*[325] (…) *ihn in Afrika getroffen haben.*"[326] Malcolm X hatte dieses Treffen in seiner sehr detaillierten Biografie[327] nicht erwähnt, ich konnte auch keine Reiseaufzeichnungen über Afrikareisen vor 1964 in dieser Biografie finden und auch in den autobiografischen Unterlagen von Robert F. Williams fanden sich keine Hinweise für eine persönliche Zusammenkunft, sehr wohl aber klare Bewunderung für Fanons Thesen. Waldschmidt-Nelson hingegen verweist auf eine Afrikareise im Sommer 1959[328], die ihn in den Mittleren Osten und einige afrikanische Staaten führte. Auch sie führte keine konkrete Algerien-Reise an, aber ein Treffen könnte auch in einem anderen Land, beispielsweise im Rahmen einer Konferenzteilnahme[329], stattgefunden haben. Damit erscheint Cherkis Annahme plausibler.

---

[325] Anmerkung: Afroamerikanischer Bürgerrechtskämpfer und leitendes Mitglied der NAACP *(National Association for the Advancement of Colored People)*.

[326] Cherki 2001, S. 277.

[327] Vgl. Haley 1964, 1992.

[328] Vgl. Waldschmidt-Nelson 2015a, S. 146.

[329] Malcolm X führte die indonesische Bandung-Konferenz immer wieder in seinen Reden als Vorbild im Kampf gegen die Unterdrückung Schwarzer an (April 1955), möglicherweise kam es dort zu einem persönlichen Zusammentreffen. Vgl. Waldschmidt-Nelson 2015a, S. 175.

Interessant erscheint auch, dass Malcolm X in seiner berühmtesten Rede *„Message to the Grass roots"* explizit Algerien erwähnte: *„In Algeria, the northern part of Africa, a revolution took place. The Algerians were revolutionists; they wanted land. France offered to let them be integrated into France. They told France: to hell with France. They wanted some land, not some France. And they engaged in a bloody battle."*[330]

Aber auch in zahlreichen weiteren Reden verwies Malcolm auf Algerien, wie in *„The ballot or the bullet"*: *„They did the same thing in Algeria. Algerians, who were nothing but Bedouins, took a rifle and sneaked off to the hills, and de Gaulle and all of his highfalutin' war machinery couldn't defeat those guerrillas."*[331] sowie in der Rede *„The Harlem 'Hate-Gang' Scare"*:

> *„I visited the Casbah (...) in Algiers (...). They (...) showed me the suffering, showed me the conditions that they had to live under while they were being occupied by the French. They showed me the conditions that they lived under while they were colonized by these people from Europe. (...). Algeria was a police state."*[332] *"When the Algerians were struggling for their freedom, some Frenchmen came and said, We're with you. (...) the Algerians accepted them, but they first tested them."*[333]

In der Rede *„At the Audubon"* sprach Malcolm zur Dekolonisierung: *„You know that France lost her French West African possessions, Belgium lost the Congo, England lost Nigeria and Ghana and some of the other English-speaking areas; France also lost Algeria, or the Algerians took Algeria."*[334]

Aus diesen Passagen und der häufigen expliziten Erwähnung Algeriens kann auf eine Bewunderung Malcolm X für Fanons Tätigkeit in Algerien geschlossen werden. Selbst wenn es möglicherweise kein persönliches Treffen gegeben haben sollte, so ist doch von einer gegenseitigen Inspiration auszugehen, auf die später noch näher eingegangen wird.

Nicht nur Cherki wies darauf hin, dass Fanon mit seinen beiden bekanntesten Werken, *„Schwarze Haut und Weiße Masken"* sowie vor allem mit *„Die Verdammten der Erde"* zu einer zentralen Referenzperson der US-amerikanischen

---

[330] Malcolm X (1963): Message to Grassroots. Zitiert in: Breitman 1990, S. 8 f.

[331] Malcolm X (1964): The Ballot or the Bullet. Cleveland talk, Cory Methodist Church, 03.04.1964. Zitiert in: Breitman 1990, S. 37.

[332] Malcolm X (1964): The Harlem „Hate-Gang" Scare. Militant Labor Forum Hall, New York, 29.05.1964. Zitiert in: Breitman 1990, S. 66.

[333] Breitman 1990, S. 71.

[334] Malcolm X (1964): At the Audubon. Audubon Ballroom, New York, 20.12.1964. Zitiert in: Breitman 1990, S. 124.

Black Power-Bewegung der späten 1960er und frühen 1970er Jahre wurde.[335] Afroamerikaner:innen sahen sich als Kolonisierte des weißen Amerikas. *„In den USA verläuft alles (…) anders. Fanons Einfluß (…) war und ist noch immer erheblich. (…) [Die Verdammten dieser Erde] fand bei den Afro-Amerikanern großen Anklang.*"[336] Malcolm verwendete die These, dass in den USA Schwarze Kolonisierte der weißen Kolonialherren waren, auch hier sehe ich eine weitere inspirierende Anleihe bei Fanon.

Mumia Abu-Jamal, Mitglied der *Black Panthers*, bestätigte, dass sowohl Bobby Seale also auch Huey Newton (Gründer der *Black Panther Party*) Fanon und vor allem die *Verdammten dieser Erde* vergötterten. *„Für Newton… waren Fanons Worte eine Offenbarung. (…) Für jemanden, der den Gegensatz des (…) Panoramas der Armut (…) verstehen will, war Fanons unerschrockene und leidenschaftliche Prosa eine machtvolle Erleuchtung.*"[337]

Der Topos der Gewalt, den Fanon insbesondere in *„Die Verdammten dieser Erde"* behandelte, irritierte die US-amerikanischen Leser:innen wie beispielsweise in Europa nicht, sondern beschrieb beinahe Alltagssituationen – Umstände jedenfalls, die ihnen nicht fremd waren und mit denen sie sich identifizieren konnten.

„(…) Entfremdung, Négritude, Gewalt sind die Elemente, mit denen sie sich beschäftigen. Die Erniedrigung, das negative Selbstbild, Versteinerung oder Gewalt, (…) sind Teil ihres Alltags. Sie stimmen dem Gedanken zu, daß die Gewalt als revolutionäre Gewalt benutzt werden kann, (…) um die Unterdrückung zu beenden (…)."[338]

An gleicher Stelle in Fanons Biografie weist Cherki auf Malcolm X und eine Verbindung zu Fanon hin: *„Malcolm X hatte vom ‚Scheitern der Gewaltlosigkeit' gesprochen (…). Diese Gewalt wird in maßvoller Weise als Selbstverteidigung benutzt, und dann als Selbstaufwertung. (…) Gewalt ist für sie, ebensowenig wie für Fanon, ein Selbstzweck.*"[339]

---

[335] Vgl. Wolter 2002, o.Sz., Cherki 2001, S. 276–281 sowie Zips und Kämpfer 2001, S. 260 ff.

[336] Cherki 2001, S. 276.

[337] Abu-Jamal 2012, S. 29–30.

[338] Cherki 2001, S. 278.

[339] Cherki 2001, S. 278.

‚Mit allen notwendigen Mitteln‘ galt als Slogan für das (auch gewaltbereite) Eintreten für Unabhängigkeit und Gleichberechtigung. Auch zähle es laut Malcolm X zu den natürlichen Folgen einer Revolution, dass Gewalt angewendet werden müsse, um Ziele zu erreichen.[340]

Im Laufe der Zeit wurden alle Werke Fanons ins Englische übersetzt, da sie in den USA großen Anklang finden – Fanon wurde zum Vordenker und Helden stilisiert.[341] *„Schwarze Menschen in den USA sollten sich zu ihrer (geraubten) afrikanischen Identität bekennen und (…) das Streben nach afrikanischer Selbstbestimmung auf globaler Ebene (…) unterstützen.“*[342]

Eine interessante Verbindung ist auch, dass das Vorwort der deutschsprachigen Biografie von Malcolm X mit den Worten *„‚Dreckiger Neger‘ oder einfach ‚Sieh mal, ein Neger‘“*[343], einer Stelle aus *„Schwarze Haut, weiße Masken“* beginnt.

> *„Die (…) Zitate[344] stammen von Schwarzen, die Tausende Kilometer voneinander entfernt auf unterschiedlichen Kontinenten leben. Dennoch die gleiche Erfahrung. Gerade diese gleichen Erfahrungen (…) liefern den Gesprächsstoff (…) über die Schmerzen, die der Rassismus überall auf der Welt zugefügt hat (…).“*[345]

Zusammenfassend lässt sich daraus ein weiterer Hinweis einer wechselseitigen Inspiration ableiten; sowohl Malcolm X setzte sich mit Frantz Fanon, seinen Werken und Theorien auseinander und hatte wahrscheinlich auch *„Die Verdammten dieser Erde“* und *„Schwarze Haut, weiße Masken“* gelesen, als auch Fanon, der sich von Malcolms Kampf gegen Ungerechtigkeiten beeindruckt zeigte.

---

[340] Vgl. Waldschmidt-Nelson 2015a, S. 258 und 189 sowie Abschn. 4.7.

[341] Vgl. Cherki 2001, S. 276–281.

[342] Zips und Kämpfer 2001, S. 261.

[343] Vorwort von Yonas Endrias, In: Haley 1964, 1992, S. 11. Im Original aus Fanon 1952, 2016, S. 93.

[344] Anmerkung: Die Biografie wird mit drei Zitaten eingeleitet.

[345] Vorwort von Yonas Endrias, In: Haley 1964, 1992, S. 11.

Gesichert ist jedoch, dass sowohl Frantz Fanon als auch Malcolm X bedeutende Pioniere im Kampf gegen ungleiche Machtverhältnisse und die daraus resultierenden Ungerechtigkeiten waren, sei es in der Dekolonialisierung oder in den *Civil Rights Movements*.

4.5   Marcus Garvey[346] als Inspiration

„A people without the knowledge of their past history, origin and culture is like a tree without roots."[347]

Marcus Moziah[348] Garvey

Sowohl Frantz Fanon als auch Malcolm X wurden von Marcus Garvey (1887–1940) und seinen Lehren beeinflusst. Sein Name steht unter anderem für das *Back to Africa*-Movement, die *Black is beautiful*-Ideologie und einen wichtigen Teil des *Black Nationalism* – der sogenannte *Garveyismus* inspirierte viele Bewegungen, von *Rastafaris* über die *Négritude* bis hin zur *Nation of Islam*.

Marcus Moziah Garvey (Abb. 4.9) wurde am 17. August 1887 in St. Ann's Bay, Jamaika, geboren, er entstammte einer Familie von *Maroons*[349]. Seine Familie kam aus der Unterschicht, diese soziale Stratifikation hatte einen enormen Einfluss auf sein gesamtes Leben. 1914 gründete er die UNIA und hatte wesentlichen Einfluss auf die Entstehung des *Rastafari*-Movements in den 1930er Jahren. Garvey starb 1940 in London; seine Lehren sind immer noch von großer Bedeutung.[350] Seiner zweiten Gattin, Amy Jaques Garvey (1895–1973) ist es zu verdanken, dass viele seiner Reden aufgezeichnet und der Großteil seiner Schriften bewahrt wurden.

---

[346] Detailinformationen über Marcus Garvey und seine Lehren bietet das Buch seiner Gattin Amy Jacques Garvey, einer bedeutenden Journalistin und Panafrikanistin: *„The Philosophy and Opinions of Marcus Garvey or African for the Africans"*.

[347] Zitiert auf https://dasaperspectives.wordpress.com/2014/10/16/origins-of-repatriation-a-question-of-heritage/ [Zugriff am 14.8.2020].

[348] Es finden sich sowohl die Schreibweisen Mosiah als auch Moziah.

[349] Die Bezeichnung *„maroon"* kommt vom spanischen *„Cimarrón"*, dies bedeutet wilde bzw. entlaufene Tiere; konnotativ steht es für freie und ungebrochene Menschen. Sie gelten als entflohene Sklaven und Freiheitskämpfer:innen und haben ein hohes Ansehen auf Jamaika. Vgl. Zips 2011, S. 15–17.

[350] Vgl. Zips und Kämpfer 2001, S. 134 ff. sowie Vorwort zu Garvey 2004, S. v.

Abb. 4.9 Marcus Garvey
1922. (Mit freundlicher
Genehmigung von Teaching
American History)

Der Jamaikaner Marcus Garvey wurde als jüngstes von elf Kindern einer streng katholischen Familie geboren. Der Vater war Maurer und äußerst belesen, er hatte eine eigene kleine Bibliothek angelegt. Davon motiviert begann Garvey bereits in jungen Jahren umfangreiche Werke zu lesen und sich weiterzubilden. Erste Rassismuserfahrungen machte er bereits als Kind.[351] Mit 14 Jahren musste er aus finanziellen Gründen nach seiner Grundschulausbildung die Schule verlassen und startete eine Druckerlehre. So konnte er arbeiten und Geld verdienen, durfte aber auch seiner Leidenschaft, dem Lesen, nachgehen, da sich an die Druckerei angeschlossen eine kleine Bibliothek befand. Nach zwei Jahren wechselte er in eine Druckerei in der Hauptstadt Kingston, wo er rasch zum Manager aufstieg. Hier begann er auch erstmals öffentliche Reden und kleine Predigten abzuhalten.

Nach einem Erdbeben 1907 kam es durch explodierende Material- und Lebensmittelkosten zu Niedriglöhnen und dadurch zu einem Streik der Druckereigewerkschaft – Garvey wurde zum Sprecher nominiert. Schlussendlich kostete ihn das seine Stelle, er wurde allerdings als Einziger entlassen, daher fühlte er sich seitdem zutiefst enttäuscht von der Gewerkschaftsarbeit.

Um sich dennoch für die Rechte Schwarzer Arbeiter:innen einzusetzen, gründete er 1909 die Zeitschrift *„Garvey's Watchman"*, die aber mangels Finanzierung bald eingestellt wurde. Zudem bestärkte ihn der antikolonialistische *„National Club"*, dem er angehörte, sich auch für die Rechte Schwarzer Arbeiter:innen außerhalb Jamaikas einzusetzen, bevorzugt in der Karibik und in Lateinamerika.

---

[351] Vgl. Archer 1993, S. 84.

Nach einer zweijährigen Reise durch diese Regionen (1910–1912) unternahm Garvey 1912 seine erste London-Reise. Hier traf er mit dem ägyptischen
Autor Duse Mohammed Ali[352] zusammen, der ihm Kontakte zu afrikanischen
Studierenden vermittelte. Dadurch kam es zu ersten intensiven Auseinandersetzungen mit dem Kolonialismus und dem Panafrikanismus.[353]

Als Meilenstein in seinem Leben bezeichnete Garvey selbst die Lektüre der
Autobiografie von Booker T. Washington[354], einem Afroamerikanischen Bürg-
errechtskämpfer. Damit begann sein politisches Engagement für die Rechte von
Schwarze Menschen.[355]

Nach seiner Rückkehr nach Jamaika begründete er am 1. August 1914 sein
Lebenswerk, die *Universal Negro Improvement and Conservation Association and
African Communities League (UNIA)*. Das Motto dieser Organisation lautete *„One
God, one aim, one destiny"*. Ihr originäres Ziel war das Ende der Kolonialisierung
sowie eine Stärkung des Schwarzen Selbstbewusstseins und Emanzipation von
jeglicher Unterdrückung. *„The U.N.I.A. stands for the bigger Brotherhood, the
U.N.I.A. stands for human rights, not only for Negroes, but for all races."*[356]
Weitergedachte Zwecke waren die Errichtung eines wirtschaftlich und politisch
unabhängigen Staates nur für Schwarze, *Black Supremacy* war ihr Anspruch.[357]
Diese Ziele waren folgendermaßen formuliert:

> *„To establish a Universal Confraternity among the race. To promote the spirit of race
> pride and love. To reclaim the fallen of the race. To administer to and assist the needy.
> To assist in civilizing the backward tribes of Africa. To strengthen the imperialism of*

---

[352] Duse Mohamed Ali (1866–1945) war ein Panafrikanist sudanesisch-ägyptischer
Herkunft, er war politisch aktiv und Herausgeber der panafrikanischen Zeitung *„African
Times and Orient Review"* (1912 gegründet). Weggefährten waren Booker T. Washington,
W.E.B. DuBois, Alain Locke und eben Marcus Garvey. Ali war Mitglied der UNIA. Vgl.
Adi, Sherwood 2003, S. 1–6.

[353] Alle genannten Informationen über Leben und Werk von Garvey vgl. u. a. Stehlik 2010,
S. 12–18.

[354] Der ehemalige *Enslaved Person* Booker T. Washington engagierte sich vor allem im Bil-
dungsbereich für benachteiligte Kinder und Jugendliche. Im Gegensatz zu W.E.B. DuBois
war er für eine langsame und vor allem gewaltfreie Umsetzung der Bürgerrechte und einen
berufspraktischen Einsatz von Schwarzen. Washington war ein beeindruckender Rhetoriker,
bekannt ist beispielsweise die *Atlanta-Compromise-Rede* von 1895. Vgl. Washington 1901,
2015.

[355] Vgl. Zips und Kämpfer 2001, S. 138.

[356] The Principles of the Universal Negro Improvement Association (25. November 1922).
In: Garvey 2004, S. 104.

[357] Vgl. Lewis 2014, S. 79 f. und Archer 1993, S. 90 ff.

independent African States. To establish Commissionaires or Agencies in the principal countries of the world for the protection of all Negroes, irrespective of nationality. To promote a conscientious Christian worship among the native tribes of Africa. To establish Universities, Colleges and Secondary Schools for the further education and culture of the boys and girls of the race. To conduct a world-wide commercial and industrial intercourse."[358]

Garvey forderte auch die politische Unabhängigkeit der Schwarzen von den „weißen" USA, Cherki zieht dazu einen Vergleich mit Fanon: *„Der Jamaikaner Marcus Garvey nimmt sich in USA der Leiden der amerikanischen Schwarzen an.*"[359] Lewis stellt fest, dass die UNIA nach dem Ersten Weltkrieg auch in den USA sehr beliebt wurde und als *„größte panafrikanische Bewegung des frühen 20. Jahrhunderts*"[360] galt.

Ein Schwerpunkt war die Gründung der *Vereinigten Staaten von Afrika,* damit sollte die Kolonialisierung beendet werden und (nach dem Vorbild der USA) eine moderne politische, ökonomische und kulturelle Organisation gestaltet werden. Im Rahmen einer USA-Reise 1916 warb Garvey um Mitglieder für die UNIA. Er war zutiefst enttäuscht, dass auch hier lange nach dem Ende der Sklaverei noch keine Gleichstellung in Sicht war und die Schwarzen Führer seiner Meinung nach zu wenig agierten. Garvey gründete die UNIA New York und weitere Zentren in den ganzen USA, seinen Angaben zufolge gab es rund 11 Mio. Mitglieder in 3000 Zentren.[361]

Im August 1920 fand die vielbeachtete *„First International Convention of the Negro Peoples of the World"* in New York statt, eine der größten Veranstaltungen der UNIA. Sie wurde von der UNIA als Gegenveranstaltung zum Völkerbund definiert. Im Rahmen einer Parade zu Beginn der Veranstaltung wurde eine „Afrikanische Republik" ausgerufen, Garvey zum *Präsidenten von Afrika* gekrönt und reichlich ‚Adelstitel' wie *Ritter des Nils* verteilt.[362] Garvey selbst hielt zu diesem Anlass eine vielbeachtete Rede zu den Zielen der Organisation:

„We are the descendants of a suffering people, we are the descendants of a people determined to suffer no longer. We shall now organize the 400.000.000 Negroes of the

---

[358] Originaldokument aus den The Universal Negro Improvement Association Papers, in: Hill Robert A. (1983–1990, Hrsg.): The Marcus Garvey and Universal Negro Improvement Association Papers, Vol 7, Berkeley. Zitiert in: Stehlik 2010, S. 20.

[359] Anmerkung: Wie Fanon in Algerien bzw. in den Kolonien. Cherki 2001, S. 273.

[360] Lewis 2014, S. 79.

[361] Vgl. Strehlik 2010, S. 26–28. Es wird davon ausgegangen, dass Garvey von Sympathisant:innen sprach und nicht von zahlenden Mitgliedern.

[362] Vgl. Zips und Kämpfer 2001, S. 146 f.

world into a vast organization to plant the banner of freedom on the great continent of Africa. (...) If Europe is for the Europeans, then Africa shall be for the black peoples of the world. We say it; we mean it."[363]

Dies sollte durch eine kollektive Repatriierung ins Mutterland Afrika erfüllt werden, das Motto lautete ‚*Back to Africa*'. „*...we, the duly elected representatives of the Negro peoples of the world (...), do declare all men, women, and children of our blood throughout the world free citizens, an do claim them as free citizens of Africa, the Motherland of all Negroes.*"[364]

Eine Rückführung verschiffter *Enslaved Persons* in ihre afrikanischen Heimatländer wurde bereits in der zweiten Hälfte des 19. Jahrhunderts von Edward Wilmot Blyden gefordert.[365]

Zips führt aus, dass die Herkunftskulturen trotz aller Drohungen seitens der Sklavenhalter nie aus der Erinnerung der Enslaved Persons verschwunden waren und als „*Antithese zur gelebten Wirklichkeit und barbarischen Erfahrung mit der Unterdrückungswelt der Weißen existierte*".[366] Er verweist in diesem Zusammenhang auf die *Maroons* als Vorläufer:innen des Schwarzen Widerstands.

Ausgehend von deren Kampf gegen die Sklaverei kam es auch in der Karibik zu einem immer stärker werdenden Verlangen nach einer Rückkehr nach Afrika. Bis dato sind die *Maroons* die einzigen Schwarzen Menschen weltweit, die für diesen Akt brutaler Ausbeutung Reparationszahlungen erhalten haben.[367]

1920 begann Garvey erste Verhandlungen mit dem westafrikanischen Liberia – 500 Afroamerikaner:innen sollten dorthin repatriiert werden. Als diese vier Jahre später wirklich immigrieren wollten, zog Liberia seine Zustimmung zurück und verweigerte die Einreise. Dahinter stand die Sorge, dass Garvey die Regierung stürzen wolle, um selbst an die Macht zu kommen. Auch die UNIA stand im Verdacht, durch Ortsgruppen in Afrika Revolten zu planen, zu putschen und Panafrikanismus zu propagieren.[368]

---

[363] Cronon Edmund David (1960): Black Moses: The Story of Marcus Garvey and the Universal Negro Improvement Association. Wisconsin: University of Wisconsin Press, S. 65. Zitiert in: Strehlik 2010, S. 30.

[364] Declaration of the Rights of the Negro People of the World (31. August 1920). In: Garvey 2004, S. 16.

[365] Vgl. Zips und Kämpfer 2001, S. 351.

[366] Zips und Kämpfer 2001, S. 351.

[367] Vgl. Blake 2014, zitiert in: Zips 2014, S. 175.

[368] Vgl. Archer 1993, S. 100–101, Zips und Kämpfer 2001, S. 147–149 und Strehlik 2010, S. 66–76.

Musikalisch war und ist die *Back to Africa*-Bewegung von großer Bedeutung, es existieren eine Vielzahl von Songs rund um eine Rückkehr ins Mutterland Afrika wie beispielsweise der Reggaehit „*Repatriation*" von Horace Martin. „*Repatriation is a must! I know my brothers and sisters are sitting and waiting for me to come back to the Motherland far across the sea. Repatriation is a must!*".[369]
Heinemann analysiert die Hintergründe folgendermaßen: „*Der Wunsch, zum Mutterland Afrika zurückzukehren, drückt den Wunsch nach einer idealisierten Elternimago („du bist meine Mutter Afrika, du bist mein Vater Afrika", so Peter Tosh) aus.*"[370] Die Begriffe „*Repatriierung*", „*Mama Africa*", „*Back to moth-erland*", etc. sind in vielen Liedern (vor allem im Rootsreggae, aber auch im Dancehall) zu finden. Dies zeigt, wie bedeutsam diese Problematik bis heute ist.[371]

Garveys Philosophie des *Black Pride* förderte das Selbstverständnis und die Selbstachtung vieler Schwarzer und gilt daher auch als Vorläufer der *Black Power*-Bewegung. „*Up, you mighty race, accomplish what you will.*"[372] lautete eines seiner bekanntesten Zitate und ein weiteres: „*The Black skin is not a badge of shame, but rather a glorious symbol of national greatness.*"[373]

Die *Black Panther*-Bewegung griff dies in den 1960er Jahren wieder auf und bewirkte durch Slogans wie „*Black is Beautiful*" und „*I'm black and I'm proud*" eine Stärkung Schwarzen Selbstbewusstseins.[374]

1918 gründete Garvey die Zeitung „*Negro World*"; es galt damals als das erfolgreichste Blatt, dass von Schwarzen publiziert wurde. Sie hatte eine Auflage von 200.000 Stück, wurde wöchentlich produziert und sogar in den damaligen Kolonien vertrieben. In manchen Ländern wurde die „*Negro World*" sogar ver-boten, dort wurde sie von Seeleuten ins Land geschmuggelt. Inhalte waren der Kampf gegen den Kolonialismus, politische Berichte wie beispielsweise über Konferenzen des Völkerbundes sowie Werbung für den Verkauf von Anteilss-cheinen an der „*Black Star Line*", Garveys Schiffslinie. Eine Seite richtete sich direkt an Schwarze Frauen, die Redakteurin war Garveys zweite Frau, Amy

---

[369] Horace Martin, „Repatriation" aus dem Album „Positive Vibez" (1981) https://www.youtube.com/watch?v= 8rG6j-28Y5c[Zugriff zuletzt am 20.08.2021]; nach einem Text von Marcus Garvey.

[370] Heinemann (1990, S. 98); Song von Peter Tosh: „Mama Africa" aus dem gleichnamigen Album (1983, letztes Studioalbum Toshs).

[371] Vgl. Zips 2014.

[372] Zitiert in: Zips und Kämpfer 2001, S. 151.

[373] Marcus Garvey zitiert auf der UNIA-Website: https://www.unia-aclgovernment.com/hon-marcus-mosiah-garveys-famous-quotes/ [Zugriff am 15.05.2021].

[374] Siehe Abschn. 4.1.3.

Jaques Garvey. Die „*Negro World*" wurde bis 1933 publiziert. Weitere, deutliche unbedeutendere Blätter folgten, sie wurden aber bei weitem nicht so erfolgreich wie Garveys erste Zeitung.[375]

1919 gründete Garvey das bereits erwähnte Unternehmen, die Schifffahrtslinie „*Black Star Line*". Insgesamt verfügte sie über eine Flotte von drei Schiffen, die allerdings nicht meerestauglich waren und teure Reparaturen benötigten.[376] Ursprünglich waren die Schiffe dazu gedacht Handelsrouten zu bedienen und so eine breitgefächerte länderübergreifende Ökonomie für Schwarze zu ermöglichen. Die kolonialen (weißen) Händler:innen sollten herausgefordert und möglichst entbehrlich gemacht werden. Garvey präsentierte seine Schifffahrtslinie als bedeutende Möglichkeit zur Einflussnahme auf die *White Supremacy* und konnte daher ausreichend Anteilsscheine seiner in einer Aktiengesellschaft organisierten Flotte umsetzen. Ein weiterer Grund war die Verschiffung von *Enslaved Persons* und ihren Nachkommen nach Afrika (*Back to Africa-Movement*[377]).

Als erstes Schiff stach die „*Frederick Douglass*" im Oktober 1919 in See, wurde aber binnen kurzer Zeit gestoppt, da es Versicherungsprobleme gab. Ein nächster Versuch einen Monat später endete mit einem Motorschaden, das Schiff fuhr aber letztendlich von New York über Kuba, Jamaika und Panama retour nach New York. Nun zeigten sich weitere Differenzen wie eine zerstrittene Mannschaft, Unzulänglichkeiten im geplanten Handelswesen sowie Alkoholschmuggel und Korruption. Nach einer dritten Reise im Jahr 1921 musste die „*Frederick Douglass*" mangels Fahrtüchtigkeit endgültig aus der Flotte ausscheiden und wurde schließlich auf richterliche Anordnung versteigert. Auch das zweite Schiff, die „*Shady Side*" musste aufgrund vieler technischer Mängel bald den Betrieb wieder einstellen. Der dritte Versuch mit der „*Kanawha/Antonio Maceo*"[378] nahm ebenfalls kein gutes Ende, die Crew bediente das Schiff falsch, es nahm derart Schaden, dass es nicht mehr fahrtüchtig war. Garvey kündigte trotz enormen finanziellen Verlusten den Kauf zweier neuer Schiffe an, die unter der schwarz-rot-grünen Flagge der „*Black Star Line*" fahren sollten, sogar Passagierscheine für Afrikareisen wurden bereits verkauft – ohne diese Boote jemals besessen zu haben. 1922 wurde Garvey deswegen verhaftet, auch Aktienbetrug wurde ihm vorgeworfen. 1925 wurde er zu einer fünfjährigen Haftstrafe verurteilt

---

[375] Vgl. Strehlik 2010, S. 33–36 und Sosoe 1989, S. 65 f.

[376] Vgl. Archer 1993, S. 100 f.

[377] Vgl. Heinemann 1990, S. 97 ff. und Lewis 2014, S. 79–94.

[378] *Kanawha* bzw. *Antonio Maceo*: das Schiff wurde unter der Bezeichnung „*Kanawha*" angeschafft und später in „*Antonio Maceo*" umbenannt. Vgl. Strehlik 2010, S. 44.

und nach seiner vorzeitigen Entlassung 1927 nach Jamaica deportiert. Trotz aller Vorwürfe sah sich Garvey als Opfer einer Verschwörung:

> *„Enemies of the Negro race and enemies of my movement within the race, have been plotting for some time to besmirch my character in order to hold me up to public ridicule and to cause me to lose favor among my people. What can Marcus Garvey do if men are employed to do their work and they prove to be dishonest and dishonorable in the performance of that work? Marcus Garvey is not a navigator, he is not a marine engineer; he is not even a good sailor; therefore the individual who would criticize Marcus Garvey for a ship of the Black Star Line not making a success at sea is a fool."*[379]

Garvey besaß auch noch weitere Unternehmen, die unter der Bezeichnung *Negro Factories Corporation* zusammengefasst wurden wie beispielsweise die *Universal Laundries, Universal Grocery Stores, Universal Restaurants* sowie Druckereien, landwirtschaftliche Betriebe und Mietshäuser – ökonomische Stärke sollte zu Unabhängigkeit und Freiheit beitragen.[380]

Ende der 1920er Jahre machte Marcus Garvey folgende Prophezeiung: *„Look to Africa when a black king shall be crowned, for the day of deliverance is near"*[381]. Mit der Krönung von Lij Tafari Makonnen am 2. November 1930 schien sich diese Vorhersehung zu bewahrheiten: In Addis Abeba, Äthiopien, wurde der Schwarze Kaiser Haile Selassie I. zum *„King of Kings, Conquering Lion of the Tribe of Judah"*[382] gekrönt.

Darauf basierend sowie auf dem Psalm 68:31 *„Princes shall come out of Egypt; Ethiopia shall soon stretch out her hands unto God."*[383] gründeten UNIA-Mitglieder wie Leonard P. Howell, Archibald Dunkley und Joseph Bibbert, die *Garveyites*[384], eine Bewegung, die Marcus Garvey als Propheten und Haile

---

[379] Cronon Edmund David (1960): Black Moses: The Story of Marcus Garvey and the Universal Negro Improvement Association. Wisconsin: University of Wisconsin Press. S. 100 ff. Zitiert in: Strehlik 2010, S. 48.

[380] Vgl. Zips und Kämpfer 2001, S. 144 f.

[381] Vgl. Gallagher 2006, S. 111.

[382] Urban 2015, S. 114.

[383] King James Bible, Psalm 68:31. https://www.biblegateway.com/verse/en/Psalm%2068%3A31. [Zugriff am 22.03.2021].

[384] *„eine afrikanische verwestlichte Elite"* (Lewis 2014, S. 79) sowie *„ein Programm politischer, ökonomischer, sozialer und kultureller Modernität"* (Lewis 2014, S. 82).

Selassie I. als Gott verehrte.[385] Daraus sowie durch religiöse und kulturelle Einflüsse bildete sich das *Rastafari*-Movement.[386] Kremser beschreibt es zudem als Protestbewegung gegen die Diskriminierung Schwarzer durch *Babylon*[387] deren Basis eine Welt ohne Repressionen ist.[388] Die in Jamaika bereits heimische Weltanschauung des sogenannten *Äthiopianismus*[389] wurde noch verstärkt.[390]

Bereits kurze Zeit später kam es zu ersten Repatriierungsbewegungen nach Afrika von einzelnen *Rastafari*-Anhänger:innen, die sich auf diese Prophezeiung beriefen.[391] Nach einem Besuch in Jamaika schenkte H.I.M. Haile Selassie I. 1948 allen Schwarzen, die repatriieren wollten, 500 Hektar Land in der äthiopischen Stadt Shashamane. Zwischen 1950 und 1974 übersiedelten etwa 22 Familien aus Jamaika nach Shashamane, fast ausschließlich *Rastafaris*. Laut aktuellen Zahlen sollen dort heute rund 80 Familien[392] aus Jamaika, USA und Europa leben, ausnahmslos Anhänger:innen der *Rastafari*-Bewegung. Die Stadt Shashamane wurde zum Mythos – ein Symbol für die Repatriierung ins Mutterland Afrika sowie ein Sinnbild für Heimat, Frieden und irdisches Zentrum von Zion. Von der Verehrung dafür zeugen auch die zahlreichen Restaurants, Clubs, Musikläden, etc. weltweit, die *Shashamane* im Namen tragen.[393]

Marcus Moziah Garvey verstarb am 10. Juni 1940 nach mehreren Schlaganfällen in London. In den USA boomten nach den Voraussagen Marcus Garveys die Predigten seiner Lehren, diese haben bis heute einen starken Einfluss nicht nur, wie allgemein bekannt, bei den *Rastafaris*, sondern finden auch in den gesamten *Black Cultural Studies* und der *Black Consciousness*-Bewegung ihren

---

[385] Vgl. Heinemann 1990, S. 98 ff., vgl. Lewis 2014, S. 79 ff. und Werner 2007, S. 159.

[386] Vgl. Lewis 2014, S. 82.

[387] Unter *Babylon* versteht man das „System", Kapitalismus, Unterdrückung, Entwurzelung, Krieg, Dehumanisation, etc. (also nur Schlechtes), der Gegensatz dazu ist *Zion*: Afrika, Natur, Heimat, Spiritualität, Kultur, uvm. (also nur Gutes). Vgl. Müller-Wenzel 2009, S. 55–57.

[388] Vgl. Kremser 1990, S. 9.

[389] Unter *Äthiopianismus* versteht man eine religiöse Bewegung, die biblische Botschaften auf Afrika umlegt; möglicherweise aufgrund der mittelalterlichen Ansicht, dass Äthiopien gleich Afrika sei. Sowohl die Rastafaris als auch die *Nation of Islam* beziehen sich auf den *Äthiopianismus*. Daraus entwickelte sich schlussendlich der Wunsch nach einer Rückkehr ins Mutterland Afrika. Vgl. Ludi 2011, S. 101–104.

[390] Vgl. Barsch 2003.

[391] Vgl. o. A. (2015): Äthiopien. Im gelobten Land der Rastafari. In: Focus, 14.10.2015.

[392] Insgesamt rund 300 Personen. Vgl. Focus, 14.10.2015 sowie Davies 2017.

[393] Vgl. Davies 2017.

Niederschlag, ebenso in den Bürgerrechtsbewegungen.[394] *„Seine Ideen aber über-lebten ihn. Seine geistige Nachkommenschaft waren die Black Muslims in den USA. Seine politischen Leistungen gaben den Massen der Schwarzen in den USA, in der Karibik und in Afrika ein neues Bewußtsein."*[395]

Garvey konnte zwar seine visionären Ziele nicht erreichen, dennoch gilt er nicht nur in Jamaika als Nationalheld, auch auf den gesamten Westindischen Inseln in der Karibik sowie in vielen anderen Ländern weltweit werden er und seine Lehren immer noch verehrt. Er wird als panafrikanischer Vordenker und Vorreiter vieler Bürgerrechtsbewegungen wertgeschätzt.[396]

Kwame Nkrumah sah selbst die gesamte Panafrikabewegung als Garveys Ver-mächtnis und bezeichnete ihn als „spirituellen Vater" des Staates Ghana.[397] Zu Ehren der Repatriierungsschiffe trug die aktuelle staatliche Reederei von Ghana von 1957 bis 1982 den Namen *Black Star Line,* daher stammt auch der schwarze Stern in der Flagge Ghanas.[398]

Garveys *Black Nationalism*[399] fand auch im Engagement enthusiastischer Studierender afrikanischer und karibischer Herkunft in Paris großen Anklang. Besonders Paulette Nardal, die wie Fanon aus Martinique stammte, war die erste Schwarze Studierende an der Sorbonne. Sie veranstaltete einen literarischen Salon und galt als inspiriert von Garveys Lehren.[400] Aus den Treffen bei Paulette und ihren Schwestern entwickelte sich die Bewegung der *Négritude,*[401] die Sen-ghor folgendermaßen definiert: *„La Négritude est (…) l'ensemble des valeurs de civilisation du monde noir (…)."*[402]

Auch Malcolm X hatte eine ganz spezielle Verbindung zu Marcus Garvey: seine Eltern lernten sich bei einer Veranstaltung der UNIA kennen und heirateten sogar im UNIA-Zentrum Montreal. *„Das Ehepaar, begeistert von den Lehren Gar-veys, beschloss, sich am Aufbau der UNIA (…) zu beteiligen und ihre Kinder ganz im*

---

[394] Vgl. Jah Bones 1985, S. 70–74.

[395] Sosoe 1989, S. 67.

[396] Vgl. Heinemann 1990, S. 98.

[397] Vgl. Archer 1993, S. 118.

[398] Vgl. Kerkmann 2019, S. 8–11.

[399] *„Wir verstehen ‚Black Nationalism' als dynamisches Aktionsprogramm und Diskurs in Relation zu den sich wandelnden politischen Strukturen (…), insbesondere im Verhältnis zwischen Afrika und den (ehemaligen)"* Kolonialmächten." Zips und Kämpfer 2001, S. 16.

[400] Vgl. Edwards 2003, S. 119–186.

[401] Vgl. Bichler 2003, S. 121 und Fuchs 1978, S. 9 f.

[402] Senghor (1977). Senegalesischer Staatspräsident von 1960 bis 1980; vgl. auch Thiam/Ndiaye 1976, S. 152 f. Die *Négritude* wurde im Paris der 1920er Jahre von Aimé Césaire, Léopold Sédar Senghor, Léon-Gontran Damas und eben den Schwestern Nadal begründet.

Sinne der Bewegung zu erziehen: mit Stolz auf ihre afrikanischen Wurzeln und dem Streben nach wirtschaftlicher und kultureller Unabhängigkeit von Weißen. "[403] Die UNIA blieb über viele Jahre ein wesentlicher Teil der Familienhistorie, Malcolms Vater Earl Little half beim Aufbau von UNIA-Zentren und war sogar als Prediger im Einsatz.[404] *„Gott hat uns einen Propheten gesandt, der uns heimführen wird. (...) Zurück nach Afrika! (...) wir werden den Staub dieser verfluchtesten aller Nationen von den Füßen schütteln. Und uns unserem Bruder Marcus Garvey anschließen und heimgehen!"*[405]

Elijah Muhammad galt ebenso als von Garvey inspiriert: *„Auf der Suche nach einer (Befreiungs-) Religion übernahm der ehemalige Anhänger von Marcus Garvey, dem ersten Begründer einer politischen Schwarzen Massenbewegung (...), die Thesen des (...) Propheten Muhammad Wallis D. Fard und formte sie zum komplexen Theoriegebäude der Nation of Islam."*[406] Zips und Kämpfer bezeichnen als den einzigen Unterschied die Slogans *„Seperation is a must!"* statt Garveys *„Repatriation is a must!"*.[407]

Malcolm X berief sich immer wieder auf die Lehren Garveys, es scheint, als hätte er sie durch die väterliche Erziehung komplett verinnerlicht. *„Brüder! Schwestern! Dies ist nicht unsere Heimat! Unser Heimatland ist in Afrika! In Afrika!"*[408] Erst nach vielen Jahren änderte sich Malcolms Position zum *Back to Africa*-Movement: Nachdem er es im Laufe der Zeit und möglicherweise nach der vollkommenen Ablehnung seiner Frau Betty als ein langfristiges Ziel definierte, gab er diesen Wunsch Mitte des Jahres 1964 komplett auf. Nun sah Malcolm es als sinnvoller an, dass die Schwarzen ihre Rechte innerhalb der USA ausleben sollten und das Primärziel eine Gleichstellung mit Weißen sei.

Okpadah sieht einen Zusammenhang zwischen dem Einfluss der *Négritude*, dem Panafrikanismus und Garveys *Back to Africa*-Movement: Er versteht diese als Antwort auf den europäischen Imperialismus und als direkten „Sargnagel" des Kolonialismus mit Fanon als intellektuellem Anführer. Er wertet es als große Leistung Fanons, dass die Literatur afrikanischer Schriftsteller:innen ein offenes Bild der Kolonialisierung zeigen konnte und somit den Blick auf die Weltgeschichte verändert hatten.[409] Auch in Lateinamerika, beispielsweise in

---

[403] Waldschmidt-Nelson 2015a, S. 44.

[404] Vgl. Waldschmidt-Nelson 2015a, S. 44 f.

[405] Baldwin 1993, S. 10.

[406] Zips und Kämpfer 2001, S. 13.

[407] Vgl. Zips und Kämpfer 2001, S. 206.

[408] Baldwin 1993, S. 7.

[409] Vgl. Okpadah 2020, S. 81–104.

Brasilien, wird von Souza auf den Einfluss Fanons und Garveys hingewiesen: *„The influence that black writers in Brazil received from African literature (...), which arrived in Brazil (...) was notable; as was the influence of the translation of Fanon's works and Garvey and DuBois' texts which had been circulating within the Brazilian black movement since the 1930s.* "[410]

In etlichen Werken wird der Zusammenhang zwischen Garvey und Fanon folgendermaßen bewertet: Was Garvey begann, führte Fanon weiter. Garvey legte den Grundstein für eine afrikanische Identität und Historie Schwarzer Menschen, Fanon entwickelte diese mit psychoanalytischen Sichtweisen weiter und forderte radikale politische und gesellschaftliche Veränderungen sowie eine umfassende Selbstbestimmung.

Garveys Einfluss auf den gesamten karibischen Raum ist unbestritten, auch in den USA und in Afrika hatten er und seine Ideen enormen Zuspruch. Schon von daher ist davon auszugehen, dass Fanon ebenso wie Malcolm X von ihm beeinflusst wurde. Gordon, Sharpley-Whiting und White erkennen Garveys Erbe in Fanon, aber auch den speziellen Umgang damit: *„the liberation of the man of color from himself*"[411], also die Abwendung von traditionell übernommenen Identitätstheorien. Fanon revolutionierte diese und stellte vollkommen neue Fragen dazu.[412]

Zusammenfassend ist eine Inspiration durch Marcus Garvey sowohl bei Malcolm X als auch bei Frantz Fanon deutlich spürbar, wenn auch auf verschiedene Weise. Malcolm wuchs im Umfeld der UNIA und mit Garveys Lehren auf und wurde durch die Abwandlung dieser Thesen in der *Nation* weiter geprägt. Fanon hatte die Theorien verinnerlicht und sich mit diesen zum einen durch den Einfluss seines Wegbegleiters Césaire und dessen *Négritude* auseinandergesetzt und sie zum anderen durch seine eigene Tätigkeit als Psychiater und Kolonialisierungsgegner revolutioniert.

4.6 Islam

„America needs to understand Islam, because this is the one religion that erases the race problem from its society. (...) I have met, talked to, and even eaten with, people who would have been considered "white" (...), but the religion of Islam in their hearts

---

[410] Souza 2005, S. 162.

[411] Gordon, Sharpley-Whiting und White 1996, S. 222.

[412] Vgl. u. a. Maynard 2005, S. 208, St. Clair 1978, S. 85–109, Barganier III 2011, Bankie und Mchombu 2008, Ntongela Masilela 2017.

has removed the "white" from their minds. They practice sincere and true brotherhood with other people irrespective of their color. "[413]

Malcolm X

Der Islam wird definiert als die Religion, die durch den Koran verkündet wird; sie ist aktuell die zweitgrößte Religion[414] weltweit. *„Das Wort gehört zur gleichen Wurzel wie salam, „Heil, Friede", (...). Aslama, das Verb, bedeutet „sich ergeben" (und dadurch zum inneren Frieden gelangen (...), und Islam ist das Verbalsubstantiv dazu. (...) Muslim ist (...) einer, der sich zum Islam bekennt, der sich Gott ergibt. (...)* "[415]

Muslime richten sich nicht nur nach dem heiligen Buch Koran, sondern auch nach den sogenannten Hadith:

> *„In der klassischen Hadithwissenschaft (...) bezeichnet der Hadith die Gesamtheit aller Überlieferungen zur Sunna (...) des Propheten Muhammad. (...) In der islamischen Jurisprudenz bezeichnet der Hadith das Überlieferungsmaterial, aus dem die Sunna als Handlungs- und Verhaltensmuster abgeleitet werden soll. Die meisten Rechtsgelehrten verstehen unter dem Hadith folglich Wort (...), Tat (...) und akzeptierendes Stillschweigen (...) des Propheten, welche der Normenbestimmung und praktischen Handlungsanleitung dienen.* "[416]

Die ursprüngliche Annahme zu Beginn dieses Werks war, dass sowohl Frantz Fanon als auch Malcolm X zum sunnitischen Islam konvertiert waren. So einfach sich dies bei Malcolm X belegen ließ, unter anderem durch seinen öffentlichen Namenswechsel und seine genau dokumentierte Mekka-Reise, so schwierig war es bei Frantz Fanon – selbst meine langwierigen Nachforschungen brachten keine eindeutige Antwort.

Ausgehend von der Vornamensänderung in Ibrahim bzw. Omar war davon auszugehen, dass Fanon, der lange Jahre in Algerien mit Muslimen verbrachte, zum Islam konvertiert war. Zahlreiche Zeitungsartikel und Buchbeiträge belegen die abgeänderten Vornamen, wobei es nicht klar ist, ob er sich Ibrahim Fanon oder Omar Fanon nannte, in manchen Quellen tauchen sogar beide Vornamen

---

[413] Malcolm X (1964): Letters from abroad, 10.05.1964 in Lagos, Nigeria. Zitiert in: Breitman 1990, S. 59 f.

[414] Vgl. https://www.laenderdaten.info/religionen/index.php [Zugriff am 21.08.2021].

[415] Schimmel 1999, S. 8 f.

[416] Sarikaya Yasar (2020): Skriptum Hadithwissenschaften I (ulum al-hadit), 2020, Kap. 2. Empfehlenswert ist die Hadithsammlung von Sahih Al-Buharyy.

gemeinsam auf: Ibrahim Omar Fanon. Auf seinem Grabstein findet sich Ibrahim Frantz Fanon.[417]

Fanon selbst hat sich in keinem seiner Werke und auch nicht persönlich, als Muslim oder Konvertit bezeichnet. Daraus ergeben sich mehrere Möglichkeiten: Es ist denkbar, dass er wirklich einen Religionswechsel vorgenommen hat, dieser aber im privaten Umfeld vorgenommen wurde und daher nicht öffentlich eingetragen wurde. Es ist aber auch möglich, dass eine Konvertierung in einer Moschee nicht in den Verzeichnissen vermerkt wurde. Vermutlich wären selbst in islamischen Archiven oder Moscheen vor Ort keinerlei Informationen dazu zu finden.

Joby Fanon bezeichnet den Vornamen Ibrahim als *„Nom de Guerre"* und erzählte in seiner Biografie, dass sich sein Bruder Frantz bei Kongressen unter diesem Namen angemeldet hatte.[418]

Es ist auch vorstellbar, dass er von algerischen Freund:innen als Ehrenbezeichnung mit einem muslimen Vornamen angesprochen wurde, dieser aber sonst keine tiefere Bedeutung aufwies.

Eine weitere mögliche Erklärung stammt von der Expertin für Koranexegese am Institut für Islamisch-Theologische Studien der Universität Wien, Ranja Ebrahim[419]. Als Islamwissenschafterin hält Ebrahim auch andere Möglichkeiten für denkbar: ‚Ibrahim' gilt in Ableitung von Abraham als Verbindung für alle monotheistischen Religionen – Fanon könnte diesen Namen sozusagen als verbindendes Glied zwischen allen monotheistischen Religionen getragen haben, als eine besondere Form der Wertschätzung. Durch diese spezielle Namensgebung wurden Unterschiede zwischen der Herkunft und den Religionen transzendiert. ‚Ibrahim' wird weiters für kämpferische Persönlichkeiten verwendet und könnte damit eine Anerkennung für Fanons antikolonialen Widerstand sein. Ungewöhnlich erscheint Ebrahim nur die Schreibweise, in Algerien wird ‚Ibrahim' üblicherweise in der Form ‚Brahim' verwendet, es könnte sich aber natürlich auch um die französische Namensvariante handeln. Der Vorname Omar leitet sich direkt vom Feldherrn des Propheten Mohamed ab, Omar Ibn al-Khattab, und ist eine Ehrenbezeichnung für einen Menschen mit starker Führungsqualität.

---

[417] Siehe Abschn. 2.1.

[418] Vgl. Fanon 2004.

[419] Mehrere Gespräche zwischen Februar und September 2020.

Beide Vornamen gelten in diesem Raum auch als eine Art Spitzname, wenn der korrekte Vornamen nicht geläufig ist.[420] Fanon nannte in diesem Zusammenhang selbst ein Beispiel – algerische Haushaltshilfen wurden von den Europäer:innen unterschiedslos einfach „Fatma" gerufen, ein sehr häufiger weiblicher Vorname, der sich von der Tochter des Propheten Mohammed ableitet.[421]

Interessant finde ich, dass Fanon sich in seinem Aufsatz „Der Schleier", eine Übersetzung eines Auszuges aus „L'An V de la Revolution Algérienne", mit der Stellung der Frau in Algerien und insbesondere mit dem titelgebenden Kleidungsstück auseinandersetzt, den Islam aber nicht erwähnt und auch in keine seiner Betrachtungen miteinbeziehet. Dies könnte ein weiteres Indiz dafür sein, dass kein Glaubenswechsel stattgefunden hat.

Alice Cherki sieht ebenso keinerlei Auseinandersetzung Fanons mit dem Islam: „Fanons Annäherung an die algerische Gesellschaft verläuft nicht über (...) dem [den] Islam und noch weniger über ein Studium des Korantextes. In seinem politischen Denken (...) trennt er (...) Politik und Religion (...)".[422] Leider blieb eine direkte Anfrage bei Fanons Sohn Olivier zu einer möglichen Konvertierung seines Vaters unbeantwortet.

Zusammenfassend betrachtet gibt es keine verifizierbaren Informationen, dass Frantz Fanon zum Islam konvertiert ist oder der Islam für ihn eine persönliche tiefere Bedeutung hatte. Daher ist auch kein Nachweis zu erbringen, dass der Islam ihn in irgendeiner Form beeinflusste und gar von Gewaltaufrufen abrücken ließ. Ebenso ist aber auch keine Verifikation möglich, dass er nicht konvertiert war und dass der Islam keinen tiefen Einfluss auf Fanons Leben hatte. Gesichert ist in diesem Zusammenhang, dass Fanon die Muslimen respektierte und nicht wie in der *Schule von Algier* üblich als Untermenschen sah. Er betreute beispielsweise eine Abteilung muslimer Männer in Blida-Joinville und setzte sich intensiv mit ihrer Kultur und Tradition auseinander, um sie nach ihren Bedürfnissen psychiatrisch behandeln zu können.

Wie bereits im Kap. 3 beschrieben, entstammte Malcolm X einer sehr religiösen Familie: Sein Vater Earl Little war sogar Prediger für die *UNIA* – einer Bewegung über die Lehren Marcus Garveys. Berichten zufolge ging Malcolm

---

[420] Im Senegal ist es ebenfalls üblich, Frauen, deren Vornamen man nicht kennt, mit einem Spitznamen („Ndèye Coumba") zu bezeichnen, wahrscheinlich eine gängige Praxis auch in anderen Ländern.

[421] Fanon 2017, S. 43.

[422] Cherki 2001, S. 161.

als Kind zur Kirche und sang sogar im Kirchenchor.[423] Nach dem Tod des Vaters schloss sich seine Mutter den *Adventisten des Siebten Tages* an, die Kinder kamen zwar manchmal zu Predigten und Versammlungen mit, durften aber nicht besonders intensiv involviert gewesen sein.[424]

Während seinem Gefängnisaufenthalt brachten ihn seine Brüder mit der *Nation of Islam* in Kontakt. Die Lehren der *Nation of Islam* unterscheiden sich deutlich von den Inhalten und Glaubenssätzen des sunnitischen Islam. Bereits der Leitspruch der NoI *„The white man is the devil!"* ist ausreichend, um zu sehen, wie groß die Unterschiede sind.

Seine persönliche Schwäche war das Gebet, er haderte mit sich, da er es nicht schaffte, sich hinzuknien und damit zu unterwerfen. Nach dem Austritt aus der NoI machte er 1964 die Pilgerreise *(Hadsch)* nach Mekka, auch dort fiel als erstes auf, wie sehr er mit der korrekten Durchführung des Gebets kämpfte. Nicht nur die rituellen Bewegungen beim Gebet machten ihm zu schaffen, auch die arabischen Suren, da bei der *NoI* ausschließlich englisch gebetet wurde.

In Mekka sah er erstmals Muslime aller Hautfarben und Herkunftsländer gemeinsam, es wurde ihm klar, dass die religiösen Vorgaben der *Nation of Islam* nicht dem sunnitischen Islam entsprach, den er hier kennenlernte. Nun konvertierte er zu dieser Glaubensrichtung des Islam und zeigte dies öffentlich durch die Namensänderung zu *El-Hajj Malik El-Shabazz*. Nach einer ausgedehnten Afrikareise, bei der er weitere Muslime, aber auch Christen, die ihn beeindruckten, kennenlernte, änderte sich auch sein Denken in Bezug auf Gewalt bzw. gewaltlosen Widerstand. Nun gab es auch persönlichen Kontakt mit Martin Luther King Jr. und die Überlegung, die Probleme des Schwarzen Amerikas auf andere, friedfertige, Weise zu lösen.[425]

Durch die Gründung der Organisationen OAAU[426] und der MMI[427] wollte er sich nun für die Durchsetzung der Bürgerrechte für alle Schwarzen einsetzen, wenn nötig auch gemeinsam mit Weißen. Sein Engagement endete mit seiner Ermordung 1965.

Im Gegensatz zu Fanon lebte er seinen Glauben öffentlich, es gibt daher keinerlei Zweifel an der Bedeutung des Islams für sein Leben und seine Lehren. Der Islam gilt meiner Meinung nach dennoch als verbindendes Glied, da sich beide – wenn auch in gänzlich differenten Formen – damit auseinandersetzen.

---

[423] Waldschmidt-Nelson 2017, o.Sz.

[424] Haley 1964, 1992, S. 33–37.

[425] Vgl. Haley 1964, 1992.

[426] Organization of Afro-American Unity.

[427] Muslim Mosque Inc.

4.7   By any means necessary!?

„I was not the one to invent lies: they were created in a society divided by class (…).
It is not by refusing to lie that we will abolish lies: it is by eradicating class by any
means necessary."[428]

Jean-Paul Sartre

Eine der ersten und auffälligsten Gemeinsamkeiten, die zwischen Frantz Fanon
und Malcom X festgestellt werden konnte, war die Verwendung des Leitmotivs
„By any means necessary" – daher war sie auch titelgebend für diese Arbeit.

Dieser Halbsatz ist bis heute durch den Einsatz in zahlreichen Reden von
Malcolm X bekannt, er entstammt aber ursprünglich einem Drama von Jean-Paul
Sartre und wurde auch von Frantz Fanon verwendet.

Jean-Paul Sartre wurde 1905 in Paris geboren[429] und gilt als einer der bedeu-
tendsten Philosophen und Schriftsteller Frankreichs. Durch sein Hauptwerk *„Das*
Sein und das Nichts" avancierte er zu einem der wesentlichsten Vertreter des
Existenzialismus. Sartre schrieb zahlreiche Theaterstücke und Romane, eines der
erfolgreichsten Werke war *„Les Mains Salles".*[430]

Sartre und Fanon galten als freundschaftlich verbunden, ein bedeutender Anteil
an der Bekanntheit der *„Verdammten dieser Erde"* geht auf Sartre schonungsloses
Vorwort zurück. Fanon war beeindruckt von Sartres Theorien der Phänomenologie und des Existentialismus. Im Sommer vor seinem Tod reiste Fanon nach
Rom, um dort noch Zeit mit Sartre zu verbringen. Tief enttäuscht stellte er vor Ort
fest, dass Sartre seine Lebensgefährtin Simone de Beauvoir mitgebracht hatte, die
jedes Details der Reise für eine Publikation[431] aufzeichnete und dadurch Fanon
irritierte. *„In La Force des choses erinnert sich Simone de Beauvoir, die Sartre*
auch bei dieser Reise begleitete: „Auf Kuba hatte Sartre begriffen, wie zutreffend
das war, was Fanon sagte: dass nämlich der Unterdrückte aus der Gewalt seine
Menschlichkeit schöpft."[432]

Fanons Bewunderung für Sartres Werke zeigte sich schon in den 1940er
Jahren; er versuchte sich an Theaterstücken, eines mit dem Titel *„Les Mains*

---

[428] Sartre (1948, 1994): Dirty Hands (im Original *Les Mains sales*). Akt 5, Szene 3.

[429] Verstorben 1980 in Paris.

[430] Details siehe http://docs.sartre.ch/Biographie%20Sartres.pdf [Zugriff zuletzt am
16.06.2021] oder Schumacher 2003.

[431] De Beauvoir 1963.

[432] Von Wroblewsky 2014, S. 1: http://www.sartre-gesellschaft.de/wp-content/uploads/2014/
12/Wroblewsky-Vincent-von-Humanismus-und-Gewalt.pdf [Zugriff am 23.08.2020].

Parallèles" (1949) angelehnt an Sartres „*Les Mains Sales"* von 1948.[433] Aus diesem Stück entnahm er später die Devise „*By any means necessary"*.[434]

„*Les mains sales"* handelt von Politikern der Proletariats-Partei und Hugo, einem 21-jährigen großspurigen Intellektuellen. Spielort ist das Land Illyrien während dem Zweiten Weltkrieg. Hugo möchte unbedingt zur Partei gehören und plant daher einen Mord zu begehen, wie es die anderen Mitglieder auch tun (sie machen sich die Hände schmutzig – ‚*les mains sales'*). Er erhält den Auftrag eine der Führungspersonen der Partei, Hoederer, der eine Koalition plant, zu ermorden. Hoederers Hintergedanke bei dieser Koalition ist die Verhinderung von unzähligen Toten im Kampf gegen die Rote Armee und eine langfristige Etablierung der Partei. Hugo beginnt eine Stelle als Sekretär Hoederers, um ihm unverdächtig näher kommen zu können. Er nimmt einen *nom de guerre* an („Raskolnikoff") und argumentiert, dass die Theorie der Kommunisten, die Macht mit Waffengewalt zu ergreifen, wichtiger sei als die praktische Umsetzung derselben Theorie. Das heißt, er würde keine Gewalt anwenden, wenn er die Möglichkeit hätte, durch Verhandlungen die Macht zu übernehmen. Für Hoederer hingegen sind alle Mittel recht, er ist der Ansicht, dass sich Politiker immer die Hände schmutzig machen müssen: „*Moi j'ai les mains sales. Jusqu'aux coudes. Je les ai plongées dans la merde et dans le sang.*"[435] Hugo gilt nun für die Partei als Verräter, da er es nicht schafft, Hoederer zu ermorden. Erst als Hugo Hoederer mit seiner Frau ertappt, kann er ihn im Affekt umbringen. Hugo muss für zwei Jahre ins Gefängnis. Als er wieder freikommt, bittet das Parteimitglied Olga ihre Kolleg:innen, Hugo nicht zu töten, um ihn politisch weiter zu gebrauchen. Dafür müsse er aber seinen *nom de guerre* ablegen und eine neue Identität annehmen. Hugo möchte sich aber der Verantwortung stellen und lehnt das Angebot als Verrat der Partei am toten Hoederer ab. Schlussendlich ist er damit für die Partei nicht mehr zu gebrauchen und wird (als Selbstmord getarnt) erschossen.[436]

Wie später Fanon setzt sich Sartre in diesem Stück mit der Thematik der politischen Gewalt auseinander. In der Handlung des Dramas kommt es zu einem Gespräch zwischen den beiden Hauptpersonen Hugo und Hoederer, beide Mitglieder der proletarischen Partei. Hugo würde, wenn es möglich wäre, auf Waffengewalt verzichten und rein auf Basis von Gesprächen und Verhandlungen die Macht übernehmen. Hoederer hingegen ist der Meinung, dass Politiker stets bereit sein müssen, sich die Hände schmutzig zu machen (*„Les Mains sales"*).

---

[433] Vgl. Cherki 2001, S. 40.
[434] Siehe Zitat zu Beginn des Kapitels.
[435] Sartre 1948, S. 208.
[436] Vgl. Sartre 1948, 1994.

Auch für Fanon kann der Kolonialherr nur durch Gewaltanwendung gezwungen werden, Verhandlungen zu führen.

Aus *„Les Mains Sales"* stammt der berühmte Slogan *„by any means necessary"* ursprünglich: *„I was not the one to invent lies: they were created in a society divided by class and each of us inherited lies when we were born. It is not by refusing to lie that we will abolish lies: it is by eradicating class by any means necessary."*[437]

Weltweit berühmt wurde der Ausspruch in den 1960er Jahren, da ihn Malcolm X bei vielen seiner Reden verwendete, dazu später eine ausführliche Darstellung. Weniger bekannt ist aber, dass Fanon diesen Ausdruck 1960 im Rahmen seiner berühmten Rede *„Why we use violence?"* auf der *Africa Positive Action Conference* in Accra, Ghana verwendete:

> *„Violence in everyday behavior, violence against the past that is emptied of all substance, violence against the future, for the colonial regime presents itself as necessarily eternal. We see, therefore, that the colonized people, caught in a web of a three-dimensional violence, a meeting point of multiple, diverse, repeated, cumulative violences, are soon logically confronted by the problem of ending the colonial regime by any means necessary."*[438]

Diese Konferenz wurde in Accra im April 1960 abgehalten, rund 250 Delegierte aus 25 afrikanischen Ländern nahmen teil. Gastgeber war Kwame Nkrumah. Einer der Hauptinhalte war der Weg in die Unabhängigkeit und das nachkoloniale Afrika.

Fanon trug seine Rede mit dem Titel *„Why we use violence?"* vor, eine differenzierte und historische Rechtfertigung der Gewaltanwendung bzw. des Gewalteinsatzes im antikolonialen Kampf sowie eine Darstellung des Rassismus in den Kolonien. Er wies darauf hin, dass Kolonialismus kein gewaltfreier Bereich sei, ganz im Gegenteil sei die Errichtung eines Kolonialregimes nur mit Gewalt möglich. Zum einen sei diese Gewalt eine psychische Unterdrückung der Kolonialherren gegenüber den Kolonisierten, zum anderen aber auch die ganz alltägliche physische Gewalt der Herrschenden gegenüber der lokalen Bevölkerung. Die Kolonialherren argumentierten, dass die Kolonisierten unfähig wären, ohne ihre Hilfe zu überleben, es also deren Anwesenheit erfordern würde. Sie wären gegen moderne Staaten in Afrika, die Länder sollten sich nicht weiterentwickeln, sondern im aktuellen Zustand verharren.

---

[437] 5. Akt, 3. Szene.

[438] Fanon 1960: Why we use violence. In: Khalfa, Young 2018, S. 654): Vorgetragen auf der Africa Positive Action Conference in Accra, Ghana, 1960 (4.–7.4.1960).

Abb. 4.10 Malcolm X vor seiner Rede zur Gründungsversammlung der *Organization of American-American Unity* (OAAU) am 28. Juni 1964 in New York. (Mit freundlicher Genehmigung von Teaching American History)

Fanon sah also keine andere Lösung als den Kolonialismus zu beenden und zwar „*by any means necessary*"!

Offensichtlich inspiriert vom Vortrag Frantz Fanons sowie von Sartres „*Les Mains Salles*" ging Malcolm X mit dieser Redewendung am 28. Juni 1964 durch seine Ansprache bei der Gründungsversammlung der OAAU (Organization of Afro-American Unity) in die Geschichte ein (Abb. 4.10): „*We declare our right on this earth to be a man, to be a human being, to be respected as a human being, to be given the rights of a human being in this society, on this earth, in this day, which we intend to bring into existence by any means necessary.*"[439]

[439] Malcolm X (1964): https://www.blackpast.org/african-american-history/speeches-afr ican-american-history/1964-malcolm-x-s-speech-founding-rally-organization-afro-ame rican-unity/#:~:text=We%20declare%20our%20right%20on,existence%20by%20any%20m eans%20necessary [Zugriff zuletzt am 20.06.2021].

Malcolm wiederholte dieses Leitmotiv an vielen Stellen der Rede, um die Bedeutung zu betonen, der oben genannte Ausschnitt ist wohl der bekannteste. Eine weitere wichtige Passage ist folgende:

> *„Once we saw what they were able to do, we determined to try and do the same thing here in America among Afro-Americans who have been divided by our, enemies. So we have formed an organization known as the Organization of American-American Unity which has the same aim and objective-to fight whoever gets in our way, to bring about the complete independence of people of African descent here in the Western Hemisphere, and first here in the United States, and bring about the freedom of these people by any means necessary. That's our motto. We want freedom by any means, necessary. We want justice by any means necessary. We want equality by any means necessary."*[440]

Auch in zahlreichen weiteren Ansprachen verwendete Malcolm X den Slogan *„by any means necessary"* und machte ihn zu seinem bis heute bekannten Markenzeichen. Waldschmidt-Nelson verweist auf ein Interview aus dem Jahr 1964: *„Wenn ich sage ‚mit allen notwendigen Mitteln', dann meine ich das mit meinem ganzen Herzen, mit meinem Verstand und mit meiner Seele. Ein schwarzer Mann sollte sein Leben opfern, um frei zu sein, aber er sollte auch dazu bereit sein, denjenigen das Leben zu nehmen, die nach seinem trachten."*[441]

Nachfolgend stelle ich einige der Reden in kurzen Auszügen dar:

> *„Before we try and explain what is meant by the ballot or the bullet, I would like to clarify something concerning myself. I'm still a Muslim, my religion is still Islam. That's my personal belief. Just as Adam Clayton Powell is a Christian minister who heads the Abyssinian Baptist Church in New York, but at the same time takes part in the political struggles to try and bring about rights to the black people in this country; and Dr. Martin Luther King is a Christian minister down in Atlanta, Georgia, who heads another organization fighting for the civil rights of black people in this country; and Rev. Galamison, I guess you've heard of him, is another Christian minister in New York who has been deeply involved in the school boycotts to eliminate segregated education; well, I myself am a minister, not a Christian minister, but a Muslim minister; and I believe in action on all fronts by whatever means necessary."*[442]

---

[440] Malcolm X (1964): Speech on the Founding of the OAAU, June 28, 1964. In: http://www.thinkingtogether.org/rcream/archive/Old/S2006/comp/OAAU.pdf [Zugriff zuletzt am 23.08.2020].

[441] Malcolm X (Dezember 1964), zitiert in: Waldschmidt-Nelson 2015a, S. 250.

[442] Malcolm X (1964): The Ballot or the Bullet. Cleveland talk, Cory Methodist Church, Cleveland, Ohio, 3.4.1964. Zitiert in: Breitman 1990, S. 24.

In der Ansprache „*The Ballot or the Bullet*" aus dem Jahr 1964 sprach Malcolm über Schwarzen Nationalismus, nur einleitend (siehe Zitat oben) ist von Religion die Rede. Ein wichtiger Teil ist die wirtschaftliche und politische Stärke Schwarzer, er will *Black Business* intensivieren. Nicht die Religion sei ihre einende Kraft, sondern die Hautfarbe – alle Schwarzen, egal mit welchem Glaubensbekenntnis hätten die gleichen Probleme. Die einzige Chance auf Veränderung sei der Wahlzettel („ballot").[443]

> „*When I say the man, you know what I'm talking about. I'm talking about the man that lynches, the man that segregates, the man that discriminates, the man that oppresses and exploits, the man that won't let you and me have quality education facilities here in Harlem. That man, whoever he is, that's who I'm talking about. I have to talk about 'tim like this, because if I talk about him any closer, they'll call me a racist. And I'm not a racist. I'm not against somebody because of their race, but I'm sure against them because of what they're doing; and if they're doing wrong we should stop them, and by any means necessary.*"[444]

Diese Rede vom 13. Dezember 1964 in New York wurde gemeinsam mit dem Aktivisten und Comedian Dick Gregory abgehalten und handelt eigentlich von Abdulrahman Mohamed[445] (genannt Babu). Der Zanzibari war ein bekannter Panafrikanist und Antikolonialist, hatte verschiedene Ministerpositionen unter Julius Nyerere[446] inne, 1972 ließ dieser ihn aber wegen seiner Kritik am Sozialismus verhaften.

Bei diesem Auszug geht es einerseits um die Presse und andererseits um das FBI; beiden traute Malcolm nicht, beide galt es in Schach zu halten und beide verabscheute er zutiefst. Dem FBI misstraute er wohl nicht zu Unrecht: erst 2020 wurden Beweise gefunden, dass die Abteilung COINTELPRO des FBI den Auftrag zu Malcolms Ermordung gegeben hatte bzw. in Zusammenarbeit mit der *Nation* durchgeführt hatte.[447] Malcolms Verhältnis zur Presse war zwiegespalten: auf einer Seite verstand er sie als Gegner, die versuchten ihn zu zerstören, auf der anderen Seiten waren sie Mittel zum Zweck: sie verbreiteten seine Botschaften und Lehren.[448]

---

[443] Vgl. Breitman 1990, S. 23–44.

[444] Malcolm X (1964): At the Audubon. Audubon Ballroom, New York, 13.12.1964. Zitiert in: Breitman 1990, S. 96.

[445] 1924–1996.

[446] Vgl. Nyerere 1968.

[447] Vgl. Abschn. 3.4 und 4.2.4.

[448] Vgl. Breitman 1990, S. 88–104.

*„Several persons have asked me recently, since I've been back, "What is your pro-
gram?" I purposely, to this day, have not many way mentioned what our program is
because there will come a time when we will unveil it so that everybody will understand it Policies change. And programs change, according to time. But objective never
changes. You might change your method of achieving the objective, but the objective
never changes. Our objective is complete freedom, complete justice, complete equality,
by any means necessary."*[449]

Bei dieser Rede, die Malcolm eine Woche nach der oben angeführten abhielt, ging
es um die Ziele und Inhalte der neugegründeten *Organization of Afro American
Unity* (OAAU). Die Bürgerrechtskämpferin Fannie Lou Hamer und The Freedom Singers traten bei dieser Veranstaltung auf. Malcolm verdeutlichte die klare
Absicht dieser Organisation: absolute Freiheit, Gleichheit und Gerechtigkeit sind
mit allen notwendigen Mitteln zu erreichen. Nur durch Bildung konnten laut
Malcolm diese Ziele durchgesetzt werden.

Zudem ging er in dieser Ansprache konkret auf Kolonialismus ein, Profitgier
der europäischen Länder und die Wirtschaft Europas, die ohne Kolonialgebi-
ete keinerlei Bedeutung hätte. Immer wieder pries er die ägyptische Baukunst,
Kultur und Wirtschaft und verwies auf andere afrikanische Besonderheiten
verwiesen, die nur ohne Kolonialisierung möglich wären. Malcolm sah eine
der wichtigsten Möglichkeiten, Rechte einzufordern, in der Wählerregistrierung
und in der Inanspruchnahme des Wahlrechts. Einen Teil der Rede hielt die
Bürgerrechtsaktivistin Fannie Lou Hamer.[450]

*„So, we are honored to have with us tonight not only a freedom fighter, but some
singers on that program today - I think they're all here; I asked them to come out
tonight because they sang one song that just knocked me out. I'm not one who goes for
'We Shall Overcome.' I just don't believe, we're going to overcome, singing. If you're
going to get yourself a 45 and start singing 'We Shall Overcome', I'm with you. But
I'm not for singing that doesn't at the same time tell you how to get something to use
after you get through singing. I realize I'm saying some things that you think can get
me in trouble, but brothers, I was born in trouble. I don't even care about trouble. I'm
interested in one thing alone, and that's freedom - by any means necessary."*[451]

Dieser Teil entstammt der gleichen Rede wie oben. Malcolm ging auf das von
Martin Luther King Jr. verwendete Lied „*We shall overcome*"[452] ein; er machte

---

[449] Malcolm X (1964): At the Audubon, 20.12.1964, Audubon Ballroom, New York. Zitiert
in: Breitman 1990, S. 116.

[450] Vgl. Breitman 1990, S. 115–136.

[451] Breitman 1990, S. 134 f.

[452] Siehe Abschn. 4.1.3.

sich darüber lustig, dass an die Wirkung einer Schallplatte[453] als Friedensbringer geglaubt wird. Für ihn sei Freiheit „mit allen notwendigen Mitteln" zu erreichen – nicht alleine durch einen Song.

> *„Now you see why Mississippi is in trouble. And I hope that our brothers, especially our brothers here in Harlem, listened very well. very closely, to what I call one of this country's foremost freedom fighters. You don't have to be a man to fight for freedom. All you have to do is be an intelligent human being. And automatically, your intelligence makes you want freedom so badly that you'll do anything, by any means necessary, to get that freedom."*[454]

Auch dieser Absatz ist der Rede „*At the Audubon*" entnommen und betonte erneut die Bedeutung von Freiheit. Dieser Teil folgte im Anschluss an die Ansprache von Fannie Lou Hamer und The Freedom Fighters, sie lebte in Montgomery County, Mississippi, daher bezog sich Malcolm auf Mississippi. Er wies darauf hin, dass Freiheit nicht nur in den Südstaaten ein hohes Gut sei, sondern auch in Harlem unbedingt notwendig und „mit allen notwendigen Mitteln" zu erreichen sei.[455]

> *„So this is why I say if we get involved in the civil rights movement and go to Mississippi, or anyplace else, to help our people get registered to vote, we intend to go prepared. We don't intend to break the law, but when you're trying to register to vote you're upholding the law. It's the one who tries to prevent you from registering to vote who's breaking the law, and you've got a right to protect yourself by any means necessary. And if the government doesn't want civil-rights groups going equipped, the government should do its job."*[456]

Dieser Absatz ist der Rede „*Prospects for Freedom*" entnommen, die Malcolm 1965 vor einem überwiegend weißen Publikum hält. Sie handelte ebenfalls wieder vom Begriff der Freiheit; laut Malcolm kann es keine Freiheit ohne Frieden geben – das eine bedingt das andere. Weiters sprach er Kolonialismus und Dekolonisation an, als positives Beispiel nannte er den Zusammenschluss Zanzibars mit Tanzania. Er prangerte die Aktivitäten Amerikas im Kongo sowie in Vietnam an und machte sich erneut über die Unterstützung der Regierung

---

[453] Anm. d. Autorin: Mit „a 45" bezeichnet man eine Vinyl-Schallplatte mit 45 Umdrehungen (bekannt als *Single*).

[454] Breitman 1990, S. 135.

[455] Vgl. Breitman 1990, S. 115–163.

[456] Malcolm X (1965): Prospects for Freedom in 1965. Palm Gardens, New York, 7.1.1965. Zitiert in: Breitman 1990, S. 153.

beim „*Marsch auf Washington*" lustig. Die Regierung würde zwar offiziell den Afroamerikaner:innen Bürgerrechte zugestehen, bei Lynchmorden aber nicht reagieren und nicht einmal eine ordnungsgemäße Strafverfolgung durchführen. Auch bei den Unruhen von Harlem hätte es anders enden können, wenn sich die Schwarzen Bürger:innen dementsprechend gewehrt hätten, ebenso in Rochester und Philadelphia. Im ausgewählten Teil wies er auf die unbedingt notwendige Wählerregistrierung hin – da es dabei immer wieder zu Unruhen und Attacken auf Schwarze kam, sei dieses Recht mit „allen notwendigen Mitteln" durchzusetzen.

> „*The Klan is a cowardly outfit. They have perfected the art of making Negroes be afraid. As long as the Negro is afraid, the Klan is safe. But the Klan itself is cowardly. One of them never come after one of you. They all come together. They're scared of you. And you sit there when they're putting the rope around your neck saying, 'Forgive them, Lord, they know not what they do.' As long as they've been doing it, they're experts at it, they know what they're doing. No, since the federal government has shown that it isn't going to do anything about it but talk, then it is a duty, it's your and my duty as men, as human beings, it is our duty to our people, to organize ourselves and let the government know that if they don't stop that Klan, we'll stop it ourselves. Then you'll see the government start doing something about it. But don't ever think that they're going to do it just on some kind of morality basis. No. So I don't believe in violence - that's why I want to stop it. And you can't stop it with love, not love of those things down there. No! So, we only mean vigorous action in self-defense, and that vigorous action we feel we're justified in initiating by any means necessary.*"[457]

Am Tag vor der Rede „*After the bombing*" kehrte Malcolm aus Europa zurück, da man ihn in Paris nicht einreisen ließ – man ging davon aus, dass er Schwarze zum Aufruhr verleiten würde. Am Tag seiner Rückkehr wurde sein Haus abgebrannt, von Brandstiftung seitens der *Nation* wird ausgegangen. Malcolm war an diesem Tag verständlicherweise besonders aufgewühlt und drängte darauf, diese Rede abzuhalten, obwohl es große Sicherheitsbedenken gab. Der Inhalt dieser Ansprache sind die Folgen der Kolonialisierung und ein kritischer Blick auf die verwehrte Europareise sowie die Schwarzen, die dort leben. Kolonialismus und Imperialismus seien Teil weltweiter Machtsysteme, die für Unterdrückung und Ausbeutung Schwarzer verantwortlich seien. Er sprach weiter über den Islam und seine Erfahrungen während seiner Reisen. Weiters unterstrich er, dass er gegen Gewalt sei, aber für das Recht auf Selbstverteidigung. Als Beispiel nannte er im oben angeführten Auszug den *Ku-Klux-Klan*, der sich feige hinter seinen Kapuzen verstecken und nur in großen Gruppen stark sein würde, Gegenwehr

---

[457] Malcolm X (1965): After the Bombing. AfroAmerican Broadcasting Company, Detroit, 13.2.1965. Zitiert in: Breitman 1990, S. 164 f.

sei mit „allen notwendigen Mitteln" erforderlich. Die Presse würde diese Gewalt
umgekehrt und die Schwarzen als „*violent in reverse*" präsentieren und somit auf
eine Stufe mit dem *Klan* stellen.

> „*This is to warn you that I am no longer held in check from fighting white supremacists
> by Elijah Muhammad's separatist Black Muslim movement, and that it your present
> racist agitation against our people there in Alabama causes physical harm to Reverend
> King or any other black Americans who are only attempting to enjoy their rights as
> free human beings, that you and your Ku Klux Klan friends will be met with maximum
> physical retaliation from those of us who are not handcuffed by the disarming philos-
> ophy of nonviolence, and who believe in asserting our right of self-defense- by any
> means necessary.*"[458]

Aus dieser Rede gibt es lediglich einen kurzen Auszug, der aufgezeichnet
wurde. Malcolm X bezieht sich auf die Ermordung Martin Luther King Jr.
und unterstrich, dass er ihm trotz aller Differenzen zur Hilfe geeilt wäre. Der
Auszug entstammt einem Schreiben an George Lincoln Rockwell, dem Leiter der
amerikanischen Nazi-Partei. Er legte deutlich klar, dass er „mit allen notwendigen
Mitteln" sein Recht auf Selbstverteidigung geltend machen würde.

> „*The gentleman asks me if I believe in political action, number one. And if the leftist
> groups got together and put me up for mayor, would I run? I believe in political action,
> yes. Any kind of political action. I believe in action, period. Whatever kind of action
> is necessary. When you hear me say 'by any means necessary', I mean exactly that. I
> believe in anything that is necessary to correct unjust conditions - political, economic,
> social, physical, anything that's necessary. I believe in it - as long as it's intelligently
> directed and designed to get results.*"[459]

Bei dieser Aussage in einem Gespräch mit einem Journalisten im Rahmen seines
Auftrittes im Militant Labor Forum am 7. Jänner 1965 erklärte Malcolm genau,
was der Ausdruck „*by any means necessary*" für ihn implizieren würde: und
zwar alles, was notwendig sei, um ungerechte Zustände zu berichtigen, und
zwar sowohl im politischen als auch im wirtschaftlichen, sozialen und physischen
Bereich.[460]

Zusammenfassend ist nochmals auf die Verbindung zwischen Jean-Paul
Sartres Slogan aus „*Les Mains salles*", Fanons beeindruckendem Ende eines

---

[458] Malcolm X (1966): Public Notice to Rockwell. Organization of Afro-American Unity,
Harlem, 24.1.1965. Zitiert in: Breitman 1990, S. 201.

[459] Malcolm X (1965): Interview im Militant Labor Forum, 7.1.1965. Zitiert in: Breitman
1990, S. 203.

[460] Vgl. Breitman 1990, S. 203.

Vortrages auf einer Konferenz und Malcolm X Markenzeichen in vielen Reden hinzuweisen – sie alle verwendeten *„by any means necessary"* als Bekräftigung, dass Freiheit und Unabhängigkeit mit allen notwendigen Mitteln zu erreichen seien.

Zusammenfassung/Conclusio

„Just as the Bandung conference of 1955 had done, he deemphasized the differences of the oppressed of various nations in order to highlight the similarities of those same wretched; all were brutalized and disfigured by the international status quo and thus all had a common enemy to fight against.“[1]

Malcolm X

Das vorliegende Werk setzt sich mit der Beantwortung folgender Forschungs- und Unterfragen auseinander:

Welche Gemeinsamkeiten verbinden Frantz Fanon und Malcolm X?

- Welche Ansichten teilten sie zum Thema Gewalt? Förderten sie durch ihre Appelle Gewalt oder war Gewalt nur Mittel zum Zweck der Befreiung? Gab es konkrete Gewaltaufrufe oder handelte es sich um Aufforderungen zur Selbstverteidigung?
- Welche Bedeutung haben ihre Lehren heute?
- Welche Verbindungen gibt es zwischen Sklaverei, Kolonialismus und afroamerikanischen Bürgerrechtsbewegungen?

Es gibt etliche Gemeinsamkeiten zwischen dem Psychiater und Kolonialisierungskritiker Frantz Fanon und Malcolm X, dem charismatischen Kämpfer für die Rechte Schwarzer Menschen in den USA. Nicht nur das Geburtsjahr und ein früher Tod in den 1960er Jahren verbinden sie, sondern auch viele ideologische Ansichten und politisches Engagement, moralische Verpflichtungen und

---

[1] Malcolm X (1992, S. 158–159: The Final Speeches. Edited by Steve Clark. New York: Pathfinder Press. Zitiert in: Byrd 2016, S. 111).

© Der/die Autor(en), exklusiv lizenziert an Springer Fachmedien Wiesbaden GmbH, ein Teil von Springer Nature 2023
G. A. Bichler, *By any means necessary?! Analogien und Differenzen im Denken von Frantz Fanon und Malcolm X*, https://doi.org/10.1007/978-3-658-41187-9_5

die Beschäftigung mit dem Thema Gewalt, die sich aus der Fokussierung auf Auswirkungen von Sklaverei und Kolonialismus ergab. Resultierend aus einem intensiven Literaturstudium konnten mehrere Schwerpunkte in ihren Gemeinsamkeiten definiert werden: eine historische und persönliche Betroffenheit von den Gräueln der Sklaverei und dem Kolonialismus sowie Einfluss auf und Beteiligung an den afroamerikanischen Bürgerrechtsbewegungen, eine intensive Auseinandersetzung mit dem Thema Gewalt, charismatisches Auftreten und außergewöhnliche Rhetorik, Respekt für und Beschäftigung mit dem Islam, die Inspiration durch den jamaikanischen *Black Nationalist* Marcus Moziah Garvey, mutuale Beeinflussung der Weltsicht sowie die Anwendung von Jean-Paul Sartres Slogan *„by any means necessary"*.

Zur Bearbeitung der Forschungsfragen wurde verschiedene transdisziplinäre Methoden angewandt, die hauptsächlich im ethnopsychoanalytischen Bereich liegen. Diese Arbeit ist als Feldstudie zu sehen – teilnehmende Beobachtung, Pendeln zwischen den Kulturen und regelmäßige *Field Breaks* waren die Werkzeuge. Das *Going Native* bezog sich im vorliegenden Werk auf ein komplettes Eintauchen in Literatur, Filme und Expertengespräche, *Field breaks* waren zur Abgrenzung notwendig, um darüber reflektiert schreiben zu können. Die eigene Betroffenheit konnte und sollte nicht ausgeblendet werden, sondern bezog diese wie in allen ethnopsychoanalytischen Forschungen in sämtliche Analysen und Auseinandersetzungen mit der Thematik ein.

Wichtig war auch die Beschäftigung mit dem eigenen *„Weiß-Sein"* sowie der *„fremde Blick"*, der als Chance einer Neuinterpretation der Thematik gesehen wird. Durch laufende Selbstbeobachtung und Supervision entstanden neue Blickwinkel und Betrachtungsansätze.

Ausgehend von den beiden Biografien[2] beschäftigte ich mich auch mit den psychologischen und persönlichen Hintergründen sowie den jeweiligen ‚Erfahrungsrucksäcken'. Wichtig ist hierbei die Klärung der Frage, warum sich Frantz Fanon und Malcolm X auf ihre jeweilige Art und Weise entwickelten, welche externen Einflüsse dazu beitrugen sowie welche Bedeutung ihre Positionen und Lebensweisen bis heute haben und wie diese nachwirken.

Frantz Fanon wurde von Rassismuserfahrungen auf Martinique und in Europa geprägt; seine Ausbildung zum Mediziner mit Schwerpunkt Psychiatrie trug

---

[2] Alice Cherki schrieb über ihren Wegbegleiter Frantz Fanon eine Biografie, die er zwar nicht (mehr) offiziell autorisierte, sie gilt aber als umfangreichstes Werk über ihn, daher wurde sie ausgewählt. Malcolm X autorisierte nur das Buch von Alex Haley als Biografie, unterstützend dazu wurde das Werk von Britta Waldschmidt-Nelson verwendet, die u. a. Fakten aus Haleys Buch auf Plausibilität überprüfte und teils auch widerlegte.

dazu bei, dass er selbst diskriminierende Strukturen aufdecken und so dagegen ankämpfen konnte.

Als Psychiater wandte Fanon anfangs noch Gewalt an: Elektroschocks und Medikamententests waren gang und gäbe.[3] Wegweisend für seine zukünftige Tätigkeit war eine Sozialtherapie, mit der er in der französischen Klinik in Saint-Alban-sur-Limagnole, Département Lozère, in Berührung kam. Die Patient:innen wurden in einem dorfähnlichen System vom Personal betreut, machten Einkäufe und Kaffeehausbesuche gemeinsam. Zur Unterstützung trugen keiner der Angestellten (also weder Ärzte noch Pflegepersonal) Kittel oder Uniformen, sondern Straßenkleidung wie auch die Patient:innen.

Diese Therapieform wandte er nach seiner Versetzung nach Algerien (Clinique Blida-Joinville) auch dort an – eine Innovation in der Psychiatrie des Landes. Die anderen Ärzt:innen (Anhänger:innen der *Schule von Algier*) waren skeptisch, für sie konnten psychische Erkrankungen nur mit gewaltvollen Methoden behandelt werden. Speziell Muslime wurden hier als unterste Kategorie behandelt, da ihre Hirnentwicklung als rückständig eingestuft wurde; aufgrund dessen würden sie lediglich instinkt- und triebgesteuert agieren.

Fanon betreute seine Patient:innen mit dieser neuen Methode ohne Blick auf Herkunft, Geschlecht oder Religionsbekenntnis; die behandelnde Ärztin/der Arzt stellte sich auf gleiche Ebene mit der zu behandelnden Person.

Da Fanon immer wieder von den Franzosen Gefolterte behandeln musste und aus Mitgefühl auch FLN-Kämpfer:innen *(Front de Libération National)* in der Klinik versteckte, entwickelte er ein immer stärker werdendes politisches Bewusstsein und engagierte sich schlussendlich auch selbst in der FLN. Seine Zeit in Algerien verbrachte er neben seiner Position als psychiatrischer Leiter der Klinik und seinem politischen Engagement hauptsächlich im Einsatz gegen die Kolonialisierung und ihre furchtbaren Auswirkungen.

Für Fanon war Gewalt das einzige Mittel zur Herbeiführung der Unabhängigkeit. Weiters setzte er sich mit dem Begriff der Identität und der Entfremdung Schwarzer in weißen Gesellschaften auseinander.

Umso intensiver sich Fanon mit dem Thema Gewalt auseinandersetzte, umso mehr differenzierten seine Ansichten dazu: In der psychiatrischen Behandlung verweigerte er jegliche Form der Gewaltanwendung, in seinem politischen Kampf sah er Gewalt als das einzige probate Mittel. Fanon verstarb 1961, nur drei Tage nach dem Erscheinen seines Hauptwerkes *Die Verdammten dieser Erde,* an myeloischer **Leukämie.**

---

[3] Vgl. Suter 2017, o.Sz.

Außergewöhnlich ist auch seine Art der Publikationserstellung: Fanon diktierte die meisten seiner Bücher, so entstanden Phrasen, die direkt aus dem Herzen kamen und in deutlicher Emotion ausgesprochen wurden. Themen wiederholten sich, der Stil wirkte extrem verdichtet, teilweise hatte man das Gefühl, als würden Wörter wie Gewehrsalven abgefeuert werden.

Malcolm X war ebenso wie Frantz Fanon, wenn auch auf andere Weise, durch Rassismuserfahrungen geprägt: Nach Attacken des *Ku-Klux-Klans* musste die Familie immer wieder in andere Orte flüchten, der Vater wurde schließlich grausam vom *Klan* ermordet. Infolgedessen wurde die Mutter in eine psychiatrische Klinik eingewiesen und alle Kinder auf Heime und Pflegefamilien verteilt.

Trotz herausragender Leistungen im Schulunterricht wurde Malcolm aus rassistischen Gründen ein Studium verwehrt, frustriert rutschte er in Drogensucht und Beschaffungskriminalität ab. Auch hier zeigte sich der alltägliche Rassismus: während Malcolm und sein Schwarzer Freund jeweils zu acht bis zehn Jahren Gefängnis verurteilt wurden, kamen die beiden weißen Mittäterinnen trotz identer Anklagepunkte fast straffrei davon.

Inspiriert durch seine konvertierten Geschwister begann Malcolm sich in Haft mit der *Nation of Islam* zu beschäftigen und trat ihr schließlich auch bei. Nun erfolgte der Namenswechsel von Malcolm Little auf Malcolm X: der ursprüngliche Familienname galt als Sklavenname und musste daher ersetzt werden.

Der persönliche Kontakt mit dem Führer der *Nation,* Elijah Muhammad, gab ihm Kraft für die Gefängniszeit. Er begann sich intensiv mit Geschichte und Philosophie auseinanderzusetzen, aber auch mit Rhetorik und Schönschrift. Nach seiner Entlassung stieg er aufgrund seiner beeindruckenden Redekünste und seines charismatischen Auftretens rasch zum Sprecher der *NoI* sowie zum Leiter eines Tempels auf.

Malcolm war in seiner Familie der Hellhäutigste, aus diesem Grund reflektierte er sein „Schwarzsein" intensiv und nutzte es als Stilmittel in seinen Reden. Viele Jahre war er das Aushängeschild der *NoI* und predigte im Namen *des Ehrwürdigen Master Elijah Muhammad.* Gewalt und Selbstverteidigung waren ihn für ein probates Mittel zur Durchsetzung von Bürgerrechten für Schwarze, friedvolle Demonstrationen wie unter Martin Luther King Jr. empfand er als lächerlich und niemals zielführend.

Erst nach moralischen Verfehlungen seines verehrten Führers Elijah Muhammad distanzierte er sich von der *Nation* und wurde schlussendlich sogar ausgeschlossen. Zutiefst verunsichert und im Innersten verletzt pilgerte Malcolm zur *Hadsch* nach Mekka und bereiste anschließend verschiedene afrikanische

Länder. Nun fand er zum (sunnitischen) Islam, änderte seinen Namen in *El-Hajj Malik El-Shabazz* und widmete sich daraufhin dem gewaltlosen Kampf für Bürgerrechte. Malcolm wurde 1965 ermordet.

Nach einer intensiven Auseinandersetzung mit der Literatur (sowohl mit den jeweiligen Biografien als auch ergänzenden Werke dazu) konnten, wie schon angesprochen, etliche Gemeinsamkeiten zwischen Fanon und Malcolm X identifiziert werden. Die wohl offensichtlichste Similarität ist das gleiche Geburtsjahr und damit die gleiche historische Periode, die vor allem von den Gräueln des Kolonialismus und der Sklaverei geprägt war. Beide wurden eindeutig von Kindheitserfahrungen gezeichnet, sie nahmen diesen „Erfahrungsrucksack" mit ins Erwachsenenleben und ließen ihn in ihre Werke bzw. Tätigkeit einfließen.

Resultierend aus Kolonialismus und Sklaverei bildeten sich afroamerikanische Bürgerrechtsbewegungen, die sich zum Teil sogar direkt auf Frantz Fanon und Malcolm X berufen. Als Beispiel sind die *Black Panther Party* und die *Black Lives Matter*-Bewegung zu nennen, beide Bewegungen, im Speziellen aber ganz besonders die *Black Panther Party,* geben Fanon und Malcolm als Inspiration in ihrem Kampf gegen die Unterdrückung Schwarzer an.[4] Da sich die Schwarzen Amerikaner:innen als Kolonisierte der weißen USA sehen, fühlen sie sich besonders von Werken wie *„Die Verdammten dieser Erde"* persönlich angesprochen.

Slogans wie *„I'm black and I'm proud", „Black is beautiful"* oder *„Black Power"* erreichten besonders in den 1960er Jahren eine ungeahnte Popularität und erwirkten so eine generelle Stärkung Schwarzer Identität. Eine Rückbesinnung wurde dadurch ausgelöst und in der Sklaverei gelöschte Identitäten wieder mobilisiert. Unterstützend dabei war auch die bereits in den 1920er Jahren von Marcus Garvey initiierte *Back to Africa*-Bewegung, die nicht nur Repatriierung predigte, sondern generell die Bedeutung von *Black Identity* auslöste, förderte und steigerte.

Wie Malcolm X war Fanon ein begehrter Redner und charismatischer Mensch mit raumfüllendem Auftreten, der dennoch versuchte, sich selbst im Hintergrund zu halten und über sein Privatleben wenig preisgab. Seine Theorien trugen maßgeblich zur Dekolonialisierung bei und leben in den afroamerikanischen Bürgerrechtsbewegungen weiter.

Aktuell ist die *Black Lives Matter*-Bewegung ein starker Motor im Kampf gegen die kollektive Diskriminierung Schwarzer: eine positive Hinterlassenschaft Malcolms und ebenfalls von Fanon inspiriert. Menschen aller Hautfarben, Herkunftskulturen und Religionen kämpfen gemeinsam und friedfertig gegen Rassismus und strukturelle Gewalt.

---

[4] Vgl. Abu-Jamal 2012, S. 28 ff.

Eine deutliche Verbindung von Malcolm X mit Frantz Fanon liegt in der
Beschäftigung mit der Thematik der Gewalt. Diese Gewalterfahrungen kamen
zweifellos aus dem Kolonialismus und der Sklaverei – zwei Gräuel, die untrennbar zusammengehören und einander bedingen. Als eine Folge der Sklaverei
bildeten sich in den USA die Bürgerrechtsbewegungen. Auch hier spielte der
Kolonialismus eine wichtige Rolle, da sich Afroamerikaner:innen als Kolonisierte
der Weißen sehen. Sklaverei gilt als der Grundstein jeglicher Diskriminierung
Schwarzer.

Eine weitere Forschungsfrage betrifft das Thema Islam. Durch den Namenswechsel von Frantz auf Ibrahim bzw. Omar Fanon war von einer Konvertierung
zum Islam auszugehen. Muslime in Algerien wurden zu Fanons Zeiten als rein
instinktiv handelnde Wesen gesehen, die selten über intellektuelle Fähigkeiten
verfügten. Oft waren es Folteropfer, die sich daraufhin (oft heimlich) in psychiatrische Behandlung begaben. Fanon behandelte sie im Gegensatz zur damals
üblichen *Schule von Algier* respektvoll und wertschätzend, gleich allen anderen
Patient:innen. Seine Beinamen Ibrahim und Omar dürften aber nicht einer Konvertierung geschuldet sein, sondern sich von positiven Bezeichnungen für seinen
Status als Kämpfer im antikolonialen Widerstand und als starke Führungspersön-
lichkeit ableiten bzw. als *Nom de Guerre* gedient haben, möglicherweise sind sie
einfach ein solidarischer Akt mit der lokalen Bevölkerung.

Es konnten also keine konkreten Anhaltspunkte über eine Konvertierung zum
Islam von Frantz Fanon gefunden werden, ganz im Gegensatz dazu bei Malcolm
X – dieser zelebrierte seine Religionszugehörigkeit öffentlich. Aus diesem Grund
ist ein Abrücken von Gewalt und Gewaltaufrufen nach seiner Konvertierung zum
(sunnitischen) Islam bei Malcolm X zu konstatieren, bei Frantz Fanon dies nicht
möglich. Wichtiges Verbindungsglied ist aber die Wertschätzung von Muslimen
und des Islams.

Auch wenn es keine offiziellen Quellen zu einem persönlichen Treffen zwischen Frantz Fanon und Malcolm X gibt, so ist doch davon auszugehen, dass
ihre Lehren auf gewisse Art miteinander verflochten waren/sind. Cherki geht von
einer Zusammenkunft aus, ebenso Waldschmidt-Nelson, dies ist aber weder von
Fanon noch von Malcolm X schriftlich dokumentiert. Es scheint aber gesichert,
dass es einen intellektuellen Austausch gegeben hatte. Davon zeugen Aussagen
und Werke von gemeinsamen Wegbegleiter:innen der beiden, zudem baute Malcolm X Fanon bzw. den algerischen Widerstand immer wieder in seine Reden
ein. Ferner sehen sich die Afroamerikaner:innen als Kolonisierte der Weißen und
waren daher von Fanons Werken, besonders von „*Die Verdammten dieser Erde*"
fasziniert. Interessanterweise beginnt das Vorwort der Neuauflage von Haleys

Biografie (1992) mit einem Zitat Fanons – ein weiteres Zeichen der mutualen Bedeutung.

Eine weitere Gemeinsamkeit war die Inspiration durch Marcus Moziah Garvey. Garvey, ein Nachkomme entflohener *Enslaved Persons*, den *Maroons*, forderte die Gleichstellung Schwarzer sowohl in der Karibik, in Europa und in den USA. Durch die Gründung der *UNIA (Universal Negro Improvement Association)* wollte er unter anderem einen Staat nur für Schwarze gründen, dieser war in Afrika geplant, dem *Motherland*. Unter dem Motto *Back to Africa* sollte eine kollektive Repatriierung durchgeführt werden, dazu gründete er das Schifffahrtsunternehmen *Black Star Line*. Auch wenn sich seine Repatriierungsbewegung nicht durchsetzen konnte, so inspirierte er doch viele Menschen von den *Rastafaris* bis hin zu den *Garveyites*, denen auch der Vater von Malcolm X angehörte. Auch die *Négritude,* die wiederum mit Frantz Fanon verbunden ist, wurde von ihm stark beeinflusst, der Gründungsvater Léopold Sédar Senghor meinte sogar, dass die Lehren Garveys die Basis dafür seien. Die Theorien Garveys haben bis heute Bedeutung, da sie als Motiv der *Black Pride* sowie als Basis der *Black Power-Bewegung* gelten.

Eine Verbindung bestand auch durch Jean-Paul Sartre: Seinem Theaterstück ‚*Les Mains Sales*‘ entstammte der Ausspruch „*By any means necessary*“. Sartre war ein Wegbegleiter Fanons, durch sein Vorwort wurde das Werk „*Die Verdammten dieser Erde*“ erst zum Verkaufserfolg und bekam die enorme Schlagkraft. Fanon verwendete diese Maxime 1960 in seiner bekannten Ansprache „*Why we use violence?*“ auf der *Africa Positive Action Conference* in Accra, Ghana, sie gilt als ein Meilenstein auf dem Weg zur Dekolonisation. Vier Jahre später zeigte sich die bereits erwähnte Verbundenheit und Inspiration: Malcolm X wandte diesen Halbsatz 1964 bei der Gründungsversammlung seiner *Organization of Afro-American Unity* in Manhattan an. Seitdem brachte Malcolm X diesen Ausspruch in etlichen Reden als Stilmittel ein, er wird bis heute mit ihm in Verbindung gebracht und gilt als klares Statement, dass Freiheit und Unabhängigkeit mit allen notwendigen Mitteln zu erreichen seien.

Zusätzlich zur Darstellung der Gemeinsamkeiten zwischen Fanon und Malcolm X ist das Ziel dieser Arbeit, die bisher zu wenig beachteten historischen und soziokulturellen Verbindungen zwischen afrikanischen, karibischen und nordamerikanischen PoC aufzuzeigen und so zu einem vertieften gegenseitigen Verständnis beizutragen. Weiters soll dazu angeregt werden, Alltagsrassismen zu reflektieren und ein klares Statement gegen Diskriminierung, Rassifizierung sowie institutionellen und strukturellen Rassismus zu setzen, und zwar mit allen mir möglichen Mitteln – *by any means necessary*!

Abstract

Meine Forschungsfragen untersuchten Gemeinsamkeiten zwischen Leben und Werk von Frantz Fanon und Malcolm X. Die Unterfragen beschäftigen sich mit deren jeweiliger Position zu Gewalt und Gewaltaufrufen sowie dem Einfluss des Islam auf ein Abrücken davon, die Bedeutung ihrer Lehren bis heute sowie mit dem Zusammenhang zwischen Sklaverei, Kolonialismus und afroamerikanischen Bürgerrechtsbewegungen.

Methodisch basiert meine Forschung auf einem umfassenden Literaturstudium von Primärquellen wie Biografien und ergänzenden Sekundärquellen. Zudem wurden ethnopsychoanalytische Techniken wie partizipative Beobachtung, Oszillierung zwischen den Kulturen, transdisziplinäre Experteninterviews und laufende Reflexion angewandt.

Frantz Fanon war ein Psychoanalytiker und Kolonialisierungskritiker aus Martinique, er wirkte hauptsächlich in Algerien. Malcolm X gilt als bedeutender afroamerikanischer Bürgerrechtskämpfer und Sprecher der *Nation of Islam*. Ihre wichtigsten Gemeinsamkeiten sind: die idente historische Einbettung und kollektive Diskriminierungserfahrungen (Sklaverei, Kolonialismus und Afroamerikanische Bürgerrechtsbewegungen), eine intensive Auseinandersetzung mit der Thematik „Gewalt", ein charismatisches Auftreten und ausgefeilte Rhetorik, die Beschäftigung mit dem Islam, die gegenseitige Inspiration sowie der von beiden verwendete Ausspruch *„by any means necessary"*.

Da bis dato Schwarze weltweit immer noch diskriminiert, systematisch rassistisch behandelt und attackiert werden, sind die Werke beider von ungebrochener Relevanz, Bürgerrechtsbewegungen berufen sich auf ihren Einfluss. Eine unübersehbare Gemeinsamkeit ist der idente historische Hintergrund, beide wurden 1925 geboren und starben sehr jung in den 1960er Jahren. Zur historischen und gesellschaftlichen Einbettung wird der Weg von Kolonialismus und Sklaverei bis hin zu afroamerikanischen Bürgerrechtsbewegungen dargelegt bis

G. A. Bichler, *By any means necessary?! Analogien und Differenzen im Denken von Frantz Fanon und Malcolm X*, https://doi.org/10.1007/978-3-658-41187-9_6

hin zur aktuellen *Black Lives Matter* Bewegung. Beide setzten sich mit dieser Thematik aufgrund eigener Gewalt- und Diskriminierungserfahrungen eindrücklich auseinander. Eine weitere Gemeinsamkeit ist die Inspiration durch die Lehren des *Black Nationalist* Marcus Garvey, der mit seinem Slogan *Back to Africa* auch die *Rastafari*-Bewegung, die *Négritude* und die *Garveyites* beeinflusste. Sowohl Frantz Fanon als auch Malcolm X sind bekannt für ihre charismatischen Reden und ihre beeindruckende Rhetorik. Beide befassten sich respektvoll mit dem Islam. Eine weiteres Verbindungsglied war Jean-Paul Sartres Maxime *„by any means necessary"*, die von beiden verwendet wurde – bis heute ist dieser Halbsatz bekannt und wird vor allem mit Malcolm X verbunden.

My main research question investigates potential similarities between the work of Frantz Fanon and Malcolm X. The sub questions look into their joint position about violence and the potential influence of Islam in promoting its avoidance, their recent influence and the historical link between slavery, colonialism, and the Afro-American civil rights movements.

Methodically my research is based on an extensive study of literature and the use of ethnopsychoanalytic technics, like a field study with participatory observation, oscillating between the cultures, going native, expert interviews and regular field breaks.

The seven main similarities identified are: the same historic involvement in fighting against the atrocities of slavery and colonialism, participating and influencing the Afro-American civil rights movement, an intensive preoccupation with the topic ,violence', the inspiration drawn from the Jamaican Black Nationalist Marcus Garvey, their charismatic appearance and elaborate rhetoric's, the respectful preoccupation with Islam, mutual inspiration, and their relation to the French philosopher Jean-Paul Sartre and his phrase *„by any means necessary"*.

Frantz Fanon was a psychoanalyst and critic of the colonization, originally coming from Martinique. Malcolm X was an Afro-American activist for civil rights in the US and speaker of the *Nation of Islam*. As there is a prevailing severe lack of equal access to civil rights in the US until now the thoughts of both activists are still relevant and could help to understand the current explosive situation in the US after the violent death of George Floyd. Comparing these two personalities and their influence until today, this book focuses on their common historic background, as they were born in the same year and both dying young and follows the path from colonialism and slavery across the civil rights movement till the actual *Black Lives Matter* Movement. Another similarity is their exposure to violence: Their handling of the term ,violence' and their calls to violence were compared. Both are inspired by the doctrines of Marcus Moziah

Garvey, who also influenced the *Rastafari* Movement, the *Négritude* and the *Gar-veyites* with the slogan „*Back to Africa*". Fanon and Malcolm are known for their charismatic speeches and impressive rhetorics, in front of enthusiastic audiences. My presupposition of Fanon's conversion to Islam could not be confirmed finally in the literature sources. There is only strong evidence that Malcom X entered the *Nation of Islam* and he converted to Sunni Islam. Fanon and Malcolm X were affiliated to Jean-Paul Sartres phrase „*by any means necessary*" in their own speeches – until today this phrase is known and used specially by Malcolm X.

Literatur

Abu-Jamal Mumia (2012): We want freedom. Ein Leben in der Black Panther Party. Münster: Unrast Verlag.

Adi Hakim und Sherwood Marika (2003): Pan-African History: Political Figures from Africa and the Diaspora since 1787. London, New York: Routledge.

Adotevi Stanislas Spero (1990): De Gaulle et les africains. Paris: Editions Chaka.

Albertini Rudolf von (1966): Assimilation oder Assoziation? In: Dekolonisation. Beiträge zur Kolonial- und Überseegeschichte. Vol. 1. Wiesbaden: VS Verlag für Sozialwissenschaften. S. 323–357.

Alkebulan Paul (2007): Survival Pending Revolution: The History of the Black Panther Party. Tuscaloosa: University Alabama Press.

Amin Samir (1997): Die Zukunft des Weltsystems. Herausforderungen der Globalisierung. Hamburg: VSA.

Ansprenger Franz (1966): Auflösung der Kolonialreiche. DTV-Weltgeschichte des 20. Jahrhunderts, Band 13. München: DTV-Taschenbuchverlag.

Ansprenger Franz (1984): Afrika. Eine politische Länderkunde. Berlin: Colloquium Verlag.

Archer Jules (1993): They had a dream. The Civil Rights Struggle from Frederick Douglass to Marcus Garvey to Martin Luther King Jr. and Malcolm X. New York: Puffin Books.

Arendt Hannah (1970): Macht und Gewalt. München: Piper.

Arrighi Giovanni (2010): The long twentieth century. Money, power, and the origins of our times. London, New York: Verso.

Asche Matthias, Herrmann Michael, Ludwig Ulrike, Schindling Anton (2008, Hrsg): Krieg, Militär und Migration in der Frühen Neuzeit. Berlin: Lit Verlag.

Ataç Ilker, Kraler Albert, Ziai Aram (2011, Hrsg): Politik und Peripherie. Eine politikwissenschaftliche Einführung. Wien: Mandelbaum Verlag.

Atteslander Peter (1993): Methoden der empirischen Sozialforschung. Berlin, New York: Walter de Gruyter.

Awart Sigrid (2000): Die "Petits Métiers" in Dakar. Eine sozialpsychologische Studie des informellen Sektors im Senegal. Universität Klagenfurt, Dissertation.

Beauvoir Simone de (1963): La force des choses. Paris: Gallimard.

Baldwin James (1993): Sie nannten ihn Malcolm X. Reinbek bei Hamburg: Rowohlt Taschenbuch Verlag.

Bankie Bankie Forster und Mchombu Kingo Jotham (2008): Pan-Africanism. African Nationalism. Strengthening the Unity of Africa and its Diaspora. Asmara, Eritrea: Red Sea Press.

Barganier George Percy III (2011): Fanon's Children: The Black Panther Party and the Rise of the Crips and Bloods in Los Angeles. Dissertation, University of California, Berkeley.

Barsch Volker (2003): Rastafari. Von Babylon nach Afrika. Geschichte, Hintergründe und Werte der Rasta-Bewegung. Mainz: Ventil-Verlag.

Bengelsdorf Carolin (2009): Die Bürgerrechtsbewegung in den Vereinigten Staaten. München: Grin Verlag.

Bichler Gabriele (1996): Die Wolof – ihre Sprache und ihre Geschichte im Senegal. Diplomarbeit, Universität Wien.

Bichler Gabriele Aïsha (2000): Bejo, Curay und Bin-Bim? Eine soziolinguistische Studie über den Zusammenhang zwischen Spracherwerb und Kulturkenntnis am Beispiel der Wolof in Dakar, Senegal. Dissertation, Universität Wien.

Bichler Gabriele Aïsha (2003): Bejo, Curay und Bin-Bim? Die Sprache und Kultur der Wolof im Senegal – mit angeschlossenem Lehrbuch. Bern: Peter Lang Verlag.

Blake Hannah Barbara Makeda (2014): Reparationen – Rastafaris Weg zum Weltfrieden. In: Zips Werner (2014): Rastafari. Eine universelle Philosophie im 3. Jahrtausend. Wien: ProMedia. S. 175–183.

Breitman George (1990, Hrsg): Malcolm X speaks: Selected speeches and statements. New York: Grove Press.

Bühl Achim (2016): Rassismus. Wiesbaden: Verlagshaus Römerweg.

Byrd Dustin J. (2016): Malcolm X and Revolutionary Religion. Christianity, Islam and their Emancipatory Potentials. In: Byrd Dustin J., Miri Seyed Javad (Hrsg): Malcolm X. From Political Eschatology to Religious Revolutionary. Studies in critical social sciences. Vol. 88, Leiden: Koninklijke Brill. S. 91–131.

Césaire Aimé (2017): Über den Kolonialismus (Neuauflage der Texte von „Discours sur le colonialisme", 1950, und „Discours sur la négritude", 1955). Berlin: Alexander Verlag.

Chaberski Stephen George (1975): The Strategy of Defense in a Political Trial: The Trial of the "Panther 21". Dissertation, Columbia University.

Cherki Alice (2001): Frantz Fanon. Ein Portrait. Hamburg: Verlag Lutz Schulenburg. Edition Nautilus.

Curtis Edwards E. IV (2009): Debating the origins of the Moorish science temple: Toward a new cultural history. In: The New Black Gods: Arthur Huff Fauset and the Study of African American Religions. Indiana University Press. S. 70–90.

Dannecker Petra und Englert Birgit (2014, Hrsg): Qualitative Methoden in der Entwicklungsforschung. Wien: Mandelbaum.

Davies Gareth (2017): Inside the homes of the last Ethiopian Rastas: A rare glimpse into the lives of the slave descendants who were given a home in Africa by the Rastafarian 'messiah'. In: The Mail. 30.01.2017.

Delcourt Jean (1984): Gorée – Six siècles d'histoire. Dakar: Editions Clairafrique.

Dietrich Tobias (2008): Martin Luther King. Stuttgart: UTB GmbH.

Dietze Gabriele (2013): Weiße Frauen in Bewegung. Genealogien und Konkurrenzen von Race- und Genderpolitiken, Bielefeld: Transkript Verlag.

Diop Papa Samba, Fuchs Elisa, Hug Heinz, Riesz János (1994, Hrsg): Ousmane Sembène und die senegalesische Erzählliteratur. München: Edition text + kritik.

Domschke Katharina (2014): Praktische Bedeutung der Genetik bei Angststörungen. In: Journal für Neurologie, Neurochirurgie und Psychiatrie. Nr. 15 (2). S. 90–95.

Dorlin Elsa (2020): Selbstverteidigung. Eine Philosophie der Gewalt. Berlin: Suhrkamp.

Duchess Harris (2018): Black lives matter. Minneapolis: Abdo Publishing.

Echenberg Myron (1991): Tirailleurs Sénégalais – Colonial Conscripts: The Tirailleurs Sénégalais in French West Africa, 1857–1960. In: Marc Michel (1996, Hrsg): Outre-Mers. Revue d'histoire Année 1996. S. 129–130.

Eckert Andreas (2006): Predigt der Gewalt? Betrachtungen zu Frantz Fanons Klassiker der Dekolonisation. In: Zeithistorische Forschungen/Studies in Contemporary History, Ausgabe 3/2006, S. 169–175.

Eckert Andreas (2014a): Schwarz, schön und stolz. Sie hegten einen Traum, der dieser Tage in den USA sehr fern wirkt: Marcus Garvey und W. E. B. DuBois wollten den Rassismus ein für alle Mal beseitigen – mit einer Nation für die Schwarzen aller Länder. In: Die Zeit, Nr. 37/2014, 04.09.2014.

Edwards Brent Hayes (2003): Feminism and l'Internationalism noir: Paulette Nardal. In: The Practice of Diaspora: Literature, Translation, and the Rise of Black Internationalism. Cambridge, Massachusetts: Harvard University Press. S. 119–186.

Ellis Sylvia (2013): Freedom's Pragmatist: Lyndon Johnson and Civil Rights. Gainesville: University Press of Florida.

Erdheim Mario, Nadig Maya (1991): Ethnopsychoanalyse. In: Ethnopsychoanalyse 2. Herrschaft, Anpassung, Widerstand. Frankfurt am Main: Brandes & Apsel. S. 187–201.

Fanon Frantz (1960): Why we use violence. Address to the Accra Positive Conference, April 1960. In: Ghirmai Philmon (2019): Globale Neuordnung durch antikoloniale Konferenzen. Ghana und Ägypten als Zentren der afrikanischen Dekolonisation. Bielefeld: Transcript Verlag. S. 653–659.

Fanon Frantz (1952): Peau noire, masques blancs. Paris: Les Éditions du Seuil. (Neuauflage 2011, Chicoutimi, Québec).

Fanon Frantz (2008): Die Verdammten dieser Erde. (Neuauflage der Übersetzung von „Les damnes de la terre", 1961) Frankfurt am Main: Suhrkamp Verlag.

Fanon Frantz (2013): Schwarze Haut, weiße Masken (Neuauflage der Übersetzung von "Peau noire, masques blancs", 1952) Wien: Turia und Kant.

Fanon Frantz (2017): Der Schleier (Übersetzung von „L'Algerie se devoile" In: „L'an V de la Revolution Algerienne", 1959). Wien: Verlag Turia + Kant.

Fanon Joby (2004): Frantz Fanon, My Brother: Doctor, Playwright, Revolutionary. London: Lexington Books.

Faschingeder Gerald (2012): querdenken. Nachgetragene Überlegungen zu einer transdisziplinären Veranstaltung. In: Aktion & Reflexion, Heft 7. Soziale Ungleichheit und kulturelle Vielfalt in europäischen Städten. S. 47–53.

Fontana Andrea und Frey James H. (1994): Interviewing. The Art of Science. In: Denzin Norman und Lincoln Yvonne S. (Hrsg): Handbook of Qualitative Research. London, Thousand Oaks, New Delhi: Sage, S. 361–376.

Forman James (1968): 1967 – Höhepunkt des schwarzen Widerstandes. In: Carmichael Stokely, Brown H. Rap, Forman James, Guerin Daniel (Hrsg): Now. Der schwarze Aufstand. S. 17–52.

Foucault Michel (1993): Wahnsinn und Gesellschaft. Eine Geschichte des Wahns im Zeitalter der Vernunft. Frankfurt am Main: Suhrkamp Verlag.

Frank André Gunder: (1969): Kapitalismus und Unterentwicklung in Lateinamerika. Frankfurt am Main: Europäische Verlagsanstalt.

Freud Siegmund (1913): Totem und Tabu. Einige Übereinstimmungen im Seelenleben der Wilden und der Neurotiker. Wien: Hugo Heller & Cie.

Freud Siegmund (1924): Zur Einführung des Narzißmus. Leipzig, Wien, Zürich: Internationaler Psychoanalytischer Verlag.

Friederici Luisa (2008): Gandhis gewaltloser Widerstand. München: Grin Verlag.

Fuchs Elisa (Hrsg.) (1978): Die Zeit ist auf unserer Seite. Engagierte afrikanische Literatur. Basel: Z-Verlag.

Gallagher Eugene V. (2006): Introduction to New and Alternative Religions in America. Westport: Greenwood Press.

Garvey Amy Jacques (1986): The Philosophy and Opinions of Marcus Garvey or African for the Africans. The New Marcus Garvey Library, N° 9, Dover: The Majority Press.

Garvey Marcus und Blaisdell Bob (2004, Hrsg): Selected Writings and Speeches of Marcus Garvey. New York: Dover Publications.

Gellar Sheldon (1982): Senegal. An African Nation between Islam and the West. Boulder Colorado, Gower, Hampshire: Westview Press.

Genschel Marlene und Schumann Clara (2012): Schwarze Befreiungsbewegungen im historischen und internationalen Vergleich. Panafrikanische kulturelle und politische Praxen in Afrika und der Diaspora. Bericht, Universität Berlin.

Gerrig J. Richard (2015): Psychologie. Hallbergmoos: Pearson (20. Aufl).

Gifford Justin (2020): Revolution or Death: The Life of Eldridge Cleaver. Chicago: Chicago Review Press.

Gordon Lewis R., Sharpley-Whiting T. Denean, White Renee T. (1996): Fanon: A Critical Reader. Oxford, Cambridge: Blackwell Publishers.

Grandner Margarete und Sonderegger Arno (2015, Hrsg.): Nord-Süd-Ost-West-Beziehungen. Eine Einführung in die Globalgeschichte. Wien: Mandelbaum Verlag.

Grezlikowski Marc (2008): Waffenbesitz in den Vereinigten Staaten von Amerika – historische Bedeutung des „Second Amendment" und heutige Auseinandersetzungen. München: Grin Verlag.

Groiss Dietmar (2016: 43): Philosophie im Zeichen des Rassismus – Phänomenologie des Rassismus bei Sartre und Fanon. Diplomarbeit, Universität Wien.

Haas Jeffrey (2009): The Assassination of Fred Hampton: How the FBI and the Chicago Police Murdered a Black Panther. Chicago: Lawrence Hill Books.

Haley Alex (1977): Roots. (im Original 1976, New York). Frankfurt am Main: Fischer Verlag.

Haley Alex (1992): Malcolm X (im Original 1964, New York). Bremen: Wilhelm Heyne Verlag.

Hartl Gertraud (2013): Zur kollektiven Identität auf Martinique in der Sicht der dortigen Parteien und zu ihrem sprachenpolitischen Niederschlag. Universität Wien, Diplomarbeit.

Hautkapp Dirk (2020): Tief in Psyche des Landes verwurzelt. Rassismus in den USA. In: Kurier, 07.07.2020.

Heerten Lasse (2008): Léopold Sédar Senghor als Subjekt der „Dialektik des Kolonialismus". Ein Denker Afrikas und die imperiale Metropole. Stichproben. Wiener Zeitschrift für kritische Afrikastudien Nr. 15/2008, 8. Jg., S. 87–116.

Heinemann Evelyn (1990): Mama Afrika. Das Trauma der Versklavung. Frankfurt am Main: Nexus Verlag.

Hennig Wiebke (2010): Der sunnitische Islam. In: Muslimische Gemeinschaften im Religionsverfassungsrecht. Die Kooperation des Staates mit muslimischen Gemeinschaften im Lichte der Religionsfreiheit, der Gleichheitssätze und des Verbots der Staatskirche. Baden-Baden: Nomus Verlag. S. 22–24.

Herzog Julika (2016): USA: Anstieg von Hassverbrechen nach Wahl von Donald Trump. In: Euronews, 17.11.2016.

Herzog Kira (2009): Martin Luther King. Das Denken und das Handeln Martin Luther Kings. München: Grin Verlag.

Hielscher Hans (1998): Islam – Made in USA. In: Spiegel Special. Rätsel Islam. Ausgabe 01/1998. Hamburg: Spiegel Verlag.

Hielscher Hans (2017): David Duke: Klan-Veteran und Trump-Fan. Mummenschanz und Rassenwahn. In: Der Spiegel, 30.08.2017.

Hildermeier Manfred (2017): Wladimir Iljitsch Lenin. Lenin: Genie des Augenblicks. In: Die Zeit, 16. Mai 2017.

Hilliard David, Cole Lewis (2001): This Side of Glory: The Autobiography of David Hilliard and the Story of the Black Panther Party. Chicago: Lawrence Hill Books.

Hödl Hans Gerald (2016): Reversed racism: Fundamentalist genealogies in African-American religions. In: Interdisciplinary Journal for Religion and Transformation in Contemporary Society, Bd. 3: Religious Fundamentalism. S. 131–153.

Hollenstein Marc (2002): Aggression und Gewalt – Eine Untersuchung in vier Erklärungsebenen. Norderstedt: Grin Verlag.

Hosp Christine (2006): Soziale Dimensionen der Demenz. Welches soziale Umfeld brauchen Menschen im mittleren und fortgeschrittenen Stadium der Demenzerkrankung für ihre Lebensqualität in einem Altenwohnheim? Diplomarbeit, Universität Innsbruck.

Hug Heinz (1994): Vom alltäglichen Leben des Volkes und seiner Größe sprechen. Der Schriftsteller und Filmemacher Ousmane Sembène. In: Diop, Fuchs, Hug, Riesz (Hrsg): Ousmane Sembène und die senegalesische Erzählliteratur. München: Edition Text + Kritik. S. 53–147.

Hupe Franziska (2007): Die Négritude – eine Antwort auf Kolonisation und Sklaverei. Norderstedt: Grin Verlag.

Jackson David (2015): 50 years ago: LBJ and 'We Shall Overcome'. In: USA Today, 15.03.2015.

Jah Bones (1985): Repatriation is a must! In: One Love. Rastafari: History, Doctrine & Livity. London: Voice of Rasta Publishing House. S. 70–74.

Jahn Thomas (2008): Transdisziplinarität in der Forschungspraxis. In: Bergmann Matthias und Schramm Engelbert (Hrsg.): Transdisziplinäre Forschung. Integrative Forschungsprozesse verstehen und bewerten. Frankfurt, New York: Campus Verlag. S. 21–37.

Jarret Christian und Ginsburg Joannah (2020): Psychologie. Von der Wahrnehmung zur Persönlichkeit: Eine Abenteuerreise durch die menschliche Psyche. Kerkdriel: Librero.

Kaba Lansiné (1990): Le „non" de la Guinée à de Gaulle. Tomé 1, Editions Chaka, Collection Afrique Contemporaine, N° 1, Paris.

Kaiser David E. (2009): The Road to Dallas: The Assassination of John F. Kennedy. Cambridge: Harvard University Press.

Kalter Christoph (2008): 'Le monde va de l'avant. Et vous êtes en marge'. Dekolonisierung, Dezentrierung des Westens und Entdeckung der ‚Dritten Welt' in der radikalen Linken in Frankreich in den 1960er-Jahren. In: Archiv für Sozialgeschichte 48, Bonn: Dietz. S. 99–132.

Kempf Udo (2017): Das politische System Frankreichs. Wiesbaden: Springer Fachmedien.

Kerkmann Tim (2019): Von den "United States of Africa" zur Organisation of African Unity (OAU). München: Grin Verlag.

Khalfa Jean (2015): Fanon and Psychiatry. Nottingham French Studies, Volume 54, Issue 1. Edinburgh University Press.

Khalfa Jean und Young Robert J. C. (2018, Hrsg): Alienation and Freedom. London: Bloomsbury Academic.

Klein Wolfram (2017): Malcolm X. Leben, Kampf und Ideen eines Revolutionärs. Berlin: Manifest Verlag.

Klimka Florian (2014): Reformisten und Internationalisten. Wechselbeziehungen afrikanischer Emanzipationsbewegungen und kommunistischer Organisationen in Frankreich (1917–1934). Diplomarbeit, Universität Wien.

Klose Fabian (2008): Zur Legitimation kolonialer Gewalt. Kolonialer Notstand, antisubversiver Krieg und humanitäres Völkerrecht im kenianischen und algerischen Dekolonisierungskrieg. In: Boll Friedhelm, Bouvier Beatrix et al. (Hrsg.): Dekolonisation: Prozesse und Verflechtungen 1945–1990. Archiv für Sozialgeschichte, Bd 48. Bonn: Verlag J.H.W. Dietz Nachf. S. 249–274.

Koloma Beck Teresa und Schlichte Klaus (2014): Theorien der Gewalt zur Einführung. Hamburg: Junius Verlag.

Kramar Konrad (2021): Die Bastille als Vorbild. Kurier, 30.01.2021.

Krones Christoph-Mathias (2010): Die Bürgerrechtsbewegung in den USA – Von der Sklaverei in den Südstaaten der USA ins Weiße Haus. Diplomarbeit, Universität Wien.

Lebron Christopher J. (2017): The Making of Black Lives Matter: A Brief History of an Idea. New York: Oxford University Press.

Lehmann Fabian (2011): Frantz Fanons Schwarze Haut, weisse Masken. Ein Austausch mit dem Künstler Philip Metz. In: Anwesenheitsnotiz. Studentische Zeitschrift für Geistes- und Kulturwissenschaften. Freie Universität Berlin, Universität Lüneburg. Heft 5, 2013.

Leiris Michel (1978): Das Auge des Ethnographen. Ethnologische Schriften II, Frankfurt am Main: Syndikat.

Lewis Rupert (2014): Marcus Garvey und die frühen Rastafarier. In: Zips Werner (Hrsg): Rastafari. Eine universelle Philosophie im 3. Jahrtausend. Wien: Promedia Verlag. S. 79–94.

Lüders Christian (2000): Beobachten im Feld und Ethnographie. In: Flick Uwe, von Kardorff Ernst, Steinke Ines (Hrsg): Qualitative Forschung: Ein Handbuch. Hamburg: Rowohlts Enzyklopädie Verlag.

Ludi Regula (2011): Haile Selassie auf Jamaika. Rastafari, Äthiopianismus und die Sklaverei in Abessinien. In: Historische Anthropologie: Kultur, Gesellschaft, Alltag. 2011-01, Vol. 19 (1), S. 82–111.

Magon Kekla (2021): Revolution in our time. The Black Panther Party's Promise to the People. Somerville, Massachusetts: Candlewick Press.

Maier Doris (2017): Nos ancêtres les Gaulois? Eine kritische Sichtung des Landeskundeunterrichts im französischen Übersee-Département Martinique. Diplomarbeit: Universität Wien.

Manuellan Marie-Jeanne (2017): Sous la dictée de Fanon. Coaraze: L'Amourier Éditions.

Maynard John (2005): Transnational Racial Politics. Transcultural/transnational interaction and in-fluences on Aboriginal, Australia. In: Curthoys Ann und Lake Marilyn (Hrsg): Connected Worlds: History in Transnational Perspective. Canberra, Australien: ANU Press, S. 195–208.

Miri Seyed Javad (2016): Malcolm X and the Meccan Epistle. In: Byrd Dustin J., Miri Seyed Javad (Hrsg): Malcolm X. From Political Eschatology to Religious Revolutionary. Studies in critical social sciences. Vol. 88, Leiden: Koninklijke Brill, S. 131–140.

Mitscherlich Alexander (2011): Charismatische Persönlichkeit und ‚one man army'. In: Leuzinger-Bohleber Marianne und Haubl Rolf (Hrsg): Psychoanalyse: interdisziplinär – international – intergenerationell: Zum 50-jährigen Bestehen des Sigmund-Freud-Instituts. Göttingen: Vandenhoeck & Ruprecht, S. 22–26.

Moré Angela (2013): Die unbewusste Weitergabe von Traumata und Schuldverstrickungen an nachfolgende Generationen. In: Journal für Psychologie, Jg. 21 (2013), Ausgabe 2: Inter/Generationalität.

Müller Eva B. (2012): Charisma – mit Strategie und Persönlichkeit zum Erfolg. Der Charisma-Code. Freiburg: Haufet Lexware.

Müller-Wenzel Kristin (2009): Die Ganja-Picassos: Identität und Kunst bei den Rastafari. Hamburg: Diplomica Verlag.

Neblett Touré (2011): Malcolm X: Criminal, Minister, Humanist, Martyr. In: The New York Times, 17.06.2011.

Nedelmann Carl (2005): Zur Psychoanalyse der Dehumanisierung. In: Anne Springer (Hrsg): Macht und Ohnmacht. Gießen: Springer Verlag. S. 175–184.

Nosbers Max Armin (2021): Zwischen Entzeitlichung und Historisierung. Zur Rezeption von Frantz Fanon. In: Stichproben. Wiener Zeitschrift für kritische Afrikastudien/Vienna Journal of African Studies. Nr. 40/2021, Jg. 21, S. 143–184.

Ntongela Masilela (2017): A South African looks at the African diaspora: essays and interviews. Trenton: Africa World Press.

Nunn Nathan (2008): The long-term effects of Africa's Slave Trades. Quarterly Journal of Economics, February 2008, 123 (1), S. 139–176.

Nyerere Julius (1968): Ujamaa. Essays on Socialism. Dar es Salaam: Oxford University Press.

Okpadah Stephen Ogheneruro (2020): The Death of Cultures and the Fanonisation of African Literature. In: Journal of the Future Humanities. Chung-Ang University, South Korea, S. 81–104.

Ortner Michael (2012): „A Change is gonna come". The American Civil rights movement and Black Popular Music. Diplomarbeit, Universität Wien.

Oyèwùmí Oyèrónké (1997): Die Übersetzung von Kulturen. In: The Intervention of Women: Making an African Sense of Western Gender Discourses. Minneapolis/London: University of Minnesota Press. In: Schmidt Lukas und Schröder Sabine (2016, Hrsg): Entwicklungstheorien: Klassiker, Kritik und Alternativen. Wien: Mandelbaum Verlag, S. 332–336.

Parin Paul (1984): Erfahrungen mit der Psychoanalyse bei der Erfassung gesellschaftlicher Wirklichkeit. In: Institutsgruppe Psychologie der Universität Salzburg (Hrsg), Jenseits der Couch. Psychoanalyse und Sozialkritik, Frankfurt.

Parin Paul, Morgenthaler Fritz, Parin-Matthèy Goldy (1993): Die Weißen denken zuviel. Psychoanalytische Untersuchungen bei den Dogon in Westafrika. Hamburg: Europäische Verlagsanstalt.

Pelizaeus Ludolf (2017): Der Kolonialismus. Wiesbaden: Matrixverlag.

Peterseil Maria-Christine (1993): Die französische Kolonisation im westlichen und äquatorialen Schwarzafrika und ihre Auswirkungen auf die Entwicklung dieses Raumes. Diplomarbeit, Universität Wien.

Pilz Gunter A. (2000): Gewalt. Zur Entwicklung der Gewalt und Gewaltforschung. In: Lexikon der Psychologie. Heidelberg: Spektrum Akademischer Verlag.

Presler Gerd (1984): Martin Luther King, Jr. Mit Selbstzeugnissen und Bilddokumenten. Hamburg: Rowohlt Verlag.

Rabeder Robert (2003): Fight the power – Die Nation of Islam und ihr Einfluss auf die Musikrichtung HipHop. München: Grin Verlag.

Randow Gero (2020): Malcolm X. Lesen, wovon man selbst nicht gemeint ist. In: Die Zeit, 08.06.2020.

Reichmayr Johannes (1995): Einführung in die Ethnopsychoanalyse. Geschichte, Theorien und Methoden. Frankfurt am Main: Fischer Taschenbuch.

Reichmayr Johannes (2002): Parin-Matthèy, Goldy (Elisabeth Charlotte, Liselot). In: Keintzel Brigitta: Wissenschafterinnen in und aus Österreich: Leben – Werk – Wirken. Wien: Böhlau Verlag, S. 549–554.

Riesz Janos (2006): Léopold Sédar Senghor und der afrikanische Aufbruch im 20. Jahrhundert. Wuppertal: Peter Hammer Verlag.

Rodet Marie (2004): Frauen im Spannungsfeld des „Droit colonial" in Afrique Occidentale Française. Zwei Fallbeispiele aus der Region Kayes, Soudan Français (1918 und 1938). In: Stichproben. Wiener Zeitschrift für kritische Afrikastudien. Nr. 7/2004, 4. Jg.

Rodney Walter (1969, 2019): The Groundings with my Brothers. London: Verso.

Rohr Susanne (2015): Of Dreams and Dread. Martin Luther Kings ziviler Ungehorsam. In: Enns Fernando, Weiße Wolfram (2016): Gewaltfreiheit und Gewalt in den Religionen: Politische und theologische Herausforderungen. Münster: Waxmann Verlag. S. 175–184.

Said Edward W. (1978, 2003): Orientalism. London: Penguin Books.

Sarovic Alexander (2016): Bürgerrechtsbewegung in den USA. Die Wut der schwarzen Panther. In: Der Spiegel, 27.04.2016.

Sarr Amadou Lamine (2006): Sklaverei aus afrikanischer Sicht. In: Hobl-Jahn Elisabeth, Malina Peter, Renner Elke (2006): MenschenHaltung. Biologismus – Sozialrassismus. Schulheft 124/2006. Wien: StudienVerlag, S. 81–96.

Sarr Amadou-Lamine (2010): Sklaverei und Sklavenhandel aus afrikanischer Sicht. In: Sauer Walter (Hrsg): Vom Paradies zum Krisenkontinent. Afrika, Österreich und Europa in der Neuzeit. Wien: Braumüller, S. 15–30.

Sarr Amadou Lamine (2011): Lamine Senghor (1889–1927). Das Andere des senegalesischen Nationalismus. Wien: Böhlau Verlag.

Sarr Amadou Lamine (2012): Geldtransfer. Reflexionen zur afrikanischen Remittance Economy anhand des Films Mandabi – Die Überweisung von Ousmane Sembène. Wien: AA-Infohaus, AfroLit.

Sartre Jean-Paul (1948, 1994): Les Mains Sales. Paris: Editions Gallimard.

Sator Andreas (2020): Alles gut? Wirtschaftliche Narben: Die Sklaverei wirkt noch Hunderte Jahre später nach. In: Der Standard, 12.07.2020.

Sauer Walter (Hrg.) (1996): Das afrikanische Wien. Ein Stadtführer zu Bieber, Malangatana und Soliman. Wien: Mandelbaum Verlag.

Schau Franziska (2007): Die Geschichte der Nation of Islam – Eine afrikanische Religionsbewegung. München: Grin Verlag.

Scheerer Ann-Kathrin (2006): Sigmund Freud – ein Porträt zu seinem 150. Geburtstag. Psychoanalyse Aktuell. Deutsche Psychoanalytische Vereinigung DPV. Ausgabe 07/2006.

Schimmel Annemarie (1999): Im Namen Allahs, des Allbarmherzigen. Der Islam. München: DTV.

Schumacher Bernard N. (2003, Hrsg): Jean-Paul Sartre. Das Sein und das Nichts. Berlin: Akademie Verlag.

Schumann Gerd (2016): Kolonialismus, Neokolonialismus, Rekolonialisierung. Köln: Papy-Rossa Verlag.

Schneider Martin (2015): Die Geschichte der Sklaverei. Wiesbaden: Matrixverlag.

Schmucker David (2017): Gewalt und Menschsein. Frantz Fanon contra Hannah Arendt. Norderstedt: Grin Verlag.

Schrammel Antje (2009): Martinique – Geschichte und Sprache. München: Grin Verlag.

Schultz Ulrike (2014): Über Daten nachdenken. Grounded Theory Studien in entwicklungsbezogener Forschung. In: Dannecker Petra und Englert Birgit (Hrsg): Qualitative Methoden in der Entwicklungsforschung. Wien: Mandelbaum Verlag, S. 75–93.

Senghor Léopold Sédar (1969): Négritude, Arabité et Francité. Reflexions sur le problème de la culture. Beyrouth: Editions Dar al-Kitab Allubnani.

Senghor Léopold Sédar (1977): Liberté 3: Négritude et Civilisation de l'Universel. Paris: Editions Seuil.

Shames Stephen, Seale Bobby (2016): Power to the People: The World of the Black Panthers. New York: Abrams.

Sheppard Barry (2005): The Party: The Socialist Workers Party, 1960–1988, Band 1. San Francisco: Bolerium Books Inc., ABAA/ILAB.

Siegle Dorothea (2018): Mit Angst sammeln. In: Psychologie Heute, Manipulation durchschauen, Ausgabe 11/2018.

Sieveking Heinrich (1935): Die Epoche des Merkantilismus. In: Wirtschaftsgeschichte. Enzyklopädie der Rechts- und Staatswissenschaft. Berlin, Heidelberg: Springer Verlag.

Simon Anne-Catherine (2018): Sklaverei und "die Rasse der Unterdrückten". In: Die Presse, 9.5.2018.

Simon Katrin (2015): Die Erben des Malcolm X. Afroamerikanische Muslime zwischen Widerstand und Anpassung. Bielefeld: Transcript Verlag.

Slezak Gabriele (2014): Von Wahrnehmung und Erfahrung. Überlegungen zu explorativen Beobachtungsverfahrung. In: Dannecker Petra und Englert Birgit (Hrsg): Qualitative Methoden in der Entwicklungsforschung, Wien: Mandelbaum, S. 176–196.

Smith Robert C. (2003): Encyclopedia of African-American Politics. New York: Facts on File, Inc.

Sosoe Lukas K. (1989): Die Sozialphilosophie M. Garveys: Nur eine Antwort auf eine Rassenfrage? In: Kohut Karl (Hrsg): Rasse, Klasse und Kultur in der Karibik. Frankfurt am Main: Vervuert Verlag, S. 63–74.

Souza Florentina da Silva (2005): Afro-descendência em Cadernos Negros e Jornal do MNU. Belo Horizonte: Autêntica. In: Guimarães Antonio Sérgio Alfredo (2009: 168): Frantz Fanon's reception in Brazil. Lusotopie. Recherches politiques internationales sur les espaces issus de l'histoire et de la colonisation portugaises. XVI (2). Afrobrésiliennité? Luso-afrobrésiliennité? S. 157–172.

Spielbüchler Thomas (2011): Streit um Einheit: Der schwierige Start der Afrikanischen Integration. In: Andreas Exenberger (Hrsg): Afrika – Kontinent der Extreme. Innsbruck: Innsbruck University Press.

Spittler Gerd (2001): Teilnehmende Beobachtung als Dichte Teilnahme. In: Zeitschrift für Ethnologie Bayreuth: Dietrich Reimer Verlag.

Spivak Gayatari Chakravorty (1985): The Rani of Sirmur: An Essay in Reading the Archives. In: History and Theory. Vol. 24, N°. 3, S. 247–272.

St. Clair Drake John Gibbs (1978): Reflections of Anthropology and the Black Experience. Anthropology & Education Quarterly, S. 85–109.

Stehlik Sebastian (2010): Die Philosophie des Marcus Garvey: Der jamaikanische Nationalistenführer und die Gründung der UNIA. Hamburg: Diplomica Verlag. (auch erschienen unter dem Titel „Look for me in the Whirlwind. Marcus Garvey und die UNIA").

Stemmler Susanne (2013): Die Sprache der weißen Mehrheit. In: Der Tagesspiegel, 05.02.2013.

Stenger Manuel (2012): Martin Luther King und Malcolm X – Zwei Gesellschaftsrevolutionäre und ihr unterschiedlicher Zugang zum farbigen Amerika. Diplomarbeit, Universität Wien.

Street Joe (2015): The Shadow of the Soul Breaker: Solitary Confinement, Cocaine, and the Decline of Huey P. Newton. In: Pacific Historical Review, 84 (3), S. 333–363.

Sy Jamil (2016): Der Einfluss Frankreichs auf die politische und wirtschaftliche Entwicklung des Senegal. VwA, BG 18, Wien.

Thiam Iba Der, Ndiaye Nadiour (1976): Histoire du Sénégal et de l'Afrique. Dakar: Les Nouvelles Editions Africaines du Sénégal.

Thüringer Katrin (2013): Die Effekte von Dehumanisierung auf prosoziales Verhalten. Diplomarbeit, Universität Wien.

Ueding Gert (2001): Ethos und Charisma des Redners. In: Jürg Häusermann (Hrsg): Inszeniertes Charisma. Medien und Persönlichkeit. Tübingen: Max Niemeyer Verlag, S. 69–82.

Unger Frank (2005:): Ku Klux Klan. In: Auffarth Christoph, Bernard Jutta, Mohr Hubert, Imhof Agnes, Kurre Silvia (Hrsg): Metzler Lexikon Religion. Stuttgart: J.B. Metzler, S. 796–798.

Urban Hugh B. (2015): New Age, Neopagan, and New Religious Movements: Alternative Spirituality in Contemporary America. Oakland: University of California Press.

Vogt Erik M. (2012): Jean-Paul Sartre und Frantz Fanon. Antirassismus – Antikolonialismus – Politiken der Emanzipation. Wien: Turia und Kant.

Von Samsonow Elisabeth (2011): Francois Tosquelles und seine Bedeutung für das Denken von Félix Guattari. Psychoanalyse als fröhliche Wissenschaft. Psyalpha, Wissensplattform für Psychiatrie. Wien: Wiener Psychoanalytische Akademie.

Von Wroblewsky Vincent (2013): Humanismus und Gewalt. In: Heister Hanns-Werner und Lambrecht Lars (Hrsg.): Der Mensch, das ist die Welt des Menschen… – Eine Diskussion über menschliche Natur. Berlin: Frank & Timme, Verlag für wissenschaftliche Literatur, S. 121–134.

Waldschmidt-Nelson Britta (2015a): Malcolm X. Eine Biographie. München: C. H. Beck.

Waldschmidt-Nelson Britta (2015b): Malcolm X. Er ging unter die Haut. Die Zeit, Nr. 5/ 2015, 29.01.2015.

Wallerstein Immanuel (2004): World-Systems Analysis: An Introduction. Durham: Duke University Press.

Washington Booker T. (1901, 2015): Up from Slavery: An Autobiography. Cambridge: Cambridge University Press.

Wendt Simon (2007): They Finally Found Out that We Really Are Men: Violence, Non-Violence and Black Manhood in the Civil Rights Era. In: Gender & History. Vol. 19, No. 3, November 2007, S. 543–564.

Werner Florian (2007): Rapocalypse. Der Anfang des Rap und das Ende der Welt. Bielefeld: Transcript Verlag.

Wetzel Juliane (2012): Nation of Islam (USA). In: Benz Wolfgang (Hrsg): Handbuch des Antisemitismus. Judenfeindschaft in Geschichte und Gegenwart. Organisationen, Institutionen, Bewegungen. Band 5. Berlin: De Gruyter.

Williams Robert W. (2010): Politics, Rights, and Spatiality in W.E.B. DuBois's "Address to the Country" (1906). In: Journal of African American Studies. Vol. 14, No. 3 (September 2010), New York: Springer, S. 337–358.

Wimmer Petra, Zauchner Sabine (2008): Einführung in das wissenschaftliche Arbeiten. Unveröffentl. Skriptum. Donau-Universität Krems.

Zaidi Tariq (2020): Sapeurs. Ladies & Gentlemen of the Congo. Heidelberg: Kehrer Verlag.

Zauner Janine (2013): Der Ku Klux Klan. Diplomarbeit, Universität Graz.

Zeuske Michael (2019): Handbuch Geschichte der Sklaverei: Eine Globalgeschichte von den Anfängen bis zur Gegenwart. Berlin, Boston, Oldenbourg: De Gruyter.

Zips Werner (2011): Schwarze Rebellen. Maroon-Widerstand in Jamaica. In: Kremser Manfred und Zips Werner (Hrsg): Afrika und ihre Diaspora. Band 5. Wien: Lit Verlag, S. 15–32.

Zips Werner und Kämpfer Heinz (2001): Nation X: Schwarzer Nationalismus, Black Exodus & Hip Hop. Wien: ProMedia.

Zips Werner (Hrsg) (2014): Rastafari. Eine universelle Philosophie im 3. Jahrtausend. Wien: ProMedia.

Online-Medien

Amrehn Birgit (2014): Die Bürgerrechtsbewegung. https://www.planet-wissen.de/geschichte/persoenlichkeiten/martin_luther_king/pwiediebuergerrechtsbewegung100.html.

Djebar Assia (2015): Josie Fanon – Remembered by Assia Djebar. http://readingfanon.blogspot.com/2015/07/josie-fanon-remembered-by-assia-djebar.html.

Dorlin Elsa (o. J.): Außer-sich-Sein: Fanon und die Phänomenologie unserer eigenen Gewalt. https://www.documenta14.de/de/south/455_ausser_sich_sein_fanon_und_die_phaenomenologie_unserer_eigenen_gewalt.

Eckert Andreas (2007): Das Paris der Afrikaner und die Erfindung der Négritude. https://www.europa.clio-online.de/essay/id/fdae-1320.

Eckert Andreas (2014): Frantz Fanon und sein Buch Die Verdammten dieser Erde. http://www.bpb.de/gesellschaft/bildung/filmbildung/193512/frantz-fanon-die-verdammten-die ser-erde.

Erkiner Engin (2011): Fanons Gewaltbegriff. http://www.yazinverlag.de/index.php?option= com_content&view=article&id=72:fanons-gewaltbegriff&catid=34:karma-yazlar.

Genschel Marlene und Schumann Clara (2012): Schwarze Befreiungsbewegungen im historischen und internationalen Vergleich. Panafrikanische kulturelle und politische Praxen in Afrika und der Diaspora. Bericht, Universität Berlin. https://edoc.hu-berlin.de/bitstream/handle/18452/5907/19.pdf?sequence=1.

Ha Kien Nghi (2013): 'People of Color' als Diversity-Ansatz in der antirassistischen Selbstbenennungs- und Identitätspolitik. https://heimatkunde.boell.de/2009/11/01/peo ple-color-als-diversity-ansatz-der-antirassistischen-selbstbenennungs-und.

Klose Fabian (2016): Koloniale Gewalt und Kolonialkrieg. https://www.bpb.de/geschichte/zeitgeschichte/postkolonialismus-und-globalgeschichte/219134/koloniale-gewalt-und-kolonialkrieg.

Lobach Jakob (2018): Frantz Fanon – Gewalt als Ausweg aus der kolonialen Unabhängigkeit? https://blogs.fu-berlin.de/menschenbilder/2018/02/06/frantz-fanon-gewalt-als-aus weg-aus-der-kolonialen-abhaengigkeit/.

Lynn Samara (2020): Malcolm X's assassination case to be re-investigated by team that exonerated 'Central Park 5'. https://abcnews.go.com/US/malcolm-xs-assassination-case-inv estigated-team-exonerated-central/story?id=68941168.

Macey David (2017): Forgetting Fanon, Remembering Fanon. https://www.versobooks.com/blogs/3319-forgetting-fanon-remembering-fanon.

Malcolm X (1964): Speech at the founding rally of the Organization of Afro-American Unity. https://www.blackpast.org/african-american-history/speeches-african-american-history/1964-malcolm-x-s-speech-founding-rally-organization-afro-american-unity/#:~: text=We%20declare%20our%20right%20on,existence%20by%20any%20means%20n ecessary.

Malcolm X (1964): Speech on the Founding of the OAAU, June 28, 1964. In: http://www.thinkingtogether.org/rcream/archive/Old/S2006/comp/OAAU.pdf.

McBride Jessica (2020): Malcolm X's Children Now: Where Are His Daughters Today? https://heavy.com/news/2020/02/malcolm-x-children-daughters-now-today/.

Prosquill Silvia (2018): Transgenerationales Trauma (Teil I und Teil II). In: Der Wiener Psychoanalytiker, 16.05.2018 und 23.05.2018. https://www.derwienerpsychoanalytiker. at/index.php?wbkat=8&wbid=1158&lakat.

Schicho Walter (o. J.): Frantz Fanon. FF als Leitfigur revolutionärer Bewegungen. In: Handbuch Afrika. https://handbuch-afrika.univie.ac.at/weitere-texte/frantz-fanon/.

Stangl Werner (2020): Stichwort: 'Charisma'. In: Online Lexikon für Psychologie und Pädagogik. https://lexikon.stangl.eu/2678/charisma/.

Suter Mischa (2017): Frantz Fanon, der Arzt im Kampf gegen die pathologischen Identitäten. In: WOZ, Nr. 31/2017 vom 03.08.2017. https://www.woz.ch/1731/kolonialismus/frantz-fanon-der-arzt-im-kampf-gegen-die-pathologischen-identitaeten.

Turecek Katharina und Peterson Birgit (2010): Handbuch Studium. Effizient und erfolgreich lernen, schreiben und präsentieren. (o.O.) https://www.mahara.at/artefact/file/download. php?file=593547&view=80446. [Zugriff am 09.02.2020].

Waldschmidt-Nelson Britta (2017): Malcolm X hätte in Frieden im ghanaischen Exil leben können. Interview mit André Gottwald am 01.06.2017. https://www.dasmili.eu/art/prof-waldschmidt-nelson-malcolm-x-haette-in-frieden-im-ghanaischen-exil-leben-koennen/.

Wolter Udo (2002): Frantz Fanon – Antikolonialismus und Postkolonialismus (Vortrag, Internationalismus-Woche, Bochum, 30.11.2002) http://www.rote-ruhr-uni.org/texte/wolter_fanon.shtml.

The manufacturer's authorised representative in the EU is Springer
Nature Customer Service Centre GmbH, Europaplatz 3, 69115 Heidelberg,
Germany. If you have any concerns regarding our products, please
contact ProductSafety@springernature.com

Printed and bound by CPI Group (UK) Ltd, Croydon, CR0 4YY
24/04/2026
02096359-0001